Don Dinkmeyer Sr., Gary D. McKay, James S. Dinkmeyer, Don Dinkmeyer Jr.
STEP – Das Buch für Erzieher/innen

In der STEP Weiterbildung für Erzieher/innen – einem weiteren Baustein des STEP Programms – steht die Stärkung der Handlungskompetenz der professionell Erziehenden in Kindertageseinrichtungen (Krippen, Kindergärten, Kindertagestätten) im Vordergrund – sowohl bei der Arbeit mit dem einzelnen Kind und bei der Interaktion mit der Gruppe, als auch bei der Professionalisierung der Zusammenarbeit mit den Eltern im Rahmen einer Erziehungspartnerschaft. Der demokratische (*partizipative* oder auch *autoritative*) Erziehungsstil findet in den STEP Prinzipien und Fertigkeiten seinen Ausdruck – sowohl im STEP Training für Erzieher/innen als auch im bereits bekannten STEP Elterntraining. Die Gleichwertigkeit aller im respektvollen Umgang miteinander bildet die Basis für die Zusammenarbeit der Eltern und Erzieher/innen, die zum Wohle des Kindes an einem Strang ziehen.

Das STEP Konzept basiert auf den Forschungsergebnissen der Individualpsychologen Alfred Adler und Rudolf Dreikurs sowie auf den Prinzipien der humanistischen Psychologie nach C. Rogers und T. Gordon und wurde von den Psychologen und Familientherapeuten Don Dinkmeyer Sr. Ph.D., Gary McKay Ph.D. und Don Dinkmeyer Jr. Ph.D. als systematisches, strukturiertes und individuell anwendbares Training entwickelt.

Die Themen:
- die Individualität des Kindes
  (Entwicklungstempo, Entwicklungsstil, Entwicklungsphasen) berücksichtigen
- störendes Verhalten von echtem Fehlverhalten unterscheiden,
  die Perspektive ändern und für die Entwicklung des Kindes förderlich reagieren
- respektvoll kommunizieren (aktiv zuhören, Ich-Aussagen formulieren)
- das Selbstwertgefühl des Kindes durch Ermutigung stärken,
  zwischen Lob und Ermutigung unterscheiden
- die Fähigkeit der Kinder stärken, Probleme und Konflikte zu lösen,
  die Verantwortungsbereitschaft der Kinder vom Anfang an entwickeln
- den Kindern Selbstdisziplin beibringen –
  die Kooperationsbereitschaft der Kinder aufbauen und sinnvoll Disziplin ausüben
- die emotionale Intelligenz und die soziale Kompetenz der Kinder
  wertschätzend und professionell stärken
- die Zusammenarbeit mit den Eltern im Sinne einer Erziehungspartnerschaft
  zum Wohle der Kinder einfühlsam und kompetent gestalten
- den eigenen Lebensstil, die eigenen Wertvorstellungen und Überzeugungen als Erziehende/r
  reflektieren, um möglicherweise sein Verhalten und seine Haltung zu ändern

Die Autoren:
Dr. Don Dinkmeyer Sr. hat bahnbrechende Arbeit auf den Gebieten Schulpsychologie, Adlerianische Psychotherapie, Elterntraining, Gruppensupervision und Ehetherapie geleistet. Als Autor innovativer und erfolgreicher Trainingsprogramme für Eltern bzw. für Pädagogen, hat er 35 Bücher und 125 Zeitschriftenartikel veröffentlicht.
Dr. Gary McKay ist approbierter Psychologe und Mitglied der amerikanischen Gesellschaft für Ehe- und Familienberatung. Zahlreiche Veröffentlichungen und Workshops in den USA und Europa auf dem Gebiet der Erziehungsberatung.
James Dinkmeyer M.A., Individualpsychologischer Berater in eigener Praxis, Co-Autor des STEP Buchs „Die ersten 6 Jahre", erfahrener STEP Trainer für Eltern und Dozent für STEP Trainer.
Dr. Don Dinkmeyer Jr., Professor an der Western Kentucky University, ehemals Präsident der Nordamerikanischen Gesellschaft für Adlerianische Psychologie, Autor zahlreicher Bücher auf dem Gebiet der Beratung und Therapie.

Die Herausgeberinnen:
Trudi Kühn hat nach ihrer pädagogisch-philologischen Hochschulausbildung an einem Gymnasium in Hamburg unterrichtet, viele Jahre in London gelebt und Fortbildungen, insbesondere in der Humanistischen Psychologie absolviert sowie als Trainerin für Verhandlungsführung gearbeitet. Sie ist verheiratet, hat zwei erwachsene Kinder und lebt in Düsseldorf.
Roxana Petcov ist Sprachwissenschaftlerin und hat sich im individualpsychologischen Bereich fortbilden lassen. Sie hat die Fremdsprachabteilung eines Erwachsenenweiterbildungsinstituts geleitet und im Qualitätsmanagement gearbeitet. Sie ließ sich bei Dr. Don Dinkmeyer Jr. in den USA zur STEP Kursleiterin ausbilden. Sie ist verheiratet, hat zwei erwachsene Kinder und lebt in Düsseldorf.

Don Dinkmeyer Sr., Gary D. McKay,
James S. Dinkmeyer, Don Dinkmeyer Jr.

STEP –
Das Buch für Erzieher/innen

Kinder wertschätzend und kompetent erziehen

Mit einem Vorwort von Professor Klaus Hurrelmann
Überarbeitet, adaptiert und herausgegeben
von Trudi Kühn, Roxana Petcov

2., durchgesehene Auflage

Bei Fragen und Anregungen wenden Sie sich bitte an unsere Berater:
Marketing, 14328 Berlin, Cornelsen Service Center,
Servicetelefon 030 / 89 785 89 29

Weitere Informationen finden Sie im Internet unter:
www.cornelsen.de/fruehe-kindheit

Informationen über STEP – Die Weiterbildung für Erzieher/innen auf
www.instep-online.de, www.instep-online.ch, www.instep-online.at

Titel der Originalausgabe: Teaching and Leading Children –
Training for Supportive Guidance of Children under Six by Don Dinkmeyer Sr.,
Gary D. McKay, Don Dinkmeyer Jr., James S. Dinkmeyer
© Communication and Motivation Training Institute, Inc, (CMTI) of Coral Springs,
Florida und Communication and Motivation Training Institute, Inc, (CMTI-West)
of Tucson, Arizona

Aus dem Amerikanischen von Gabi Bührer
Herstellung: Renate Hausdorf, München
Satz: Markus Schmitz, Büro für typographische Dienstleistungen, Altenberge
Druck und Bindung: fgb · freiburger graphische betriebe, Freiburg
Umschlaggestaltung: Claudia Adam Graphik-Design, Darmstadt
unter Verwendung des Logos von InSTEP® Weiterbildungsinstitut, Düsseldorf
Titelfotografie: Mauritius Images

Printed in Germany

ISBN 978-3-589-24705-9

Inhaltsverzeichnis

Zum Geleit – Vorwort von Professor Dr. Klaus Hurrelmann

Der vorliegende Band schließt eine Lücke in der Literatur zur Fort- und Weiterbildung von pädagogischen Fachkräften. Der Text stammt aus den USA, wo seit Jahrzehnten Erfahrungen in diesem Bereich vorliegen. Die hier vorliegende Fassung ist aber sorgfältig auf die Bedingungen der vorschulischen Erziehungs- und Bildungseinrichtungen in Deutschland ausgerichtet. Einen so guten Text für die Weiterbildung von Erzieherinnen und Erziehern hat es meiner Kenntnis nach im deutschen Sprachraum bisher noch nicht gegeben. Ich bin beeindruckt von der klaren Sprache, den anschaulichen Beispielen und der guten Strukturierung des Textes. Sehr erfreulich ist, dass sich der Band an eine Berufsgruppe richtet, die in Deutschland bisher viel zu wenig wertgeschätzt wurde, nämlich die pädagogischen Fachkräfte in Kindergärten und Kindertagesstätten. Viele wissenschaftliche Studien der letzten Jahre haben deutlich gemacht, dass wir in Deutschland zu wenig in die professionelle Ausbildung dieser Fachkräfte investieren. Damit vernachlässigen wir die Erziehung der Kinder im Vorschulalter, die nicht nur für ihre späteren schulischen Leistungen von großer Bedeutung ist. Alle aktuellen Untersuchungen zeigen, dass ein mindestens ebenso großer Wert der vorschulischen Erziehung in der rechtzeitigen Anregung aller Sinne und aller Kompetenzen der Kinder liegt, die für ihre gesamte Persönlichkeitsentwicklung bedeutsam sind.

Bisher haben wir es in Deutschland nicht geschafft, den vorschulischen Bereich als einen integralen Bestandteil eines umfassenden Erziehungs- und Bildungssystems zu konzipieren. Über Jahrzehnte wurden Krippen, Kindertagesstätten und Kindergärten als pädagogischer Notbehelf und bestenfalls als lebendige Spielstätten wahrgenommen. Die persönlichkeits- und leistungsbildende Funktion der vorschulischen Einrichtungen wurde dabei sträflich vernachlässigt. Erst durch die international vergleichenden Leistungsstudien, besonders die IGLU- und PISA-Untersuchungen, hat ein Umdenken stattgefunden. Inzwischen besteht Übereinstimmung, dass der gesamte Vorschulbereich pädagogisch aufgewertet, besser strukturiert und dichter an den Schulbereich herangeführt werden muss.

Dieses Ziel kann nur erreicht werden, wenn die professionelle Ausbildung von Erzieherinnen und Erziehern im Vorschulbereich spürbar verbessert wird. Der vorliegende Band leistet einen wertvollen Beitrag hierzu. Er ist zum Selbststudium ebenso geeignet wie zur angeleiteten Ausbildung. Die Erzieherinnen und Erzieher werden vor allem in den Bereichen trainiert, die heute in ihrem beruflichen Alltag die größten Herausforderungen in sich bergen. Dazu gehört die Förderung von sozial benachteiligten Kindern. Als Leiter der Shell-Jugendstudien und der World-Vision-Kinderstudien der letzten Jahre begrüße ich dieses Buch ganz besonders. In den Studien mussten wir das bittere Ergebnis zur Kenntnis nehmen, dass etwa ein Viertel der Kinder und Jugendlichen große Benachteiligungen in ihrer Entwicklung erlebt, weil ihre Elternhäuser völlig überfordert sind. Die Eltern dieser Kinder benötigen besonders dringend Elternkurse und Elterntrainings, ein Aufgabenfeld, dem sich STEP – *das Systematische Training für Eltern* –, in Deutschland seit vielen Jahren in vorbildlicher Weise zugewandt hat. Ergänzend aber ist es notwendig, auch die Erzieherinnen und Erzieher in den Kindertagesstätten in die Lage zu versetzen, gezielte Unterstützung und Hilfe für sozial benachteiligte Kinder anzubieten. Das klingt einfach, ist aber in der pädagogischen Alltagspraxis außerordentlich schwierig. Deshalb gibt es jetzt STEP – *das Systematische Training für Erzieher/innen*.

Im hier vorliegenden Band wird eine Fülle von Anregungen vermittelt, wie die Entwicklung und das Verhalten von Kindern zu verstehen sind, wie ihr Selbstwertgefühl durch Ermutigung und aktives Zuhören gestärkt werden kann, ihre Fähigkeit zur Problemlösung entwickelt und Kooperationsbereitschaft und Disziplin aufgebaut werden können. Der Band enthält aber auch gezielte Hinweise, die zu einer konstruktiven Zusammenarbeit mit Eltern im Sinne einer »Erziehungspartnerschaft« befähigen. Ohne eine enge Erziehungspartnerschaft kann auch der beste Kindergarten nicht die Anregungen geben, die besonders die benachteiligten Kinder brauchen. Diese Kinder erleben in Elternhaus und Vorschuleinrichtung höchst unterschiedliche soziale Welten, die in ihren Regeln und Umgangsformen weit auseinanderklaffen. Eine wichtige Aufgabe des Fachpersonals in Kindertagesstätten ist es, diese Kluft zu verkleinern und gleichzeitig Ergänzungen und im Bedarfsfalle auch einmal Korrekturen zu den Erziehungsimpulsen der Eltern vorzunehmen. Hierzu ist nicht nur ein Verständnis der Kinder, sondern auch ihrer Elternhäuser notwendig. Eltern mit finanziellen Schwierigkeiten und Bildungsschwächen, mit sozialen und gesundheitlichen Problemen und mit sprachlichen und kulturellen Integrationsschwierigkeiten müssen nun einmal in besonderer Weise angesprochen und in sensibler Weise in die pädagogische Arbeit mit den Kindern einbezogen werden. Das ist die Philosophie des vorliegenden Bandes, die einfühlsam und konzentriert umgesetzt wird.

Seit mehreren Jahren sind wir mit einem Team an der Universität Bielefeld darum bemüht, das STEP Programm wissenschaftlich zu begleiten. Die bisher in Deutschland eingeführten Elternkurse werden einer sorgfältigen wissenschaftlichen Evaluation unterzogen. Hieraus lassen sich gezielte Verbesserungen der Programme ableiten, zugleich lassen sich auch die Stärken der Programme deutlich erkennen. Sie liegen vor allem darin, dass die psychische und emotionale Belastung der Eltern deutlich reduziert wird, wenn sie an einem STEP Elternkurs teilgenommen haben. Die sorgfältige Auseinandersetzung mit Erziehungsfragen und das Einüben von neuen Handlungsmustern im Alltag bringen Sicherheit und Struktur in das Handeln der Eltern. Eltern fühlen sich hierdurch deutlich entlastet und können Unsicherheit und Stress beim alltäglichen Erziehungsgeschehen abbauen. Ich erwarte einen ähnlichen Effekt durch die Kurse für Erzieherinnen und Erzieher. Das jetzt in Deutschland eingeleitete Programm für diese pädagogische Berufsgruppe wird – so ist zu erwarten – für Sicherheit und Souveränität in der pädagogischen Arbeit sorgen. Das kommt am Ende den Kindern zugute.

Den deutschen Herausgeberinnen des STEP Programms möchte ich mein Kompliment für die gelungene Übertragung dieses Bandes aus dem Amerikanischen ins Deutsche aussprechen. Auf diese Weise ist es gelungen, eine große Lücke im pädagogischen Ausbildungs- und Trainingsprogramm zu schließen.

Prof. Dr. Klaus Hurrelmann, Universität Bielefeld

Vorwort der Herausgeberinnen

Wir freuen uns, dass der Ansatz des STEP Programms, den wir auch in der Veröffentlichung des weiteren Bausteins – dem Buch für Erzieherinnen – vertreten, durch die moderne Hirnforschung bestätigt wird: »Jedes Kind braucht ein möglichst breites Spektrum unterschiedlichster Herausforderungen, um die in seinem Gehirn angelegten Verschaltungen auszubauen, weiterzuentwickeln und zu festigen, und jedes Kind braucht das Gefühl von Sicherheit und Geborgenheit, um neue Situationen und Erlebnisse nicht als Bedrohung, sondern als Herausforderung bewerten zu können. Beides gibt es nur in der intensiven Beziehung zu anderen Menschen, und es sind die frühen, in diesen Beziehungen gemachten und im kindlichen Hirn verankerten psychosozialen Erfahrungen, die seine weitere Entwicklung bestimmen und sein Fühlen, Denken und Handeln fortan lenken«, schreibt Professor Gerald Hüther, der renommierte Neurobiologe an der Universität Göttingen.[1]

Als Bezugspersonen von Kindern in den ersten Lebensjahren haben Erzieherinnen[2] – neben der jeweiligen Familie – einen großen Einfluss auf die Entwicklung der ihnen anvertrauten Kinder. »Kindertagesstätten können als ein Schlüsselsetting zur Gesundheitsförderung und zur Herstellung gesundheitlicher Chancengleichheit betrachtet werden, da hier frühe, familiär bedingte Sozialisationsdefizite kompensiert werden können. Die Handlungsspielräume sind in diesem Setting größer als beispielsweise in der Schule, wo der Leistungsdruck eine größere Rolle spielt.«[3]

Durch das vorliegende Buch haben professionell Erziehende die Chance zur effektiven **Stärkung ihrer Handlungskompetenz** – Erzieherinnen bekommen ein sofort umsetzbares Handlungsrepertoire an die Hand, durch das sie Sicherheit bekommen und geben können. Sie werden dazu angeleitet, eine respektvolle, akzeptierende Haltung zu verinnerlichen und so überzeugendes Vorbild zu sein. Auf diese Weise werden Kinder bei ihren tagtäglichen Erfahrungen im Umgang mit anderen Menschen wertschätzend und kompetent begleitet, bei der Entfaltung ihrer Persönlichkeit nachhaltig unterstützt und auf die Anforderungen an das Leben in unserer Gesellschaft vorbereitet.

---

1   G. Hüther: »Die Bedeutung emotionaler Sicherheit für die Entwicklung des kindlichen Gehirns«, in: Gebauer/Hüther [25], S. 15.

2   Aus Gründen der besseren Lesbarkeit steht die Bezeichnung »Erzieherin bzw. Erzieherinnen« jeweils auch für das andere Geschlecht. Das gleiche gilt auch für die Bezeichnung »Kursleiterin bzw. Kursleiterinnen«.

3   Altfeld, T. (2004): Gesundheitsfördernde Settingansätze in benachteiligten städtischen Quartieren – Expertise im Auftrag des Bundesministeriums für Familie, Senioren, Frauen und Jugend und der Regiestelle E&C, Berlin, in: Marzinzik, K., et al.[10], S. 49.

Die Professionalität von Erzieherinnen wird heute mehr denn je von allen Seiten gefordert. »Der wichtige und richtige Ausbau der Kindertagesplätze darf nicht zu Lasten der Qualität gehen.«[4] Die **Qualitätssicherung** der Arbeit in Kinderbetreuungsstätten – sowohl beim kompetenten und respektvollen Umgang mit den Kindern als auch bei der professionellen und wertschätzenden Zusammenarbeit mit deren Eltern – gilt allgemein in allen Bundesländern sowohl in Politik und Medien, als auch in der Wissenschaft als Muss:

»Wenn die Erziehung der Kinder in den Familien gelingen soll, dann müssen auch die Erzieherinnen und Erzieher in den Kindertagesstätten ... stärker auf Erziehungs- und Entwicklungsfragen vorbereitet sein. In jeder Einrichtung sollten professionelle Pädagogen zu finden sein, die Hilfen für Eltern anbieten können. ... Auf diese Weise können die Eltern erfahren, dass sie nicht alleine und isoliert für ihre Kinder verantwortlich sind. Sie erhalten Solidarität und Unterstützung aus dem öffentlichen Raum. Die Erziehung ihrer Kinder bleibt privat, aber durch eine öffentliche Unterstützung wird zum Ausdruck gebracht, wie groß das Interesse der gesamten Gesellschaft daran ist, Kinder selbstständig, leistungsfähig und sozial verantwortlich zu machen«, so Professor Hurrelmann in einem Interview im Dezember 2007.

Genau diesem Ansatz fühlen wir, die Herausgeberinnen, uns verpflichtet. Wir möchten – nach der Einführung der STEP Elternkurse (seit 2001) – nun einen weiteren Schritt gehen und dazu beitragen, dass Erzieherinnen und Eltern zum Wohle der Kinder an einem Strang ziehen – damit die Erziehungs- und Bildungspartnerschaft zwischen Erzieherinnen und Eltern Realität wird. Das bedeutet auch, dass die Einrichtung in ihrem erzieherischen Vorgehen transparent wird, so dass sich Eltern in ihrem Erziehungsauftrag vertreten, einbezogen und dazugehörig fühlen. Auf diese Weise wird in einer wertschätzenden Atmosphäre fruchtbare Zusammenarbeit (Austausch, Information, Beratung und Abstimmung) möglich und die Vernetzung und die Integration der Eltern erleichtert.

Viele Herausforderungen, die Erzieherinnen den Alltag mit den Kindern erschweren, basieren auf hinderlichen, entmutigenden Wertvorstellungen und Überzeugungen. Die Reflexion dieser Wertvorstellungen, die durch dieses Buch – das sich auch zum Selbststudium eignet – bzw. durch die entsprechende Weiterbildung ermöglicht wird, öffnet den Blick auf wertvolle eigene Ressourcen. Sich der eigenen Verantwortlichkeit und deren Grenzen bewusst zu sein ermöglicht eine klare, authentische Vorgehensweise, die Erzieherinnen Sicherheit, Orientierung und Halt im Berufsalltag gibt. Eine stressfreie Gestaltung des Berufsalltags für Erzieherinnen wird greifbar.

---

4   Heidi Merk, Vorsitzende des Paritätischen Gesamtverbandes in der gemeinsamen Pressemitteilung vom Diakonischen Werk der EKD e.V., dem Paritätischen Gesamtverband und von der Gewerkschaft Erziehung und Wissenschaft vom 15.5.2008.

Da gerade Eltern von kleinen Kindern noch sehr motiviert sind, Fragen bzgl. der Erziehung ihrer Kinder zu stellen und auch Weiterbildungsangebote in Anspruch zu nehmen, ergibt sich daraus die Chance für die Kindertageseinrichtung, **präventive Bildungsmaßnahmen** – z.B. kompetente Elterngespräche, aber auch einen Elternkurs durch qualifizierte interne oder externe Kursleiterinnen – anzubieten. Erzieherinnen erleichtern sich dadurch die Arbeit zum Wohle der Kinder und reduzieren sowohl ihren eigenen Alltagsstress als auch den der Kinder und der Eltern, indem sie durch ihre engagierte Arbeit viele Eltern in die Arbeit der Einrichtung einbeziehen, den Austausch ermöglichen, die Eltern untereinander vernetzen und professionell deren Erziehungskompetenz stärken.

Informationen über STEP Kurse für Erzieherinnen, aber auch über STEP Kurse für Eltern finden Sie im Internet unter **www.instep-online.de**. Dort können Sie unter den zertifizierten STEP Kursleiterinnen vor Ort auswählen, bei wem Sie wann an einem **Kurs für Erzieherinnen** teilnehmen möchten. Oder auch, welche STEP Kursleiterin Sie in Ihrer Einrichtung für einen Infoabend oder für die **Durchführung eines Elternkurses** für die Eltern Ihrer Einrichtung einladen möchten.

Alle Kursleiterinnen auf der Website haben sich der Qualitätssicherung im Trainernetzwerk verpflichtet.

Danksagung

Herrn **Professor Dr. Klaus Hurrelmann** gilt unser besonders herzliches Dankeschön für sein seit 2003 andauerndes, wohlmeinendes Vertrauen in unsere Arbeit, das u.a. in seinem ermutigenden Vorwort zum Ausdruck kommt.

Unser Dank gilt insbesondere auch Frau **Evelyn Mennenöh** aus Essen, Gestalttherapeutin, –supervisorin und Theologin, die seit 1991 freiberuflich im Bereich der Mitarbeiterfortbildung (Schwerpunkte: Erzieher/innenfortbildung und Gruppenpädagogik), Einzelsupervision, Teamsupervision und Therapie tätig ist. Frau Mennenöh hat uns mit der Durchsicht des Manuskripts im Hinblick auf Angemessenheit der Beispiele für den Kindergartenalltag im deutschsprachigen Raum, bei der Recherche hinsichtlich der Qualitätsanforderungen an die Ausbildung von Erzieherinnen, bei der Erstellung der Literaturliste und mit stetem professionellem Rat tatkräftig und zuverlässig unterstützt.

Hinsichtlich des Anhangs »Kindesmissbrauch« danken wir Herrn **Georg Schäfer**, dem Leiter des Fachdienstes Kinder-, Jugend- und Familienhilfe der Stadt Celle, der uns mit den entscheidenden Informationen zu § 8a SGB VIII versorgt und uns stets professionell und mit gesundem Menschenverstand beraten hat.

Herrn **Dr. Claus Koch** möchten wir an dieser Stelle herzlich danken für seine vertrauensvolle Begleitung, professionelle Unterstützung und die konstruktive und überaus erfreuliche, engagierte Zusammenarbeit bei der Vorbereitung zur Veröffentlichung der STEP Weiterbildung für Erzieher/innen.

Die Unterstützung unserer Familien war auch bei diesem – dem vierten – STEP Buch entscheidend. Wir danken unseren Ehepartnern und unseren Kindern für die Ermutigung, die uns, besonders in arbeitsintensiven Zeiten, Kraft gegeben hat.

Wir wünschen Ihnen – allen engagierten Erzieherinnen und Erziehern – viel Erfolg bei der Umsetzung von *STEP für Erzieher/innen* in Ihrem Alltag!

Trudi Kühn, Roxana Petcov

Einleitung

Der wissenschaftliche Beirat für Familienfragen beim Bundesfamilienministerium hält die intensive Abstimmung der Erziehungsimpulse in Kindertagesstätten mit den Elternhäusern für besonders wichtig und hat dafür den Begriff der *Erziehungspartnerschaft* zwischen Familien und anderen Erziehungseinrichtungen geprägt. Diese Partnerschaft besteht in den gemeinsam wahrgenommenen Entwicklungs- und Förderaufgaben: Betreuung, Bildung und Erziehung der Kinder. Damit alle an einem Strang ziehen, muss eine gelungene Zusammenarbeit in der gegenseitigen Achtung vor dem jeweils anderen, seinen Fähigkeiten und Fertigkeiten sowie der Orientierung an der gemeinsamen Verantwortung für die Kinder begründet sein.

Genau diese Anforderungen erfüllt das vorliegende Buch: In STEP Das Buch für Erzieher/innen wird ein wissenschaftlich fundiertes und in der Praxis bewährtes Konzept für die *Stärkung der Handlungskompetenz* von professionell Erziehenden in Erziehungseinrichtungen und die *Professionalisierung der Zusammenarbeit mit den Eltern* vorgestellt. Fachkräfte lernen Wege kennen, wie sie im Alltag der Individualität kleiner Kinder ebenso wie der Gruppe gerecht werden können, indem sie sich einen demokratischen (autoritativen oder partizipativen) Erziehungsstil aneignen und so

- wertschätzend betreuen,
- kompetent anleiten und
- konsequent erziehen.

Alltagstaugliche Prinzipien, wie Erzieherinnen in einer Erziehungspartnerschaft mit den Eltern kooperativ und wertschätzend zusammenarbeiten können, werden anhand von Fallbeispielen ebenfalls erläutert. Die *Reduzierung des Stresslevels* der Erzieherinnen im Alltag ist ein willkommenes Ergebnis der durch STEP erworbenen Haltung und Fertigkeiten.

Willkommen bei STEP Das Buch für Erzieher/innen

Als Erzieherin kleiner Kinder üben Sie einen starken Einfluss auf das Leben der Ihnen anvertrauten Kinder aus. Mit Ihrer Erziehung helfen Sie den Kindern, eine gesunde Grundlage für ihre Einstellung zum Leben und zum Lernen aufzubauen. Das tun Sie auf zweifache Weise: einmal durch den Selbstbildungsprozess, den Sie unterstützen, und zweitens durch die Art und Weise, mit der Sie Vorbild sind und mit jedem einzelnen Kind eine Beziehung eingehen.

Die Prinzipien und Fertigkeiten, die die Autoren Ihnen in *STEP Das Buch für Erzieher/innen* systematisch vermitteln, können Ihnen helfen, als Berufsanfängerin mehr Sicherheit bei Ihrer Arbeit zu gewinnen. Als erfahrene Erzieherin werden Sie vielleicht neue Perspektiven finden, aber auch Bestätigung für Ihre Arbeit. Das Buch schlägt eine durchgehend positive Herangehensweise vor.

STEP Das Buch für Erzieher/innen basiert auf der gleichen theoretischen Grundlage, dem auf Gleichwertigkeit beruhenden Menschenbild und dem bewährten, individuell anwendbaren und praxisorientierten Konzept wie die STEP Programme für Eltern *Die ersten 6 Jahre* und *Kinder ab 6 Jahre*. Bei der Anwendung der STEP Prinzipien und Fertigkeiten findet die besondere Herausforderung Berücksichtigung, die die Arbeit mit Babys, Kleinkindern und Kindergartenkindern im Rahmen von Erziehung, Betreuung und Bildung darstellt. Dieses Buch begleitet Sie bei Ihrer Aufgabe, kleinen Kindern positive Wertvorstellungen, kooperatives und verantwortungsvolles Verhalten und eine positive Haltung zum Lernen zu vermitteln.

Folgende Bausteine des Programms ermöglichen Ihnen, Ihre tagtäglich geforderte Handlungskompetenz Schritt für Schritt zu stärken bzw. zu erweitern und die Zusammenarbeit mit den Eltern in der Erziehungspartnerschaft zu professionalisieren:

- **Sie berücksichtigen die Individualität des Kindes (Entwicklungstempo, Entwicklungsstil, Entwicklungsphasen)**
  Informationen im Bereich der Entwicklungspsychologie (Entwicklungsphasen) und die Erkenntnis, dass jedes Kind sich in seiner eigenen Geschwindigkeit entwickelt, versetzen Sie in die Lage, zu wissen, was Sie sinnvollerweise wann vom einzelnen Kind erwarten können und wie Sie Kindern am besten helfen, sich in der jeweiligen Entwicklungsstufe weiterzuentwickeln. Praktische Hinweise helfen Ihnen, den demokratischen Erziehungsstil im Alltag umzusetzen.

- **Sie unterscheiden zwischen störendem Verhalten und echtem Fehlverhalten**
  Aufgrund seiner individualpsychologischen Basis[5] unterscheidet das STEP Konzept zwischen störendem Verhalten kleiner Kinder als Ergebnis von Entwicklungsfaktoren – wie z.B. dem Bedürfnis, selbstständig zu sein – und echtem Fehlverhalten. Fehlverhalten resultiert aus dem misslungenen Versuch eines Kindes, sich auf positive Weise dazugehörig zu fühlen. Sie lernen, das Ziel des Fehlverhaltens eines Kindes zu verstehen und professionell und für die Entwicklung des Kindes förderlich darauf zu reagieren.

- **Sie kommunizieren mit Respekt**
  Durch Fallbeispiele und Übungen aus dem Alltag von Kindertageseinrich-

---

5 Alfred Adler ist der Gründer der Individualpsychologie, Rudolf Dreikurs sein bedeutendster Schüler.

tungen erwerben Sie die praktische Fertigkeit des aktiven Zuhörens, d.h., sich auf die Gefühle der Kinder einzulassen, die Gefühle widerzuspiegeln und den Kindern dadurch zu ermöglichen, ihre Gefühle und damit sich verstanden und wertgeschätzt zu fühlen. Selbst sehr kleine Kinder werden so unterstützt, positive Wege zu finden, mit ihren eigenen Gefühlen und Problemen umzugehen, aber auch schrittweise aus der Ich-Bezogenheit herauszutreten, die Gefühle anderer zu verstehen und somit Empathie zu entwickeln.

Im nächsten Schritt lernen und üben Sie, Ich-Aussagen zu formulieren, d.h., respektvoll und ohne zu beschuldigen, mit den Kindern – sowohl mit dem einzelnen Kind als auch mit der Gruppe – darüber zu sprechen, wie das Verhalten der Kinder Ihre Rechte oder die anderer Kinder tangiert. Dadurch werden sich die Kinder bewusst, wie ihre Handlungen von anderen wahrgenommen werden, und sind besser in der Lage, sich auf die Lösung eines Problems einzulassen. Darüber hinaus lernen die Kinder, dass es möglich ist, für sich selbst und ihre Wünsche mit Worten einzustehen und ihre Gefühle anderen auf diese Weise mitzuteilen.

Durch diese wertschätzende Art, im Alltag zu kommunizieren, nehmen Sie Ihre Vorbildfunktion wahr, geben den Kindern Halt, Orientierung und Sicherheit und helfen ihnen, Kommunikationsfähigkeiten zu erlernen, die wichtig sind für ihre persönliche – emotionale und soziale – Entwicklung.

- **Sie stärken das Selbstwertgefühl des Kindes durch Ermutigung, Sie unterscheiden zwischen Lob und Ermutigung und zwischen Ermutigung und Druck**
  Sie lernen, die »Sprache der Ermutigung« in alltäglichen Situationen der ersten Kindheitsjahre – der entscheidenden Phase für die Entwicklung eines gesunden Selbstwertgefühls der Kinder – anzuwenden. Ermutigung ist ein Geschenk, das sich ein Kind nicht verdienen muss. Ermutigung zu geben bedeutet, immer wieder im Laufe eines jeden Tages Stärken, Bemühungen und Verbesserungen der Kinder zu erkennen und zu benennen und sie auf diese Weise wissen zu lassen, dass sie liebenswert und fähig sind. Sie zeigen so den Kindern, dass Sie an sie glauben, Sie geben ihnen Hoffnung, reduzieren den Wettstreit, vermeiden zu hohe Anforderungen und schaffen die Voraussetzung, dass die Kinder an sich selbst und ihre Fähigkeiten glauben.
  Darüber hinaus wird Lob – im Gegensatz zu Ermutigung – als externer Motivator dargestellt, als Belohnung, die sich ein Kind erst verdienen muss: z.B. durch den 1. Platz am Ende eines Wettrennens. Sie lernen, zwischen beiden Verstärkern zu unterscheiden und Ermutigung häufiger einzusetzen als Lob, weil Lob die Abhängigkeit vom Lobenden befördert.

- **Sie stärken die Fähigkeit der Kinder, Probleme und Konflikte zu lösen**
  Da Sie, genauso wie andere Erwachsene, oft dazu tendieren, die Verantwortung für alle Probleme im Alltag sofort übernehmen zu wollen, wird Ihnen

durch die STEP Fertigkeit »Wessen Problem ist es – das des Kindes oder der Erzieherin?« eine wertvolle Hilfe zuteil. Sie bekommen klare Kriterien an die Hand, durch die selbst kleine Kinder lernen können, sich um einige Probleme – die sie verursacht haben oder denen sie begegnen – selbst zu kümmern. Dadurch entwickeln die Kinder Selbstvertrauen, Verantwortungsgefühl und in der Folge die Bereitschaft, auch Verantwortung zu übernehmen. Des Weiteren lernen und üben Sie Möglichkeiten – differenziert nach Alter der Kinder –, Kinder dabei zu unterstützen, Probleme zu lösen. Das Erforschen von Alternativen ist ein äußerst hilfreicher Ansatz für die Leitung und Moderation der Gruppe, aber auch um die Fähigkeiten der Kinder zur selbstständigen Problemlösung zu entwickeln: Durch zahlreiche Beispiele wird anschaulich dargestellt, wie Konflikte zwischen Kindern von Kindern selbst durch das Erforschen von Alternativen gelöst werden können – genauso wie Probleme zwischen Erzieherin und Kindern.

- **Sie bringen Kindern Selbstdisziplin bei, indem Sie die Kooperationsbereitschaft der Kinder aufbauen und sinnvoll Disziplin ausüben.**
  Sinnvolle Disziplin ist als erzieherischer Prozess zu sehen – ganz im Gegensatz zu Belohnung bzw. Bestrafung, die als Werkzeug fungieren, um Gehorsam zu erzwingen.
  Sie lernen, Disziplin sinnvoll auszuüben, d.h., Kinder anzuleiten, eine kooperative Haltung anzunehmen und Fertigkeiten für die Zusammenarbeit zu entwickeln – eine der wichtigsten Aufgaben in der frühen Kindheit. Wirkungsvoll angeleitet werden Kinder durch Strategien, die ihrem Alter angemessen sind und zum jeweiligen Kind passen, u.a. durch Wahlmöglichkeiten sowie durch natürliche und logische Konsequenzen. Die Vorgehensweisen werden anhand von praxisnahen Beispielen im Alltag erläutert und es wird angeregt, sie im Alltag auszuprobieren.

- **Sie unterstützen die emotionale und soziale Entwicklung der Kinder**
  Der emotionale und intellektuelle Entwicklungsprozess des Kindes wird auf der Basis des Modells von Stanley Greenspan[6] erläutert.
  Sie üben, die gelernten STEP Fertigkeiten anzuwenden, um Kindern zu helfen, ihre eigenen Emotionen wahrzunehmen und mit ihnen entwicklungs- und altersgemäß umzugehen. Genauerer Betrachtung unterzogen werden emotionale Herausforderungen, die in Einrichtungen mit kleinen Kindern oft vorkommen, z.B. Weinen und Schreien, Traurigkeit, Angst und Ängstlichkeit, Trennungsängste, Wutanfälle und Stress.
  Ferner werden Ihnen Möglichkeiten vorgestellt, Kinder bei der Entwicklung ihrer sozialen Kompetenz – beim Aufbau ihrer Beziehungen mit Gleichaltrigen und Erwachsenen, bei der Entwicklung des Gemeinschaftsgefühls – re-

---

6 Greenspan, S. I. [26]

spektvoll und förderlich zu begleiten, sie anzuregen und anzuleiten. Verhaltensweisen wie z.B. Lügen, Miteinanderteilen, Eifersucht, Aggression – Beißen, Schlagen, Schubsen, Stoßen – finden besondere Beachtung.

- **Sie gestalten die Zusammenarbeit mit den Eltern im Sinne einer Erziehungspartnerschaft**
  Eltern haben möglicherweise andere Erziehungsmethoden als Sie. Um eine partnerschaftliche Zusammenarbeit mit den Eltern, hinsichtlich wertschätzender Betreuung, kompetenter Anleitung und konsequenter Erziehung der Kinder zu erreichen, lernen und üben Sie, gemeinsam mit den Eltern, Ziele und Erwartungen zu klären bzw. zu erarbeiten. Formell, aber auch informell regelmäßig eine respektvolle und ermutigende Kommunikation mit den Eltern zu pflegen unterstützt Sie bei Ihren Bemühungen, mit den Eltern bei der Erziehung der Kinder an einem Strang zu ziehen. Mit Hilfe der Individualpsychologie lernen Sie, die Persönlichkeitsmerkmale von Menschen, Ihre eigenen, aber auch die der Eltern, bei der Gestaltung der Zusammenarbeit mit einzubeziehen bzw. zu berücksichtigen. Praktische Hinweise für die Interaktion mit den Eltern (z.B. erste Kontakte, informelle Kontakte, Elterngespräche etc.) werden erläutert.

Die professionelle Kommunikation in der Einrichtung, der offene Austausch mit den Eltern sowie ein vielfältiges Elternbildungsangebot
- bilden die Basis für dauerhafte und nachhaltige gegenseitige Akzeptanz,
- schaffen Transparenz,
- vernetzen die Eltern untereinander,
- befördern ihre Integration in die Einrichtung,
- senken den Stresslevel und
- stärken Ihre professionelle Rolle als Erzieherin.

All diese Themen und das STEP zugrundeliegende Menschenbild entsprechen den – spätestens seit den PISA-Studien um Einheitlichkeit bemühten – Rahmenrichtlinien der einzelnen Bundesländer für die Aus- und Weiterbildung der Erzieherinnen.

STEP Das Buch für Erzieher/innen hilft Ihnen als Fachkraft in Kindertageseinrichtungen nicht nur, mit Kindern und Eltern umzugehen, es bietet Ihnen auch Möglichkeiten und Chancen, Ihre eigenen interpersonellen Fähigkeiten und Ihr Selbstwertgefühl zu stärken. Die Aktivitäten »Nur für Sie« konzentrieren sich auf Sie als Person mit eigenen Wertvorstellungen und Überzeugungen, Gefühlen und Beziehungen, die auch Ihr Leben außerhalb der Einrichtung betreffen.

Die Arbeit mit kleinen Kindern ist immer eine Herausforderung. Sie bietet aber auch viele Chancen. Sowohl Sie als Erzieherinnen als auch die Kinder erleben in der Zeit, in der die Kinder heranwachsen, viel Spaß und Freude. Ob Sie sich als professionell Erziehende mit *STEP Das Buch für Erzieher/innen* besonders nachhaltig im Rahmen einer Weiterbildung oder alleine – durch die Lektüre des vorliegenden Buches – beschäftigen, STEP hilft Ihnen dabei, sich voller Vertrauen den alltäglichen Herausforderungen und Chancen zu stellen. Die Steigerung Ihrer Professionalität wird auch dazu beitragen, dass Ihre pädagogische Arbeit in der breiten Öffentlichkeit die Akzeptanz und den Stellenwert findet, die der Bedeutung Ihrer Aufgabe gerecht wird.

Die Entwicklung und das Verhalten von Kindern verstehen

In Kapitel 1 lernen wir:

- Jedes Kind entwickelt sich in seinem eigenen Tempo und in seinem eigenen Stil.

- Nicht jedes störende Verhalten ist Fehlverhalten.

- Kindliches Fehlverhalten dient einem der vier Ziele Aufmerksamkeit, Macht, Rache oder dem Beweis der Unfähigkeit.

- Wir können positive Verhaltensziele fördern, indem wir das Unerwartete tun und unser Augenmerk auf das Positive richten.

Ein guter Start ins Leben

Eltern und andere Familienmitglieder sind zwar die ersten »Lehrer« und »Lehrerinnen« der Kinder, aber wir Erzieherinnen sind wichtige Partner bei der Entwicklung eines Kindes. Als Fachleute, die im Bereich der Früherziehung arbeiten, kommt uns eine bedeutende Aufgabe bei der Sozialisation der Kinder zu. Mit manchen Kindern verbringen wir mehr Stunden am Tag als die erwachsenen Bezugspersonen zu Hause. Wir haben es mit vielen Kindern auf einmal zu tun, und alle haben ihre individuellen Bedürfnisse und Persönlichkeiten.

Unser Beruf als Erzieherin[1] ist mit Herausforderungen und Stress verbunden, bringt aber auch viel Freude und Erfüllung. Es gibt viele Möglichkeiten, die Entwicklung der Kinder in unserer Obhut zu beeinflussen. Sicher werden wir partnerschaftlich mit den Eltern und mit Fachleuten arbeiten wollen, um den Kindern den bestmöglichen Start ins Leben zu bereiten.

Kleine Kinder brauchen fürsorgliche Erzieherinnen, die die Kinder fördern, die ihr Verhalten verstehen und eine Umgebung schaffen, die ihren besonderen Bedürfnissen und Entwicklungsstufen gerecht wird. Dieses Buch hilft dabei, herauszufinden, welche Vorgehensweisen im Umgang mit den Kindern, die wir betreuen, anleiten und fördern, angemessen sind.

In diesem Kapitel betrachten wir das Verhalten der Kinder unter zwei Gesichtspunkten – unsere Erwartungen und die Ziele der Kinder.

- **Unsere Erwartungen bezüglich der Entwicklung** beziehen sich auf Verhaltensweisen und Fertigkeiten, die wir von Kindern in einem bestimmten Alter erwarten können.
- **Die Ziele** beziehen sich auf
  - das natürliche Bedürfnis der Kinder, ihre Welt zu erkunden und sie kennenzulernen, und
  - die Beweggründe der Kinder, wenn sie entmutigt sind und Fehlverhalten zeigen.

Die Entwicklung eines jeden Kindes ist individuell und einzigartig

Jedes Kind hat sein ihm eigenes Temperament – einen Verhaltensstil –, ein individuelles Entwicklungstempo sowie einen eigenen Entwicklungsstil. Solche

---

1   In diesem Buch benutzen wir die Bezeichnungen Erzieher bzw. Erzieherin für Fachkräfte, die mit Babys, Kleinkindern oder Kindergartenkindern in Kindertageseinrichtungen arbeiten. Die meisten Aspekte dieses Konzepts sind auch für Erzieher und Erzieherinnen in der Ganztagsgrundschule und für Tagesmütter und Tagesväter relevant – in der Schweiz auch für Sozialpädagog/innen.

angeborenen Charaktermerkmale kommen während des Heranwachsens des Kindes zum Vorschein. Eine einfühlsame Erzieherin arbeitet *mit* diesen individuellen Qualitäten, anstatt zu versuchen, sie zu ändern.

Als einfühlsame Erzieherin arbeiten Sie mit den individuellen Qualitäten der Kinder, anstatt zu versuchen, sie zu ändern.

Temperament

Jedes Kind wird mit einem individuellen Temperament geboren, das während der Kindheit im Grunde unverändert bleibt. Temperament hat nichts mit Intelligenz oder Talent zu tun. Es bezieht sich auf die einzigartigen Eigenschaften, mit denen ein Kind geboren wird.

> BEISPIEL
> Es ist früh am Morgen und Eltern geben ihre Kinder in der Krippe ab. Die 18 Monate alte Annelie quietscht vor Freude und strebt von ihrem Vater weg, um sich ihren Spielkameraden anzuschließen. Der 20 Monate alte Paul klammert sich an das Bein seiner Mutter und schaut misstrauisch nach den anderen Kindern. Pauls Erzieherin begrüßt ihn ruhig und erleichtert ihm den Übergang von zu Hause in die Einrichtung, indem sie ihn auf ihren Schoß nimmt, bis er bereit ist, zu spielen.

Manche Kinder sind aktiv, andere sind ruhig und still. Einige Säuglinge bekommen regelmäßig zu bestimmten Zeiten Hunger oder werden müde, bei anderen ist es nicht vorhersehbar. Manche akzeptieren laute Geräusche, helles Licht und neue Geschmacksrichtungen. Andere lassen sich durch Veränderungen in ihrer Umgebung aus der Fassung bringen.

> BEISPIEL
> Zum Frühstück bietet die Erzieherin zwei Babys zum ersten Mal zerdrückte Bananen an. Beide Kinder kennen den Geschmack nicht. Lukas öffnet seinen Mund weit, probiert einen Löffel Banane und schmatzt anschließend voller Begeisterung. Annie dreht das Gesicht zur Seite, als sich der Löffel ihrem Mund nähert. Nachdem sie nur einen halben Teelöffel probiert hat, schiebt sie den Bananenbrei mit der Zunge wieder aus ihrem Mund.

Der Stil eines jeden Kindes spiegelt sein individuelles Temperament. Wenn wir das Temperament eines Kindes als gegeben akzeptieren, lernen wir das Kind besser zu verstehen. Das kann uns helfen, den individuellen Stil eines jeden Kindes zu schätzen und auf dieser Basis zu arbeiten.

Temperament bezieht sich auf die einzigartigen Eigenschaften, mit denen ein Kind geboren wird.

Entwicklungstempo

Jedes Kind hat seinen eigenen, individuellen Zeitplan, nach dem es die Meilensteine seiner Entwicklung erreicht. Wann ein Kind Zähne bekommt, steht in etwa bei der Geburt schon fest. Bis zu einem gewissen Grad ist der jeweilige Zeitpunkt bereits vorher von der Natur festgelegt, zu dem Kinder anfangen zu krabbeln, das Sprechen lernen oder bereit sind für das Sauberkeitstraining. Diese Entwicklungen werden aber auch durch Erfahrungen beeinflusst, die das Kind in seiner Umgebung macht. Beispielsweise können Versuche von Erwachsenen, die Entwicklung zu beschleunigen, das Kind entmutigen und dadurch im Endeffekt den Prozess verlangsamen.

Beispiel
Die fünfjährige Elisa lernt, ihren Namen zu schreiben. In der Einrichtung ermutigt die Erzieherin sie, zu versuchen, die Buchstaben ihres Namens, die sie kennt, zu Papier zu bringen. Zu Hause zieht ihr großer Bruder sie auf, weil sie die Buchstaben rückwärts und in der falschen Reihenfolge schreibt. Schon bald gibt Elisa auch in der Einrichtung auf und bittet die Erzieherin, den Namen für sie zu schreiben, weil es »zu schwierig ist«.

Entwicklungsstil

Manche Kinder sind, begeistert vom Lernen. Sie probieren neue Fertigkeiten aus, wenn andere Kinder dabei sind und haben keine Angst, Fehler zu machen. Andere Kinder sind sehr vorsichtig und möchten ganz sicher gehen, dass sie etwas können, bevor sie es vor den Augen anderer versuchen. Einige Babys und Kleinkinder brabbeln monatelang ganz glücklich unsinnige Silben vor sich hin, bevor sie zum ersten Mal etwas äußern, das nach richtigen Worten klingt. Andere warten, bis sie ganze Sätze sagen können, bevor sie überhaupt sprechen. Manche Kinder scheinen sich gleichzeitig physisch, intellektuell, emotional und sozial zu entwickeln. Andere dagegen scheinen jeweils immer nur Fähigkeiten in einem dieser Bereiche zu entwickeln.

Beispiel
Der fünf Jahre alte Jonas kann am Klettergerüst von Stange zu Stange schwingen, und Radschlagen fällt ihm sehr leicht. Beim Spielen draußen führt er seine Kameraden häufig als Superheld an und gibt mit seinen körperlichen Fähigkeiten an. Seine kognitiven Fähigkeiten sind allerdings noch nicht so weit entwickelt, dass er mühelos Formen einander zuordnen kann.

Kinder entwickeln sich in ihrer eigenen Geschwindigkeit und in ihrem eigenen Stil. Jedes Kind meistert neue Fertigkeiten, wenn es so weit ist.

Entwicklungsstufen

Entwicklung findet in einer bestimmten Reihenfolge statt. Einige Fertigkeiten müssen bereits da sein, bevor andere entwickelt werden können. Zum Lesen und Schreiben beispielsweise müssen Grob- und Feinmotorik eines Kindes bereits entwickelt sein, weil die Koordination zwischen Augen und Hand Voraussetzung dafür ist.

Die Entwicklung eines Kindes verläuft eher in kleinen Schritten, aber auch in Sprüngen und Schüben. Wir alle kennen wahrscheinlich Entwicklungstabellen, wie z.B. die Tabelle 1A am Ende dieses Kapitels, die ein Durchschnittsalter für eine Reihe von Aufgaben angibt, die Kinder übernehmen können. Solche Informationen sind wichtig. Mit ihrer Hilfe können wir einen Großteil der Fähigkeiten und Verhaltensweisen der Kinder während des Heranwachsens verstehen. Aber es ist auch wichtig, zu erkennen, dass Kinder Individuen sind und als solche niemals »Durchschnitt«. In jedem Alter kann die Entwicklung eines Kindes in einer Kategorie oder auch in allen von der Tabelle abweichen. Wenn ein Kind jedoch zu weit hinter seine Altersgenossen zurückfällt, kann es auch angebracht sein, die Eltern oder andere Erziehungsberechtigte darauf aufmerksam zu machen und die Hinzuziehung professioneller Hilfe vorzuschlagen.

Babys sind Forscher.

BEISPIEL

Die dreijährige Kristin ist seit mehr als einem Jahr in der Kindertageseinrichtung. Ihr Wortschatz scheint auf »nein« und »mein« beschränkt zu sein. Aufgrund mehrfacher Ohreninfektionen hat sie bereits eine lange Krankheitsgeschichte. Nachdem der Erzieherin Kristins mangelnder sprachlicher Fortschritt aufgefallen ist, trifft sie sich mit Kristins Vater. Sie schlägt vor, den Kinderarzt aufzusuchen, um Kristin auf einen möglichen Hörschaden untersuchen zu lassen, der sich vielleicht auf ihre Sprachentwicklung auswirkt.

Erzieherinnen helfen Kindern, indem sie ihr Entwicklungstempo respektieren. Es ist unsere Aufgabe, Entwicklungschancen für die Kinder wahrzunehmen, abzuwägen und sie anzubieten, *ohne die Kinder zu drängen*. Das bedeutet, Kindern eine sichere, ihrer Entwicklung angepasste Umgebung zu bieten sowie Möglichkeiten zum Erforschen, Entdecken und Lernen (s.u.). Wir vermeiden, sie zu zwingen, Fertigkeiten zu entwickeln, für die sie noch nicht bereit sind. (z.B. von einem zweijährigen Kind zu erwarten, seine Schuhe zu binden, oder von einem fünfjährigen, Zahlen zu multiplizieren).

Motorische Fertigkeiten sind physische Fähigkeiten, für die Kraft, Koordination oder Geschicklichkeit erforderlich sind. Für die Grobmotorik sind große Muskelgruppen zuständig, für die Feinmotorik kleinere.

Entwicklungsphasen

STEP Das Buch für Erzieher/innen beschreibt drei Entwicklungsphasen: Baby, Kleinkind und Kindergartenkind.

Babys – Neugeborene bis 18 Monate[2]

Babys lernen, anderen Menschen zu vertrauen.
Sie lernen, darauf zu vertrauen, dass andere sich um sie kümmern, sie schützen, Grenzen ziehen und mit ihnen Spaß machen und haben. Sie lernen, dass jemand
- sich um ihre grundlegenden physischen Bedürfnisse kümmert,
- ihnen zuhört und auf ihren Protest reagiert,
- sie davon abhält, sich in Gefahr zu begeben.

---

2   Jede Altersspanne ist als allgemeine Richtlinie zu verstehen. Für einige Kinder endet das Babyalter beispielsweise bereits mit 15 Monaten; dann treten sie in das Kleinkindalter ein.

Babys lernen, auch Vertrauen in sich selbst zu haben und sich einiger ihrer Bedürfnisse selbst anzunehmen.

Sie lernen, zu erkennen, dass sie
- sich selbst mit dem Daumen oder einer Schmusedecke beruhigen können,
- bekommen können, was sie wollen, indem sie hinkrabbeln oder danach greifen,
- sich mit sich selbst vergnügen können, indem sie ihre Zehen oder Fäuste finden, um daran zu kauen.

Babys lernen, Vertrauen in ihre Umgebung zu entwickeln.

Wir möchten ihnen helfen, herauszufinden, dass die Welt manchmal vorhersehbar ist und ein anderes Mal Überraschungen birgt, grundsätzlich aber sicher ist.
- Der Boden ist hart, Stofftiere sind weich.
- Das eine Essen schmeckt gut, anderes Essen ist gewöhnungsbedürftig.
- Wasser fühlt sich gut an, aber eine feuchte Windel nicht.

Kleinkinder – 18 Monate bis 3 Jahre

Kleinkinder streben nach Selbstständigkeit.

Sobald Kinder gelernt haben, zu vertrauen, sind sie bereit, auf verschiedene Art und Weise ihre Selbstständigkeit auszutesten. Jeder Versuch, selbstständig zu sein, lehrt sie verschiedene menschliche Charaktereigenschaften:
- Sie bestehen darauf, alles selbst zu tun (und lernen auf diese Weise, sich auf sich selbst zu verlassen).
- Wahrscheinlich betrachten sie alle Gegenstände in ihrer Umgebung als ihr Eigentum.
- Sie haben möglicherweise Angst vor dem Unbekannten (Unsicherheit).
- Sie können vorsichtig mit Haustieren umgehen (Selbstkontrolle).

Auf diese und auch auf andere Weise machen Kleinkinder große Schritte in Richtung Erwachsenwerden.

Kindergartenkinder – 3 Jahre bis Schulreife

Kindergartenkinder fangen an, Kreativität zu zeigen.

Vertrauen zu ihren wichtigsten Bezugspersonen und Selbstständigkeit in diesen Beziehungen haben sie bereits aufgebaut. Jetzt fangen sie an, ihre Welt durch Freunde und Spielzeug zu erweitern. Kindergartenkinder sind Künstler, Erfinder, Handwerker und Konstrukteure. Eine Umgebung, zu der Puppen, Bauklötze, Bälle, Sand, Wasser, Farben, Bilderbücher und andere vertraute Materialien gehören – in der es Freiräume zum Experimentieren gibt –, fördert ihre erblühende Vorstellungskraft und ihren Wunsch, mehr über diese Welt zu erfahren.

Kindergartenkinder beginnen, Sprache für komplizierte Geschichten zu verwenden.
Sie erfinden selbst Geschichten und haben Spaß daran, uns zuzuhören, wenn wir ihnen welche erzählen oder vorlesen. Wörter an sich faszinieren sie. Kinder erfinden ihre eigenen lustigen Wörter und Reime, nur um den Spaß des Reimens willen. Manche finden es aufregend, wenn sie eine Erzieherin mit einem Schimpfwort schockieren können.

Kindergartenkinder brauchen Freunde.
Jetzt sind sie so weit zu lernen, wie Menschen miteinander auskommen. Zusammen mit Freunden üben Kindergartenkinder, Ideen umzusetzen, Entscheidungen zu treffen, Streit beizulegen und Wertschätzung zu zeigen. Sie üben das Erwachsensein, indem sie Situationen von zu Hause, aus dem Kindergarten oder beim Doktor nachspielen.

Einige Fünfjährige sind vielleicht schon in der Schule. Das ändert aber nichts an der Tatsache, dass sie immer noch kleine Kinder sind. Kinder dieses Alters denken und handeln in der Regel eher wie kleine Kinder, die noch nicht in die Schule gehen.

Entwicklung findet in einer bestimmten Reihenfolge statt. Als Erzieherin helfen Sie Kindern, indem Sie ihr Entwicklungstempo respektieren. Es ist Ihre Aufgabe, Entwicklungschancen für die Kinder wahrzunehmen, abzuwägen und anzubieten, ohne die Kinder zu drängen.

Unser Einfluss auf die Kinder

Die Art und Weise, wie wir die Beziehung zu den Kindern gestalten, beeinflusst ihre tiefsten Gefühle sich selbst und anderen gegenüber.

Erziehungsstile

Grundsätzlich gibt es drei Stile, wie Erwachsene Kinder erziehen: *autoritär, laissez-faire (permissiv) und demokratisch (partizipativ oder auch autoritativ* genannt). Jeder Stil hat unterschiedliche Konsequenzen für die Entwicklung der Kinder.

Der autoritäre Stil – Grenzen ohne Freiheit. Erwachsene mit einem autoritären Stil setzen auf Belohnung und Bestrafung, um Kinder zu kontrollieren. Eine autoritäre Erzieherin würde z.B. sagen: »Du darfst heute nicht draußen spielen, weil du nicht geholfen hast, aufzuräumen.« Bestrafung schürt Ängste und Ressentiments bei Kindern. Wenn wir sehr häufig mit Belohnung arbeiten, erwarten die Kinder vielleicht eine Bezahlung für kooperatives Verhalten. Eine autoritäre Atmosphäre kann eine Kindertagesstätte, selbst beim Spielen, zu einer rigiden oder zu stillen Umgebung machen. Eine solche Atmosphäre kann bei Kindern Unglücklichsein und Stress auslösen, obwohl es auf den ersten Blick für Erwachsene, die eine ruhige und ordentliche Atmosphäre mögen, anders wirkt.

Der laissez-faire (permissive) Stil – Freiheit ohne Grenzen. Erzieherinnen mit einem laissez-faire (anti-autoritären) Stil setzen dem Verhalten keine oder nur wenig Grenzen. Sie bieten den Kindern sehr viel Freiraum, geben ihnen jedoch keine Verantwortung. Eine laissez-faire (permissiv) agierende Erzieherin fordert die Kinder wahrscheinlich auf, ihr beim Aufräumen eines Zimmers zu helfen. Wenn die Kinder aber nicht kooperieren, räumt sie alleine auf. Eine solche Atmosphäre vermittelt den Kindern ein unrealistisches Bild darüber, wie die Welt funktioniert. Kinder, denen keine Grenzen gesetzt werden, zeigen oft aggressives Verhalten, das außer Kontrolle geraten ist.

Der demokratische (partizipative oder auch autoritative) Stil – Freiheit innerhalb von Grenzen. Demokratische Erziehung basiert auf Gleichwertigkeit und gegenseitigem Respekt. Sie fördert Verantwortung. Eine Erzieherin, die demokratisch erzieht, könnte z.B. sagen:»Ihr könnt jetzt schnell das Spielzeug einräumen, dann mit uns gemeinsam nach draußen gehen und lange spielen. Oder ihr braucht längere Zeit zum Aufräumen, kommt später nach draußen und habt weniger Zeit zum Spielen. Ihr entscheidet.«

Gleichwertigkeit ist nicht mit Gleichheit zu verwechseln. Es gibt keine zwei gleichen Menschen, aber ihr Wert und ihre Würde als Mensch sind gleich. Einen demokratischen Erziehungsstil anzuwenden bedeutet nicht, dass wir kleinen Kindern dieselbe Freiheit und Verantwortung wie älteren Kindern oder gar Erwachsenen zugestehen. Es *bedeutet* jedoch, ihren Wünschen und Bedürfnissen die gleiche Beachtung zu schenken. Es bedeutet nicht, dass Kinder alle Entscheidungen treffen. Aber es *bedeutet*, sie zu ermutigen – innerhalb bestimmter Grenzen –, eigene Entscheidungen zu treffen. Einige Beispiele:

- Wir können Kinder dazu ermutigen, Material für Malprojekte oder zum Schreiben auszusuchen.
- Wir können es den Kindern zwar nicht erlauben, die Uhrzeit für das Mittagessen zu bestimmen, aber wir können sie ermutigen, zu entscheiden, ob sie eine Banane oder einen Apfel zum Nachtisch möchten.

Vom Säuglingsalter bis hin zur Einschulung brauchen Kinder sichere Grenzen. Ihre Fähigkeit, Entscheidungen zu treffen, entwickelt sich im Laufe der Zeit. Sehr kleine Kinder können Grenzen noch nicht von sich aus einhalten. Sie brauchen uns, um Grenzen zu setzen und für deren Einhaltung zu sorgen. Beispielsweise können wir von einer Gruppe Kleinkinder nicht erwarten, dass sie in der Pausenzeit einen Teller voll mit Keksen gerecht untereinander aufteilen. Sie brauchen einen Erwachsenen, der die Kekse verteilt, so dass jedes Kind den gleichen Anteil erhält.

STEP Das Buch für Erzieher/innen basiert auf demokratischen Prinzipien. Diese erlauben es kleinen Kindern, *innerhalb von Grenzen eine Wahl zu treffen*, und helfen ihnen, zu lernen, Eigenverantwortung zu übernehmen. Es ist die effektivste Art, Kinder auf das Leben in einer Demokratie vorzubereiten, in der die Übernahme von Verantwortung von ihnen erwartet wird. Indem wir jedes einzelne Kapitel dieses Buches durcharbeiten, lernen wir im Umgang mit den von uns betreuten Kindern demokratische Prinzipien anzuwenden.

Einen demokratischen Erziehungsstil anzuwenden bedeutet nicht, kleinen Kindern dieselbe Freiheit und Verantwortung wie älteren Kindern oder gar Erwachsenen zuzugestehen. Es bedeutet jedoch, ihren Wünschen und Bedürfnissen die gleiche Beachtung zu schenken.

Die Macht der Erwartungen

Als Erzieherin haben wir bestimmte Erwartungen an die Kinder, mit denen wir arbeiten. Unglücklicherweise ist es nur allzu leicht, negatives Verhalten von ihnen zu erwarten. Wir alle kennen Ausdrücke wie »Wuselmäuse, »die verflixten Zweijährigen« oder »kleine Monster«. Selbst wenn wir als Erwachsene diese Bezeichnungen nur im Spaß benutzen, bedeutet es letztlich, dass wir Probleme mit den Kindern erwarten. *Erwartungen haben großen Einfluss.* Kleine Kinder spüren unsere Erwartungen, oft glauben sie an sie und verhalten sich entsprechend.

Beispielsweise begegnen Erzieherinnen von Kleinkindern häufig dem Problem, dass Kinder beißen. Wenn Erzieherinnen Kindern deutlich zu verstehen geben, dass sie von ihnen erwarten, Konflikte mit Worten und nicht durch aggressive Handlungen auszutragen, haben sie wahrscheinlich weniger Probleme mit Beißzwischenfällen als Erzieherinnen, deren Strategie einzig und allein darin besteht, das Kind nach der Tat durch Verbote zu bestrafen. (Siehe auch Kapitel 5).

Da Zweijährige Anspruch auf Selbstständigkeit erheben, liegt es nahe, alles was sie tun als ein Streben nach Macht oder Kontrolle zu betrachten. Beziehungen mit Kleinkindern müssen jedoch nicht immer in einem Machtkampf enden.

Stellen wir uns vor, wie anders unsere Beziehungen zu Zweijähren aussehen würden, wenn wir immer nur von den »wunderbaren Zweijährigen« hören und sprechen würden! Je positiver unsere Erwartungen an die Kinder sind, desto wahrscheinlicher ist es, dass sie mit uns kooperieren. Mit einer positiven Einstellung tragen wir dazu bei, die Basis für ein Selbstwertgefühl zu legen, das die emotionale Entwicklung eines Kindes für sein ganzes späteres Leben beeinflusst.

Kleine Kinder spüren Ihre Erwartungen; oft glauben sie an sie und verhalten sich entsprechend.

Mehr ›Ja‹, weniger ›Nein‹

»Nein« ist das Lieblingswort vieler Kleinkinder. Kleinkinder sagen möglicherweise sogar »Nein«, wenn sie »Ja« meinen. Ein Grund dafür, dass Kleinkinder so oft »Nein« sagen, ist vielleicht darin zu sehen, dass die Erwachsenen, mit denen sie ihr Leben verbringen, selbst immer wieder »Nein« sagen.

Wir schlagen deshalb vor, dass wir selbst daran arbeiten, das Wort «Nein« nicht mehr so häufig zu benutzen. Eine Möglichkeit, ein »Nein« zu vermeiden, besteht darin, den Kindern stattdessen Wahlmöglichkeiten zu geben. Eine solche Wahlmöglichkeit klammert manchmal eine Verhaltensweise aus, bietet dafür aber andere als Ersatz.

BEISPIEL
Zwei Kinder möchten im Gruppenraum gerne Fangen spielen. Aus Sicherheitsgründen müssen wir sie wahrscheinlich davon abhalten. Wir können aber dennoch »Ja« zu ihrem Verhalten sagen, indem wir ihnen die Möglichkeit anbieten, draußen zu spielen. Als Alternative können wir auch eine andere Aktivität vorschlagen, die ohne Problem in den Räumen des Kindergartens vonstatten gehen kann.

Natürlich gibt es auch Situationen, die ein »Nein« notwendig machen.

BEISPIEL
Wenn ein Kleinkind beim Überqueren der Straße seine Hand wegzieht und vorausläuft, dann könnte die Erzieherin z.B. sagen: »Nein, das geht nicht. Wir halten uns immer an den Händen. Wir wollen, dass alle sicher die Straße überqueren.«

Vielleicht bittet uns ein Kind um Erlaubnis, etwas zu tun, und wir müssen »Nein« sagen. Aber wir können das Kind auch ein »Ja« erfahren lassen, indem wir die Aufmerksamkeit des Kindes auf eine andere Aktivität lenken. Die Möglichkeit, das Wort »Ja« anstatt ein »Nein« zu benutzen, besteht häufig. Zum Beispiel könnte der Satz: »Nein, du darfst nicht so fest drücken!«, auch wie folgt formuliert werden:

- »Ja, ich mag Umarmungen auch. Bei Julia musst du aber ganz sanft sein, weil sie noch so klein ist.«

Es geht darum, das Wort »Nein« auf ein Minimum zu reduzieren. Und das Wort »Ja« so häufig wie möglich zu verwenden. Das gilt auch in Fällen, in denen die Unmittelbarkeit der Situation ein schnelles »Nein!« zu erfordern scheint. Wenn z.B. ein Kleinkind ein Spielzeug aufhebt und versucht, ein anderes Kind damit zu schlagen, dann wäre es besser, dem Kind das Spielzeug wegzunehmen und zu sagen:

- »Marie, wir schlagen andere Menschen nicht. Schlagen tut weh.«

Anschließend helfen wir dem Kind, das Problem anzugehen, das zu der Aggression geführt hat (siehe dazu Kapitel 3).

Weshalb Kinder ein bestimmtes Verhalten zeigen

Die folgenden Prinzipien menschlichen Verhaltens können uns helfen, Kinder und uns selbst zu verstehen.

Menschen sind soziale Wesen. Bereits sehr früh lernen wir, dass es zum Leben dazugehört, mit anderen zusammenzuleben.

Unser Hauptziel im Leben ist es, dazuzugehören. Als Mensch ist es wichtig für uns, unseren Platz in der Gemeinschaft zu finden. Die frühe Kindheit ist die Zeit, in der Kinder herausfinden, wie sie dazugehören können. Während kleine Kinder heranwachsen und sich entwickeln, finden sie heraus, dass bestimmte Reaktionen anderer Menschen auf ihr Verhalten ihnen ein Gefühl der Dazugehörigkeit vermitteln. Sie lernen auch, dass kooperatives Verhalten zu anderen Reaktionen führt als unkooperatives Verhalten.

> BEISPIEL
> Der zweijährige Leon schaut der Erzieherin, die nach dem Mittagessen den Tisch abwischt, sehr aufmerksam zu und sagt: »Leon hilft.« Die Erzieherin lächelt und sagt: »Ja, Leon, ich freue mich, wenn du mir hilfst.« Dann gibt sie ihm den Schwamm. Leon wischt fröhlich über den Tisch und fängt an, die Stühle ebenfalls abzuwischen. Die Erzieherin lässt ihn wissen, wie sehr sie seine Hilfe schätzt und Leon klatscht freudig in die Hände.

Verhalten ist zielgerichtet – es dient dazu, ein Ziel zu erreichen. Wenn wir die Aktivitäten kleiner Kinder beobachten, wird deutlich, dass sie mit ihrem Verhalten ein Ziel verfolgen. Schauen wir uns ein Baby an, das in seinem Kinderbett einen neuen Gegenstand untersucht. Das Baby befühlt ihn, nimmt ihn in den Mund und versucht so, den Gegenstand zu erfassen. Schauen wir einem älteren Kind zu, das einen Turm baut. Sein Ziel besteht vielleicht darin, die Welt, die ihm bereits vertraut ist – zum Beispiel ein hohes Gebäude – nachzubauen. Vielleicht testet das Kind auch seine Fähigkeiten aus.

Das Ziel eines Verhaltens kann sowohl positiv als auch negativ sein. Wenn ein dreijähriges Kind beispielsweise trotzig wird, wenn wir es um Kooperation bitten, dann verfolgt das Kind ein Ziel – mit Hilfe der Trotzreaktion möchte es vielleicht seine Macht zeigen.

Verhalten und Fehlverhalten

Es ist wichtig, im Hinterkopf zu behalten, dass nicht jedes Verhalten, das wir als störend empfinden, als Fehlverhalten eingestuft werden kann. Bei sehr kleinen Kindern gibt es grundsätzlich zwei Arten von »problematischem« Verhalten.

1. **Verhalten, das der Entwicklungsstufe gemäß ist, das wir jedoch als störend empfinden.**
    Bestimmte störende Verhaltensweisen sind – abhängig von Alter und Entwicklungsstufe – von den meisten Kindern zu erwarten.
    Babys beispielsweise schreien, wenn sie Hunger haben. Wir mögen das Schreien als störend empfinden, dürfen es aber nicht als Fehlverhalten einstufen. Schreien ist nämlich für das Baby die einzige Möglichkeit, Erwachsene wissen zu lassen, dass es hungrig ist. Hinterlässt ein zweijähriges Kind Schmutzspuren auf dem Boden, liegt das in der Regel daran, dass es noch nicht weiß, dass schmutzige Schuhe Dreck hinterlassen. Es kann aber auch daran liegen, dass das Kind – ohne jegliche negative Absicht – einfach fasziniert davon ist, was es mit den Schuhen machen kann.
    Manchmal zeigen Kinder störendes Verhalten einfach, weil sie neugierig, müde, krank oder unbeholfen sind, weil sie versuchen zu helfen oder weil sie die Regeln nicht kennen. In solchen Fällen ist das Verhalten, das wir als störend empfinden, überhaupt kein Fehlverhalten. Vielleicht sind unsere Erwartungen einfach unrealistisch.

    BEISPIEL
    Die Erzieherin liest im Stuhlkreis einigen interessierten Kindern etwas über Spinnen vor. Die Kinder sitzen jetzt schon seit zwanzig Minuten da und hören zu. Und obwohl Spinnen für die Kinder interessant sind, wird es Caroline langweilig und sie fängt an, Lydia zu kneifen. Die stößt einen Schrei aus und die ganze Gruppe wendet ihre Aufmerksamkeit den Mädchen zu. Der Erzieherin wird klar, dass die Kinder jetzt schon sehr lange gesessen haben. Deshalb sagt sie: »Lasst uns alle aufstehen und herumgehen wie riesige Spinnen.«

    Von großer Bedeutung: unsere eigene Befindlichkeit
    Die meisten von uns empfinden oft Stress. Vielleicht haben wir Probleme mit den Arbeitskolleginnen oder mit den Eltern eines Kindes in unserer Gruppe. Wir haben nicht genug Zeit für alles, was wir tun wollen und müssen.

Wenn wir Stress haben, werden wir oft ungeduldig. Vielleicht lassen wir die Kinder nicht ausreden, schneiden ihnen das Wort ab oder fahren sie an. Die Kinder wiederum weinen oder schreien vielleicht oder streiten sich.

Es passiert schnell, dass Stress unsere Arbeit als Erzieherin erschwert. Wenn wir das zulassen, ist es wahrscheinlich, dass das Verhalten der Kinder eher schlechter als besser wird.

Stattdessen treten wir zurück, wenn wir gestresst sind, und holen tief Luft. Wir denken daran, was jetzt wichtig ist. Wir entscheiden uns, uns nicht so gestresst zu fühlen. Wir können das! Am Ende dieses Kapitels wird unter der Überschrift ›Nur für Sie‹ die Übung ›Reduzieren Sie Ihren Stress‹ empfohlen. Es wird eine Möglichkeit beschrieben, wie wir daran arbeiten können, uns zu beruhigen, wenn wir sehr angespannt sind.

2. **Fehlverhalten.**

Fehlverhalten kann als die Weigerung eines Kindes definiert werden, zu kooperieren, obwohl es weiß, wie es kooperieren kann, und dazu auch in der Lage ist.

Ein vierjähriges Kind beispielsweise, das während des Mittagessens schreit und Radau macht, verhält sich vielleicht so, weil es Aufmerksamkeit erregen oder gegen das Essen protestieren möchte. Dieses Verhalten kann als unkooperatives Verhalten bezeichnet werden, wenn das Kind es besser weiß und es mit seinem Verhalten andere Kinder stört. Wenn das Kind aber krank oder verängstigt ist, dann ist dieses Verhalten anders zu verstehen.

Ein weiteres Beispiel für Fehlverhalten (unkooperatives Verhalten) gibt ein Fünfjähriger, der seinen Anorak und seinen Rucksack auf den Boden wirft, sobald er den Kindergarten betritt, und zwar obwohl die Erzieherin ihm mehrfach gezeigt hat, wie und wo er seine Sachen an einen Haken hängen kann.

Jedes Kind, das mit seinem Verhalten wissentlich sich selbst oder andere Kinder gefährdet, legt damit ebenfalls eine Form von Fehlverhalten an den Tag.

Das Wort »wissentlich« ist hier sehr wichtig. Kinder lernen im Laufe der Zeit, Gefahren einzuordnen. Kleine Kinder verstehen wahrscheinlich die möglichen Konsequenzen eines gefährlichen Verhaltens nicht in demselben Maße wie Kindergartenkinder.

Manchmal zeigen Kinder störendes Verhalten,
weil sie neugierig, müde, krank oder unbeholfen sind,
weil sie versuchen zu helfen oder weil sie die Regeln
nicht kennen. In solchen Fällen ist das Verhalten, das
Sie als störend empfinden, kein Fehlverhalten. Vielleicht
sind Ihre Erwartungen einfach unrealistisch.

Warum Kinder Fehlverhalten zeigen

Grundsätzlich zeigen Kinder aus zwei Gründen Fehlverhalten: weil sie sich durch positives Verhalten nicht dazugehörig fühlen und deswegen *entmutigt* sind und weil ihr negatives Verhalten von den Menschen um sie herum bestätigt und dadurch *verstärkt* wird.

Entmutigung. Die meisten Kinder möchten kooperieren. Wenn sie aber die Erfahrung machen, dass sie das Gefühl der Dazugehörigkeit nicht durch kooperatives Verhalten erreichen können, fühlen sie sich möglicherweise entmutigt. Sie zeigen Fehlverhalten, um einen Weg zu finden, wie sie dazugehören *können*. Wenn es einem Kind beispielsweise nicht gelingt, durch positives Verhalten Aufmerksamkeit zu bekommen, findet das Kind wahrscheinlich heraus, dass es Aufmerksamkeit auch durch Verhalten erreichen kann, das negative Reaktionen erzeugt.

Rudolf Dreikurs, der anerkannte Psychiater, Dozent und Autor hat in diesem Zusammenhang gesagt: »Ein Kind, das Fehlverhalten zeigt, ist ein entmutigtes Kind.«

Verstärkung. Kinder können Fehlverhalten zeigen, ohne es zu wollen. Wie wir auf eine oder zwei Situationen reagieren, kann einen Einfluss darauf haben, welche Verhaltensweisen Kinder zeigen und wie oft sie sie wiederholen. Durch unsere Reaktionen geben wir ihnen eine Vorstellung davon, wie sie dazugehören können.

BEISPIELE
Der zweieinhalbjährige Eric stößt beim Frühstücken aus Versehen sein Saftglas um. Die Erzieherin, die in diesem Moment mit einem anderen Kind beschäftigt ist, hilft sich in der Eile mit Papierservietten. Dann schüttet sie frischen Saft in Erics Glas und wendet sich wieder dem Kind zu, mit dem sie gerade gesprochen hat. Nur ein paar Minuten später verschüttet Eric auch sein zweites Saftglas. Dieses Mal ist es kein Unfall.

In dieser Situation experimentiert Eric damit, unkooperativ zu sein, als eine Möglichkeit, Aufmerksamkeit und das Gefühl der Dazugehörigkeit zu erlangen. Da dies der Erzieherin klar wird, geht sie mit dem zweiten Vorfall anders um. Sie ergreift die Chance, Eric Verantwortungsbewusstsein beizubringen.

Sie schaut sich nach der Praktikantin um und sagt dann ruhig: »Anita, gib doch Eric bitte einen Schwamm.« Dann kehrt sie zu ihrer Arbeit zurück. Anita gibt Eric einen Schwamm und bittet ihn, dabei zu helfen, den Tisch sauber zu machen.

Auf diese Weise lernt Eric, dass es in Ordnung ist, Fehler zu machen, und dass er dadurch, dass er sich seiner Fehler annimmt, auf kooperative Weise zur Gruppe dazugehört. Er lernt außerdem, dass unkooperatives Verhalten keine zuverlässige Strategie ist, die Aufmerksamkeit der Erzieherin zu erlangen.

Die Art und Weise, wie wir mit unbeabsichtigtem unkooperativem Verhalten – wie z.B. versehentlichem Ausschütten, Zerbrechen oder impulsgesteuerten Unterbrechungen – umgehen, kann mit ausschlaggebend sein, ob ein Kind ein Verhalten in der Zukunft wiederholt einsetzt, um ein Gefühl der Dazugehörigkeit zu erreichen. Als Erzieherin können wir lernen, so zu reagieren, dass die Kinder sich durch unsere Reaktion ermutigt fühlen, das Zugehörigkeitsgefühl durch kooperatives Verhalten zu erreichen.

Grundsätzlich zeigen Kinder aus zwei Gründen Fehlverhalten: weil sie entmutigt sind oder weil ihr negatives Verhalten durch die Menschen um sie herum verstärkt wird.

Die vier Ziele des Fehlverhaltens

Rudolf Dreikurs hat beobachtet, dass das kindliche Fehlverhalten vier großen Kategorien zugeordnet werden kann. Dreikurs nennt diese Kategorien *Ziele*, weil sie Wege beschreiben, auf denen die Kinder versuchen, dazuzugehören – obwohl das Verhalten negativ ist. Die vier Ziele des Fehlverhaltens sind *Aufmerksamkeit, Macht, Rache* und *der Beweis der Unfähigkeit*[3].

Aufmerksamkeit. Alle Kinder brauchen und verdienen Aufmerksamkeit. Babys und kleinen Kindern Aufmerksamkeit zu schenken gehört zu unserer Aufgabe als Erzieherin. Wenn Kinder aber glauben, dass sie *nur* dazugehören können, wenn sie Aufmerksamkeit fordern und bekommen, kann Aufmerksamkeit zum Ziel von Fehlverhalten werden.

> BEISPIEL
> Die vier Jahre alte Johanna ist wegen ihres gemalten Bildes ganz aufgeregt und möchte ihre Begeisterung mit Alina, der Erzieherin, teilen. Die Erzieherin erkennt, wie aufgeregt Johanna ist, und sagt: »Ich sehe, das Malen macht dir großen Spaß, Johanna. Und du benutzt so schöne kräftige Farben!« Die Erzieherin fährt dann mit ihrer Arbeit mit den anderen Kindern fort. Johanna ist weiterhin begeistert mit ihrer Malerei beschäftigt.

Johannas Wunsch nach Aufmerksamkeit ist in dieser Situation angemessen. Deshalb hat sie sie bekommen. Jetzt fühlt sich Johanna zugehörig, weil ihre Bemühungen anerkannt wurden. Die Aufmerksamkeit könnte dann zum Ziel von

---

3   Dreikurs, R. et al.[9]

Fehlverhalten werden, wenn Johanna glauben und sich auch so verhalten würde, als sei sie *nur* dann anerkannt, wenn und solange sie die Aufmerksamkeit der Erzieherin hat. In diesem Fall wäre Johanna vielleicht dauernd hinter der Erzieherin her, damit sie jedes Mal beachtet würde, wenn sie wieder einen Farbtupfer auf das Papier gebracht hat.

BEISPIEL
»Schau dir mein Bild jetzt an ... Schau mal! Gefällt es dir? Schau, ich kann noch mehr malen. Hast du mein neues Bild gesehen? Alina, schau ...!«

Dieses hartnäckige Verhalten ist ein Zeichen dafür, dass Johanna glaubt, dass sie nur dazugehört, solange sie die Aufmerksamkeit ihrer Erzieherin hat.

Kinder ziehen es vor, Aufmerksamkeit auf angenehme Weise zu bekommen. Wenn es ihnen aber nicht gelingt, zeigen sie möglicherweise Fehlverhalten, um stattdessen negative Aufmerksamkeit zu bekommen.

Alle Kinder brauchen und verdienen Aufmerksamkeit. Aufmerksamkeit kann zum Ziel des Fehlverhaltens werden, wenn Kinder glauben, nur dadurch dazuzugehören, dass sie Aufmerksamkeit bekommen, wenn sie sie einfordern.

Macht. Kinder wollen Macht ausüben und streben danach genauso wie nach Aufmerksamkeit. Ein positives Machtgefühl gibt Kindern ein Gefühl der *Kontrolle* über ihre Umgebung. Das ist ein wichtiger Schritt, um Selbstständigkeit zu entwickeln. Macht wird zum Ziel eines Fehlverhaltens, wenn Kinder glauben, dass sie *nur* dazugehören, wenn sie der Boss sind. Diese Art von Fehlverhalten kann zu einem Machtkampf zwischen dem Kind und anderen führen.

BEISPIEL
Der zweijährige Vladimir hat Wutanfälle, wenn er nicht bekommt, was er will. Die Erzieherin schimpft mit ihm und die Ausbrüche werden schlimmer. Zu Hause gibt die Mutter bei den Wutausbrüchen nach. Aus beiden Reaktionen lernt Vladimir, dass seine Wutanfälle sich auszahlen: Er findet heraus, dass die Menschen um ihn herum entweder die Kontrolle über ihr Verhalten verlieren oder nachgeben. In beiden Fällen bekommt er die Macht, nach der er strebt!

Beide, Erzieherin und Eltern, können es vermeiden, das Kind in diesem nach Macht strebenden Fehlverhalten zu bestärken. Sie können sich weigern, in seine Wutanfälle hineingezogen zu werden, und ihn sich selbst überlassen, bis er sich beruhigt hat. Sie können seinen Wunsch nach Macht in eine positive Richtung lenken, indem sie ihn bei Projekten mithelfen lassen und ihm zeigen, dass sie es wertschätzen, wenn er Hilfe leistet. (Siehe Kapitel 5 für eine ausführliche Besprechung von Wutanfällen.)

Rache. Wenn ein Kind einen Machtkampf anzettelt, um sein Bedürfnis, dazuzugehören, zu betonen, und diesen verliert, dann ist es sehr wahrscheinlich, dass es sich verletzt fühlt. In der Konsequenz verfolgt das Kind möglicherweise das dritte Ziel des Fehlverhaltens: Rache. Wenn Kinder Rache suchen, dann liegt der Grund dafür darin, dass sie glauben, dass sie *nur* dazugehören, wenn sie andere verletzen, so wie sie selbst sich verletzt fühlen.

> BEISPIEL
> Die fünfjährige Caro hat auch Wutanfälle. Ihre Erzieherin Frau Thomas weigert sich, in die Wutanfälle involviert zu werden oder dem Verhalten nachzugeben. Caro schlägt um sich und beschimpft Frau Thomas, indem sie sagt: »Ich hasse dich!« Frau Thomas ist verletzt und wütend. Caro hat ihre Rache bekommen.

Rache ist ein komplexes Ziel, das normalerweise erst im späten Kleinkindalter oder im Kindergartenalter auftritt. Ältere Babys lernen möglicherweise schon, Fehlverhalten zu zeigen, um in bestimmten Situationen Aufmerksamkeit oder Macht zu bekommen. Kleine Kinder zeigen jedoch in der Regel kein Fehlverhalten, um Rache zu nehmen.

Beweis der Unfähigkeit. Das vierte Ziel des Fehlverhaltens ist es, seine Unfähigkeit unter Beweis zu stellen. Wie Rache ist auch dieses Ziel normalerweise nicht bei Babys oder Kleinkindern anzutreffen. Der Grund dafür besteht darin, dass Kinder diese Reaktion erst dann zeigen, wenn sie über einen längeren Zeitraum auf ihrer Suche nach Dazugehörigkeit sehr entmutigt wurden.

Es gibt Ausnahmen, wie zum Beispiel Kinder, die missbraucht wurden. Das Thema Missbrauch erfordert das sachkundige Verständnis aller Erwachsenen, die mit kleinen Kindern arbeiten. (Siehe Anhang »Kindesmissbrauch«).

Kinder, die ihre Unfähigkeit unter Beweis stellen, glauben, dass sie *nur* dazugehören können, wenn sie andere davon überzeugen, keine Erwartungen mehr an sie zu stellen. Sie glauben fest, dass sie unfähig sind. Sie geben sich auf und überzeugen die Menschen um sie herum, dasselbe zu tun. Ihre Unfähigkeit unter Beweis zu stellen ist in der Regel das Ergebnis von Monaten oder gar Jahren der Entmutigung, in denen die Kinder auf konstruktive Weise keinen Platz finden konnten.

> BEISPIEL
> Nach einem Ausflug zum Zoo möchten einige Kinder die Tiere malen, die sie im Zoo gesehen haben. Sie sitzen am Maltisch und versorgen sich mit Papier und Farben. Die meisten Kinder malen konzentriert. Nur der vier Jahre alte Tim sitzt verzagt da und starrt auf das leere Blatt. Als die Erzieherin sich ihm nähert, sagt er: »Ich kann doch keine Tiere malen, sie sehen nie richtig aus!« Anstatt Tim dazu zu drängen, ein Tier zu malen, schlägt die Erzieherin ihm vor, ein Bild von etwas anderem zu malen, das er beim Zoobesuch gesehen hat. Nach ein paar Minuten, in denen er traurig dasitzt, nimmt Tim die Kreide und zeichnet ein Rechteck mit Linien darin. Tom, der neben Tim sitzt, sieht das und

sagt: »Monika, komm mal her. Tim hat einen Käfig gemalt!« Die Erzieherin erkennt Tims Zeichnung an und betont, was ihm beim Malen gut gelungen ist. Tim lächelt zwar nicht, gibt aber einen deutlich hörbaren Seufzer der Erleichterung von sich.

Tims Erzieherin nimmt die Entmutigung wahr und vermeidet es, von Tim etwas zu verlangen, wozu er sich unfähig fühlt. Indem sie ihm vorschlägt, etwas anderes zu malen, an das er sich erinnert, gibt sie ihm die Erlaubnis, etwas weniger Bedrohliches auszuprobieren. Wenn Tim geglaubt hätte, er könne gar nicht malen, hätte die Erzieherin zunächst eine alternative Aktivität wie Modellieren mit Ton oder Knete vorschlagen können.

Wenn wir uns als Erzieherin in einer solchen Situation befinden, dann ist es extrem wichtig, dass wir diesem Kind auch in Zukunft für alles, was es produziert, unsere Anerkennung zuteil werden lassen und schrittweise die Entwicklung seiner Fähigkeiten fördern (siehe dazu auch das Beispiel von Mario später in diesem Kapitel unter »Beweis der Unfähigkeit«).

Ziele des Fehlverhaltens identifizieren

Woher wissen wir als Erzieherin, wann Kinder negative Verhaltensziele verfolgen?

Bei Babys gehen wir von der Annahme aus, dass sie kein Fehlverhalten, sondern aufgrund bestimmter Bedürfnisse normales – wenn auch störendes – Verhalten zeigen. Einem schlecht gelaunten, schreienden Baby ist möglicherweise langweilig, vielleicht ist es hungrig, müde oder es fühlt sich krank. Es benötigt vielleicht ein sanftes Wiegen oder möchte zur Beruhigung gestreichelt werden.

Bei einem älteren Baby besteht zwar die Möglichkeit, dass es bereits beginnt, auf unangebrachte Weise nach Macht oder Aufmerksamkeit zu streben, aber es ist dennoch wahrscheinlicher, dass während des ersten Lebensjahres Babys einfach nur ihre natürlichen Kommunikationsmöglichkeiten nutzen, um ihre Bedürfnisse befriedigt zu bekommen.

> Bei Babys gehen Sie von der Annahme aus, dass sie kein Fehlverhalten zeigen, sondern normales – wenn auch störendes – Verhalten aufgrund bestimmter Bedürfnisse.

Wenn wir der Meinung sind, dass die Bedürfnisse des Babys befriedigt *sind*, und das störende Verhalten dennoch anhält, dann hat das Kind *möglicherweise* begonnen, Aufmerksamkeit oder Macht als Ziel des Fehlverhaltens zu verfolgen. Eine Situation ist leichter zu verstehen, wenn wir eine Weile abwarten und die Handlungen des Kindes sorgfältig beobachten, bevor wir entscheiden, was wir tun.

Das Ziel identifizieren

Bei älteren Kindern ist es leichter, echtes Fehlverhalten zu erkennen und das Ziel zu identifizieren. *Den Schlüssel dazu finden Sie in Ihrer Reaktion auf das Verhalten des Kindes.*

Um das Ziel des Kindes zu identifizieren, achten Sie sorgfältig darauf,
- *wie Sie sich fühlen*, wenn das Fehlverhalten auftritt,
- *wie Sie auf das Fehlverhalten reagieren*,
- *wie das Kind auf Ihre Reaktion reagiert.*

Wie wir auf Fehlverhalten reagieren, besprechen wir später in diesem Kapitel unter »Das Verhalten der Kinder umlenken: Das Unerwartete tun und die Perspektive ändern«.

Aufmerksamkeit. Wenn ein Kind das Ziel *Aufmerksamkeit* verfolgt, sind wir durch sein Verhalten wahrscheinlich *genervt, irritiert* oder *verärgert*. Meist reagieren wir darauf, indem wir das Kind erinnern oder es zu überreden versuchen, sein Verhalten zu ändern. Das Kind stellt meist das Fehlverhalten – zumindest vorübergehend – ein, weil es die gewünschte Aufmerksamkeit erhalten hat. Zu einem späteren Zeitpunkt jedoch wiederholt das Kind vielleicht diese Verhaltensweise, um noch mehr Aufmerksamkeit zu bekommen. Oder das Kind wählt einen anderen Weg, um unsere Aufmerksamkeit zu erlangen.

> BEISPIEL
> Beim Vorlesen unterbricht der vier Jahre alte Ben die Erzieherin wiederholt mit Fragen und Kommentaren, die nicht zum Thema gehören. Die Erzieherin sagt ihm: »Jetzt möchte ich vorlesen, Ben. Bitte höre doch auch zu!« Ben hört für eine Weile damit auf, fängt aber dann an, mit dem Kind zu sprechen, das neben ihm sitzt.

Macht. Wenn ein Kind mit seinem Verhalten nach *Macht* strebt, werden wir wahrscheinlich *wütend*. Wir fühlen, dass unsere Autorität in Frage gestellt wird. Vielleicht versuchen wir, das Kind dazu zu bewegen, zu tun, was wir möchten, oder wir geben nach, weil wir denken, dass diese Angelegenheit eine Auseinandersetzung nicht wert ist.

> BEISPIEL
> Die zweieinhalbjährige Alexandra schubst Johannes aus der Puppenecke und sagt: »Mein!« Die Erzieherin geht dazwischen und erinnert Alexandra daran, dass sie beide dort spielen und sich die Töpfe in der Puppenecke teilen könnten. Alexandra will das aber nicht und bekommt einen lauten, immer schlimmer werdenden Wutausbruch.

Kleinkinder lernen, was es bedeutet, etwas zu besitzen.

Wenn wir in einer solchen Situation mit einem Kind streiten, beeindrucken wir es mit dem Wert, den wir Macht beimessen, und das Kind wird wahrscheinlich zurückschlagen. Wenn wir nachgeben, stellt das Kind das Fehlverhalten ein, weil es bekommen hat, was es wollte. (Siehe Kapitel 5 zum Umgang mit Wutanfällen.) In beiden Fällen hat das Kind gelernt, Macht auszuüben.

Rache. Ein Kind, das nach *Rache* strebt, fühlt sich verletzt und möchte einen Ausgleich schaffen.

> BEISPIEL
> Der vierjährige Florian macht einen Karatekick und verletzt dabei Carlotta. Die Erzieherin geht dazwischen, hält Florian zurück und sagt ihm: »Ich weiß, dass du sauer bist, aber ich kann nicht zulassen, dass du Carlotta verletzt.« Florian dreht sich um, schlägt die Erzieherin und sagt: »Ich hasse dich! Du bist dumm und hässlich!«

Auf den Versuch eines Kindes, Rache zu nehmen, reagieren wir wahrscheinlich emotional *verletzt*, und sofern wir körperlich attackiert wurden, vielleicht auch physisch verletzt. Wenn wir wütend werden und versuchen, es dem Kind heimzuzahlen, ist es sehr wahrscheinlich, dass das Kind auch wieder mit Rache darauf reagiert. Diesen Kreislauf des Verletzens und Verletztwerdens können wir am besten durchbrechen, indem wir etwas *Unerwartetes* tun. Das hilft dem Kind dabei, sein Verhalten auf ein positiveres Ziel umzulenken. (Siehe Abschnitt »Das Unerwartete tun« später in diesem Kapitel.)

Erinnern wir uns daran, dass Babys das Ziel Rache normalerweise nicht verfolgen. Kleinkinder verfolgen dieses Ziel manchmal. Ihr Verhalten kann aber auch außer Kontrolle geraten, weil sie durcheinander sind oder sich überfordert fühlen. Beißen beispielsweise muss nicht zwangsläufig auf das Ziel Rache hinweisen – es kann auch einfach der Versuch eines verbal nicht sehr geschickten Kindes sein, seine Frustration zum Ausdruck zu bringen.

Beweis der Unfähigkeit. Wenn ein Kind seine *Unfähigkeit unter Beweis stellt*, empfinden wir vielleicht *den Wunsch, aufzugeben*. Vielleicht sind wir *verzweifelt* und fühlen uns *hoffnungslos*. Eine mögliche Antwort darauf ist, nichts zu tun, weil wir mit dem Kind darin übereinstimmen, dass es nicht fähig ist, diese Aufgabe zu erfüllen, und wir es auch nicht von ihm erwarten. Aber genau diese Art von Reaktion möchte das Kind zunächst erreichen, wenn es seine Unfähigkeit unter Beweis stellt. Wenn wir so reagieren, also aufgeben, wird das Kind keine Fortschritte machen.

> BEISPIEL
> Im Stuhlkreis ist es für den vierjährigen Felix schwierig, seine Ideen mitzuteilen und sich in die Gruppe einzubringen. Nach zahlreichen Versuchen, ihn einzubeziehen, ist die Erzieherin dem Aufgeben nahe. Aber für Felix ist es wichtig, dass die Erzieherin weiterhin Wege findet, ihn zu ermutigen, in der Gruppe mitzumachen – jedes Mal ein bisschen mehr.

Hilfreiche Hinweise zu den Zielen des Fehlverhaltens

Kinder sind sich in der Regel der Ziele ihres Fehlverhaltens nicht bewusst. Sie wissen nicht, dass sie Aufmerksamkeit, Macht oder Rache anstreben oder ihre Unfähigkeit unter Beweis stellen wollen. Gleichzeitig sind sie sich aber oft der Konsequenzen ihres Fehlverhaltens bewusst. Sie lernen, welche Reaktionen sie bekommen, wenn sie Fehlverhalten zeigen. Abhängig davon, wie sie die Situation wahrnehmen, können Kinder ihre Ziele auch ändern.

> BEISPIEL
> Der drei Jahre alte Constantin spielt zu Hause den Clown, um Aufmerksamkeit zu bekommen. Das gibt ihm ein Gefühl der Dazugehörigkeit. Aber im Kindergarten mit anderen Kindern bekommt er durch das Clownspielen nicht die Aufmerksamkeit, die er möchte. Also fängt er an, die Aufmerksamkeit der Erzieherin auf direktere Art einzufordern. Er läuft ihr hinterher, unterbricht sie, wenn sie mit anderen Kindern spricht, und drängelt sich vor. Constantins Verhalten im Kindergarten wird zu einem Streben nach Macht.

Eine Verhaltensweise kann verschiedene Ziele haben. Zum Beispiel ein fünfjähriges Kind, das bereits weiß, wie es seine Jacke anzieht, und dennoch beim Nachhausegehen untätig darauf wartet, dass die Erzieherin ihm hilft. Dieses

Kind sucht mit seinem Verhalten die Aufmerksamkeit der Erzieherin. Sie erkennt dies daran, dass sie sich genervt fühlt. Sollte die Erzieherin Wut empfinden, so geht es um das Ziel Macht. Eine andere Fünfjährige zieht ihre Jacke nicht an – obwohl sie es gelernt hat –, weil sie davon überzeugt ist, dass sie es alleine nicht kann. Die Erzieherin fühlt sich hoffnungslos. Hier geht es um einen Beweis der Unfähigkeit.

Verschiedene Verhaltensweisen können auch dasselbe Ziel haben.

BEISPIEL
Der Vater bringt die zweijährige Francesca in die Kindertagesstätte, aber das Kind will das Gebäude nicht betreten. Um ihre Macht zu zeigen, schreit sie. Später, als es Zeit für den Mittagsschlaf ist, zeigt sie ihre Macht, indem sie sich weigert, sich hinzulegen.

Die Unfähigkeit unter Beweis zu stellen schließt immer passives Verhalten ein – weil es entmutigt ist, unternimmt das Kind nichts. Die drei anderen Ziele können ebenfalls passives Verhalten einschließen. Ein Kind kann beispielsweise auf passive Art versuchen, Aufmerksamkeit zu bekommen, einfach indem es wartet bis es bedient wird, anstatt im Stuhlkreis aktiv – z.B. durch Herumschreien – auf sich aufmerksam zu machen. Ein Kind, das sich starrköpfig, aber still weigert, sich zu bewegen, wenn es gebeten wird, nach der Spielzeit draußen wieder ins Haus zu kommen, verfolgt das Ziel, Macht durch passives Verhalten zu bekommen. Böse Blicke können auf das Ziel Rache hinweisen.

Unabhängig davon, ob ein Kind ein Ziel aktiv oder passiv verfolgt, der Schlüssel zur Identifizierung des Ziels liegt in der Überprüfung dieser drei Aspekte: *unsere eigenen Gefühle, die Reaktion, die wir zeigen,* und *die Reaktion des Kindes auf unsere Handlung.*

Sie und Ihre Arbeitskolleginnen

Denken Sie über Ihre Beziehungen zu Ihren Kolleginnen nach. Arbeiten Sie in einer autoritären, laissez-faire (permissiven) oder demokratischen Atmosphäre zusammen? Wenn Sie in Ihrem Team Unterschiede im Erziehungsstil feststellen, die zu Problemen oder Missverständnissen führen, überlegen Sie, wie Sie das zum Thema machen.

Das Verhalten der Kinder umlenken

Erwachsene sind nicht der Grund dafür, dass Kinder Fehlverhalten zeigen. Kinder treffen selbst Entscheidungen bezüglich ihres Verhaltens. Wie sie sich entscheiden, basiert darauf, wie sie eine Situation beurteilen. Erwachsene bestärken das Kind jedoch in den Zielen seines Fehlverhaltens, indem sie so reagieren, wie das Kind es aufgrund seiner bisherigen Erfahrung erwartet.

Tun wir das, dann hat sich das Verhalten für das Kind gelohnt und wir unterstützen das Kind dadurch, mit dem Fehlverhalten fortzufahren. Ein Beispiel: Wenn wir einem Kind *immer dann* Aufmerksamkeit schenken, wenn es sie fordert – auch für positives Verhalten -, kommt das Kind möglicherweise zu dem Schluss, dass es nur dann dazugehört, wenn es im Zentrum der Aufmerksamkeit steht. Das Kind wird versuchen, uns von was auch immer wir gerade tun abzuhalten und uns dazu zu bringen, ihm unsere ganze Aufmerksamkeit zu schenken. Wenn das Kind keine angenehme Reaktion von uns erhält, akzeptiert es eine unangenehme – Hauptsache, es bekommt die Aufmerksamkeit, die es möchte.

Unser Ziel als Erzieherin ist es, den Kindern zu helfen, positive Verhaltensziele zu entwickeln. Das schließt ein, dass wir lernen, so zu reagieren, dass die Kinder in ihrem Fehlverhalten nicht bestätigt, sondern dazu ermutigt werden, sich in eine positive Richtung zu entwickeln.

Das Unerwartete tun

Der erste Schritt, das Verhalten eines Kindes umzulenken, besteht darin, *das Unerwartete zu tun*.[4] Wenn wir das Gegenteil von dem tun, was das Kind, das Fehlverhalten zeigt, von uns erwartet, dann verstärken wir das Fehlverhalten nicht. Das negative Verhalten zahlt sich für das Kind nicht aus. Möglicherweise ändert das Kind sein Verhalten.

Es ist nicht immer einfach, das Unerwartete zu tun. Es setzt voraus, dass wir unsere Gefühle wahrnehmen, bereit sind, unsere Perspektive zu ändern und eine andere Reaktion zu zeigen. Das ist eine Herausforderung, die jedem, aber auch uns als Erzieherin stete Bemühung abverlangt. Diese Bemühung ist dennoch wichtig, weil Kinder die wahren Gefühle spüren, die sich hinter dem, was wir sagen oder tun, verbergen. Unsere Reaktionen beeinflussen, wie die Kinder lernen und sich entwickeln. Das Unerwartete zu tun ist der Mühe wert.

BEISPIEL
Der fünfjährige Sebastian erzählt der Erzieherin, dass Sofie ein Schimpfwort benutzt hat. Der erste Impuls der Erzieherin ist, Sofie zu ermahnen. Sie erkennt jedoch, dass sie mit dieser Entscheidung beiden Aufmerksamkeit geben würde: Sebastian dafür, dass er gepetzt hat, und Sofie dafür, dass sie Schimpfwörter benutzt hat. Damit würde sie beide in ihrem Ziel, Aufmerksamkeit zu bekommen, bestärken. Sie erinnert sich, dass ihr langfristiges Ziel darin besteht, beides – Petzen und Schimpfwörter benutzen – zu reduzieren. Beide Verhaltensweisen

---

4   Dreikurs, R. et al.[9]

zu ignorieren, kann vielleicht dazu beitragen. Sie nickt also einfach und lenkt dann Sebastians Aufmerksamkeit auf eine andere Ecke des Raumes, anstatt auf das Petzen einzugehen. Die Erzieherin beschließt auch, Sofie auf das Benutzen von Schimpfwörtern nicht anzusprechen.

> **Das Unerwartete zu tun ist der erste Schritt,**
> **das Verhalten eines Kindes umzulenken.**

Die Perspektive ändern und positive Verhaltensziele fördern

Der zweite Schritt, das Verhalten eines Kindes umzulenken, ist, dass wir unsere *Perspektive bezüglich des Fehlverhaltens des Kindes ändern* und Maßnahmen treffen, durch die das Kind zu *positiven Verhaltenszielen* ermutigt wird.

Wir ändern unsere Reaktion und unsere Haltung je nach Ziel des Fehlverhaltens.

Aufmerksamkeit. Sofern es möglich ist, *ignorieren wir Fehlverhalten*, dessen Ziel übermäßig viel Aufmerksamkeit ist. Wir weigern uns, uns zu ärgern. Wir vermeiden es, dem Kind immer dann Aufmerksamkeit zu schenken, wenn es sie einfordert. Und wir stellen sicher, dass wir in den Situationen *positive Aufmerksamkeit* geben, in denen das Kind sie *nicht* einfordert und auch nicht erwartet.

BEISPIEL
Der dreijährige Emilio folgt seiner Erzieherin ständig und stellt dabei laufend Fragen. Die Erzieherin erkennt, dass er die Fragen mit dem Ziel stellt, ihre Auf-

Die beste Kommunikation findet in Augenhöhe statt.

merksamkeit zu erlangen. Sie ignoriert Emilios Fragen und geht weiter ihren Aufgaben nach. Später sucht die Erzieherin von sich aus nach Gelegenheiten, Emilio ihre Aufmerksamkeit zu schenken, ohne dass er sie eingefordert hat. Als sie sieht, dass er mit einem anderen Kind puzzelt, sagt sie: »Emilio, wie ich sehe, setzt du das Puzzle mit Özlem zusammen. Es ist schön, dich teilen zu sehen.«

Kinder, die Aufmerksamkeit wollen, suchen eventuell nach Möglichkeiten der *Beteiligung*. Solche Kinder dazu zu ermutigen, in Gruppenprojekten mitzuhelfen und mit anderen zu kooperieren, kann dazu beitragen, dem Ziel, Aufmerksamkeit zu bekommen, eine neue Richtung zu geben, und zwar auf eine Art, die sowohl für das Kind als auch für andere nützlich ist.

Macht. Der beste Weg, mit einem Machtkonflikt umzugehen, ist, nicht darauf einzugehen, indem wir uns weigern, *weder zu kämpfen noch nachzugeben*. Außerdem lassen wir nicht zu, dass wir wütend werden. Stattdessen bleiben wir ruhig und geben dem Kind *Wahlmöglichkeiten innerhalb von Grenzen*. Beide Wahlmöglichkeiten müssen für uns akzeptabel sein und für das Kind eine echte Wahl darstellen. Wir achten darauf, dass sich das Kind nicht erpresst fühlt. Wir erwarten Kooperation. Wir respektieren die Entscheidung des Kindes und lassen es die Konsequenzen seiner Entscheidung erleben.

BEISPIELE
Der fünf Jahre alte Tom unterbricht im Stuhlkreis immer wieder die Geschichte mit dem Versuch, lustig zu sein. Tom fühlt eine gewisse Macht, wenn er die Aufmerksamkeit der Gruppe und der Erzieherin auf sich ziehen kann. Die Erzieherin hat sich entschieden, in den Machtkampf mit Tom nicht mehr einzusteigen. Sie sagt ihm in einem ruhigen, freundlichen und bestimmten Ton: »Tom, du kannst bei uns bleiben und die Geschichte hören oder du kannst gerne in die Bauecke gehen und dort spielen. Du entscheidest.« Tom ist sichtlich überrascht durch die geänderte Reaktion der Erzieherin, steht auf, ohne zu protestieren, geht in die Bauecke und spielt dort. Am nächsten Tag bleibt er im Stuhlkreis und hört der Geschichte aufmerksam zu. Sollte er nach ein paar Tagen wieder versuchen, im Stuhlkreis die Aufmerksamkeit auf sich zu ziehen, würde die Erzieherin ihm wieder die Wahl anbieten, im Kreis zu bleiben oder woanders zu spielen. Tom lernt, Entscheidungen im Rahmen der von der Erzieherin gesteckten Grenzen zu treffen.

Die vierjährige Stephanie versucht, Macht über andere Kinder auszuüben, indem sie alle Bauklötze hortet und sich weigert, sie zu teilen. Anstatt ihr Streben nach Macht durch die Aufforderung, zu teilen, herauszufordern, gibt die Erzieherin ihr die Wahl: »Die Bauklötze sind zum Bauen für alle Kinder da. Stephanie, du kannst dich entscheiden: Möchtest du weiter mit den Bauklötzen spielen, dann musst du sie mit anderen auch teilen oder möchtest du dir lieber etwas anderes zum Spielen aussuchen, das du alleine spielen kannst?« Stephanie entscheidet sich dafür, weiterhin mit Bauklötzen zu spielen. Doch die Erzieherin bemerkt, dass sie wieder die Bauklötze hortet und sie nicht teilen möchte. Die Erzieherin nimmt nun Stephanies Entscheidung ernst und sagt:

»Du hast dich also entschieden, dir ein Spiel auszusuchen, das du alleine spielen kannst.« Sie nimmt Stephanie einfach bei der Hand und führt sie zu einer anderen Ecke des Raumes. Stephanie schreit aus Protest, was die Erzieherin geflissentlich ignoriert.

Positive Macht auszuüben bedeutet, für das eigene Verhalten und die *eigenen Entscheidungen verantwortlich* zu sein. Wir lenken das nach Macht strebende Verhalten des Kindes um, indem wir nach Möglichkeiten suchen, ein positives Gefühl von *Selbstständigkeit* und *Können* aufzubauen.

BEISPIEL
Der dreijährige Paul kann sich verbal schon gut ausdrücken. Viele seiner Bemerkungen beziehen sich allerdings auf negative Interaktionen wie zum Beispiel: »Du kannst mich nicht zwingen!« Pauls Erzieherin beschließt, ihn als Helfer einzubinden. Da Paul die Namen aller Kinder in seiner Gruppe kennt, bittet die Erzieherin ihn, ihr zu sagen, wer heute anwesend ist. Paul ist stolz auf seine neue Aufgabe und kooperiert mit der Zeit immer häufiger mit der Erzieherin, wenn sie ihn bittet, sich anzuziehen oder beim Aufräumen zu helfen.

Erziehungspartnerschaft mit den Eltern

Falls Sie bei einem Kind Probleme mit Machtkämpfen haben, vereinbaren Sie ein Gespräch mit den Eltern. Erklären Sie das Prinzip, das Gegenteil von dem zu tun, was das Kind in einer Situation erwartet. Besprechen Sie mit den Eltern, wie sie solchen Kämpfen mit ihrem Kind ausweichen können, indem sie dem Kind Wahlmöglichkeiten innerhalb von Grenzen anbieten und ihm damit helfen, sein Streben nach Macht zu Hause positiv zu nutzen.

Macht auf positive Weise auszuüben bedeutet, für das **eigene Verhalten** und die eigenen Entscheidungen verantwortlich zu sein. Halten Sie Ausschau nach Möglichkeiten für das Kind, **Selbstständigkeit** und **Kompetenz** zu entwickeln.

Rache. Wenn ein Kind auf Rache aus ist, dann ist es nicht einfach, sich nicht verletzt zu fühlen. Aber wir können den Kreislauf der Rache durchbrechen, wenn wir die Situation verstehen und daran arbeiten, nicht zuzulassen, dass wir uns verletzt fühlen – so schwierig das auch sein mag. Wir widerstehen der Versuchung, es dem Kind heimzuzahlen, weil wir die Not des Kindes sehen. Wir arbeiten daran, Vertrauen und Respekt aufzubauen.

BEISPIEL

Die vier Jahre alte Carla ist sauer auf die Erzieherin, die ihr – nach rechtzeitiger Vorankündigung – sagt, dass es jetzt an der Zeit sei hereinzukommen, weil die Spielzeit draußen um ist. Carla weicht zurück und schreit: »Ich hasse dich! Du bist gemein!« Die Erzieherin erwidert: »Ich weiß, dass du nicht hereinkommen willst. Ich mag dich sehr und es tut mir leid, dass du jetzt so unglücklich bist. Aber die Spielzeit draußen ist um und es ist jetzt für alle an der Zeit, wieder in die Gruppe zu kommen.«

Das Ziel, das hinter Racheverhalten steckt, kann in eine nützliche Richtung gelenkt werden. Kinder, die nach Rache streben, haben häufig ein starkes Verlangen nach *Gerechtigkeit* und *Fairness*. Solche Kinder an faires Spielen und Teilen heranzuführen unterstützt die positiven Verhaltensziele des Kindes.

Beweis der Unfähigkeit. Rufen wir uns in Erinnerung, dass Kinder, die ihre Unfähigkeit unter Beweis stellen, extrem entmutigt sind. Es ist wichtig, ein solches Kind nicht aufzugeben! Wir vermeiden Kritik. Wir *ermutigen* das Kind für *jedwede* Stärke, die es in irgendeinem Bereich zeigt. Wir betonen jede noch so kleine Bemühung oder Verbesserung.

BEISPIEL

Der fünfjährige Mario ist entmutigt, weil er nicht so gut ausschneiden kann wie die anderen Kinder in seiner Gruppe. Nachdem Jens, der Erzieher, Mario dabei beobachtet hat, wie er mit der Schere kämpft und schließlich aufgibt, schlägt er ihm vor, das Bastelpapier in Vierecke zu reißen und auf Papier aufzukleben. Als er später anerkennend auf die farbenfrohen Papierschnitzel in Marios Collage hinweist, macht Jens sich eine Notiz, dass er zu einem späteren Zeitpunkt mit Mario das Schneiden – zunächst mit der Helferschere – nochmals einüben will.

Wir können auch hier die positive Seite sehen. Indem ein Kind seine Unfähigkeit unter Beweis stellt, sendet es möglicherweise die Botschaft: ›*Ich brauche Zeit, um mich zu entwickeln*: Auch ich möchte fähig und erfolgreich sein. Bitte helft mir, zu lernen, mir selbst zu vertrauen.‹ Wir betonen, was das Kind bereits gut kann. Wir stellen uns vor, dass das Kind sagt: ›Ganz gleich, was ich sage oder tue, gib mich niemals auf.‹

Fazit

Es ist wichtig, im Hinterkopf zu behalten, dass störendes Verhalten nicht immer Fehlverhalten ist. Wenn Sie sich mit dem Verhalten von Kindern beschäftigen, berücksichtigen Sie auch den jeweiligen Entwicklungsstand eines Kindes. Fragen Sie sich, ob dieses Kind weiß, wie es sich in der gegebenen Situation positiv verhalten kann, und ob es in diesem Moment dazu in der Lage ist.

Ihre Bemühungen, Fehlverhalten umzulenken, erfordern viel Zeit und Geduld. Verbesserungen werden nicht über Nacht eintreten. Jede Veränderung ist ein schrittweiser Prozess. Wenn Sie beständig daran arbeiten und Geduld haben, werden Sie schließlich Ergebnisse erzielen.

Im Verlauf von *STEP Das Buch für Erzieher/innen* beschäftigen wir uns ausführlich mit hilfreichen Möglichkeiten, auf das Fehlverhalten von Kindern zu reagieren, und damit, wie wir positive Ziele fördern können.

Herausforderungen im Alltag

Baby: In der altersgemischten Gruppe ist das Lieblingsspielzeug der einjährigen Nikita ein lautes Ziehspielzeug auf Rädern. Sie will dauernd damit spielen und schreit und hält es fest, wenn andere Kinder an der Reihe sind und auch mit dem Spielzeug spielen wollen. Jeden Tag gibt es mehrere Szenen, in denen die Erzieherin versucht, Nikita das Spielzeug abzunehmen: Nikita schreit, auch die anderen Kinder schreien und versuchen, das Spielzeug ebenfalls zu bekommen.

1. Verhält Nikita sich normal für ihr Alter und für ihre Entwicklungsstufe oder zeigt sie Fehlverhalten? Warum?
2. Was könnte die Erzieherin tun, um Nikita und den anderen Kindern in dieser Situation zu helfen?

Kleinkind: Der zweieinhalbjährige Malik weigert sich seit einiger Zeit, in seinem Kinderbett Mittagsschlaf zu halten. Seine Erzieherin, Isabel, ist wütend, wenn Malik »Nein!« schreit und mit den Bauklötzen in die Ecke rennt. Den ganzen Morgen lang streitet sie mit Malik und freut sich auf seinen Mittagsschlaf als Chance, eine Pause von den dauernden Kämpfen mit ihm zu bekommen. Die letzten drei Tage musste Isabel den schreienden und tretenden Malik aus dem Ruheraum der Kleinkinder tragen und bei einer Helferin lassen, die mit ihm während der Schlafenszeit mit den Bauklötzen spielte. Am Ende des Tages ist Malik müde und schlecht gelaunt. Isabel stellt fest, dass sie von Tag zu Tag mehr Kämpfe mit Malik auszutragen hat.

1. Zeigt Malik Fehlverhalten? Wenn ja, welches Ziel verfolgt er Ihrer Meinung nach damit? Erklären Sie bitte Ihre Antwort.
2. Was kann Isabel tun, um Malik nicht weiterhin in seinem negativen Verhalten zu bestärken? Zeigen Sie einige effektivere Wege auf, um Maliks Verhalten umzulenken.

Kindergartenkind: Lisa ist fünf und hat Angst, den Schwebebalken auf dem Außengelände zu benutzen. Sie mag die Rutsche und die Schaukel, sie rennt gerne und spielt gerne Gruppenspiele, aber wenn die anderen Kinder auf dem Schwebebalken balancieren üben, hält sie sich im Hintergrund. Marco, der meist nachmittags während der Spielzeit der Kindergartenkinder als Praktikant draußen auf dem Außengelände arbeitet, ist Lisas Zaudern aufgefallen. Er war kurz davor, Lisa »anzufeuern«, einen Versuch auf dem Schwebebalken zu unternehmen. Aber er befürchtet, dass sie Schwierigkeiten damit hat, und möchte sie keinem Misserfolg aussetzen.

1. Stellt Lisa ihre Unfähigkeit unter Beweis? Erklären Sie Ihre Antwort.
2. Wie kann Marco mit der Situation umgehen?

Tabelle 1A: Entwicklungsphasen des Kindes (0–6 Jahre)

Wichtiger Hinweis: Diese Tabelle gibt die Beobachtungen verschiedener Experten auf dem Gebiet der Entwicklungspsychologie wieder.[5] Die Spalte »Eigenschaften, Fertigkeiten und Fähigkeiten des Kindes« führt positive Eigenschaften auf und beschreibt, was Kinder am Ende einer jeden Entwicklungsphase möglicherweise können. Allerdings ist jedes Kind einzigartig und seine Eigenschaften, Fertigkeiten und Fähigkeiten stimmen eventuell nicht mit der Tabelle überein. Ein Kind entwickelt eine Fähigkeit, wenn es »so weit« ist.

Alter	Das Kind lernt Schritt für Schritt	Eigenschaften, Fertigkeiten und Fähigkeiten des Kindes
0–3 Monate	Vertrauen, Kooperation und persönlicher Einfluss (Macht) wachsen. Das Kind beginnt die Wirkung von Schreien und Weinen wahrzunehmen.	Kann den Kopf halten; greift und hält; gibt Laute von sich; lächelt als Antwort auf Stimmen und Kontakt mit Menschen; zeigt Verzweiflung, Aufregung, Freude, Langeweile; isst und schläft zunehmend regelmäßiger.
3–6 Monate	Das Kind beginnt die Umgebung durch körperliche Beweglichkeit und Bewegung zu beeinflussen.	Hat größere Reichweite; bemüht sich, Gegenstände zu greifen; greift plötzlich nach Objekten; spielt mit Fingern, Händen, Zehen; lacht, wenn es gekitzelt wird; rüttelt; ahmt Laute und Geräusche nach; benutzt Laute, um zu zeigen, ob es etwas mag oder nicht; erkennt bekannte Objekte wieder; ist gesellig.
6–9 Monate	Das Kind ist sich stärker der Konsequenzen des eigenen Verhaltens, seiner Handlungen, bewusst.	Fängt an zu krabbeln oder zu robben; sitzt oder zieht sich an Gegenständen hoch; benutzt Daumen und Finger, um kleine Objekte zu greifen; untersucht Objekte, indem es sie anfasst, befühlt, schüttelt, damit klopft und in den Mund nimmt; trinkt aus der Tasse; hat Tiefenwahrnehmung; wird unabhängiger – hält Druck stand; ahmt Verhalten nach; kann möglicherweise »Mama« oder »Papa« sagen; erkennt vielleicht den eigenen Namen und das Wort ›Nein‹; wird sich der Trennung zwischen Selbst und anderen bewusst; nimmt Gefühle anderer wahr, besonders die anderer Babys – weint bzw. lacht, wenn andere Kinder weinen oder lachen; hat Angst vor Fremden (›fremdelt‹); hat möglicherweise sogar Angst vor vertrauten Dingen.

---

5   u.a.: Antoch, Robert F. [17]; Bensel, J./Haug-Schnabel, G.[18]; Brazelton, T.B./Greenspan, Stanley et al. [19]; Brazelton, T. B. [20]; Dornes, M. [23];

Alter	Das Kind lernt Schritt für Schritt	Eigenschaften, Fertigkeiten und Fähigkeiten des Kindes
9–12 Monate	Das Kind nimmt die Konsequenzen seines Verhaltens verstärkt wahr.	Krabbelt vielleicht die Treppe hinauf; steht; kann besser greifen und halten; lässt Dinge fallen, aber kann nicht gezielt ablegen; kooperiert häufig beim Angezogenwerden; spricht vielleicht ein paar Worte; zeigt und erkennt Stimmungen; erkennt nonverbale Kommunikation; ist oft herzlich/anhänglich und nachdrücklicher; fängt an, ›Besitz‹ zu verstehen – widersetzt sich, wenn ihm ein Spielzeug weggenommen wird; hat Angst vor Fremden, wenn es nicht mit Mutter/Vater zusammen ist; hat Angst vor der Trennung von Mutter/Vater.
1–2 Jahre	Selbstvertrauen beginnt sich zu entwickeln.	Läuft (gewöhnlich mit 15 Monaten); geht auf Entdeckungsreisen; leert und füllt Behälter; lässt Dinge fallen und wirft sie; fängt an, alleine zu essen; folgt einfachen Anweisungen; spielt für kurze Zeit alleine; imitiert im Spiel Handlungen Erwachsener; möchte beides sein: abhängig und unabhängig/selbstständig; erweitert seinen Aktionsradius aufgrund seiner bisherigen Beziehungen und Erfahrungen; benutzt eine klarere Sprache; benennt vertraute Objekte; wird zum Kleinkind.
2–3 Jahre	Das Kind zeigt mehr Selbstvertrauen und Können.	Wird selbstständiger – möchte Dinge auf eigene Art und Weise handhaben; möchte manchmal wieder Baby sein; bewegt sich, ohne etwas umzuwerfen oder in etwas hineinzulaufen; ist neugierig auf alles – ständige Betreuung und differenzierte Rückmeldungen notwendig; spricht in Sätzen aus 2 bis 4 Wörtern; fängt an, »Was«- und »Warum«-Fragen zu stellen; kann längere Zeit aufmerksam sein und sich Dinge länger merken; hilft gerne; fängt an, neben anderen Kindern zu spielen; bietet möglicherweise an, ein Spielzeug zu teilen, ist aber immer noch dabei, das Konzept »Mein« zu erfassen; beginnt Blase und Darm besser zu kontrollieren.
3–4 Jahre	Das Kind wird geselliger.	Wird kooperativer; große Fortschritte in der Entwicklung der Grob- und Feinmotorik; spricht gerne, hört gerne Geschichten; bezieht Geschichten auf vertraute Situationen; bittet um Hilfe, wenn es sie braucht; erkennt den Unterschied zwischen den Geschlechtern; wählt eigene Kleidung aus und zieht sich selbst an; ist gerne mit Gleichaltrigen zusammen; lernt mit anderen abzuwechseln und zu teilen; kann evtl. an einfachen Gruppenspielen oder -aktivitäten teilnehmen; nimmt an Theaterspielen teil; drückt möglicherweise Angst vor Dunkelheit und Monstern aus; fängt an, die Konzepte gestern, heute und morgen zu verstehen.

Alter	Das Kind lernt Schritt für Schritt	Eigenschaften, Fertigkeiten und Fähigkeiten des Kindes
4–5 Jahre	Das Kind vertieft bereits erlernte Fertigkeiten und Fähigkeiten.	Zieht Kinder Erwachsenen vor; spielt möglicherweise mit imaginären Freunden; lernt, in Gruppenaktivitäten zu kooperieren; zieht gleichgeschlechtliche Spielkamerad/innen vor; ist sehr aktiv: rennt, springt, klettert; verbesserte feinmotorische Fähigkeiten; redet gerne, entwickelt Ideen und stellt komplexe Fragen (Eigeninitiative); erzählt Geschichten, übertreibt im Detail; kann extreme Stimmungsschwankungen zeigen: erst erfreut, dann verärgert; hat eine feste Vorstellung von zu Hause und Familie; meist gute Blasen- und Darmkontrolle, gelegentliche Unfälle sind aber möglich; entwickelt einen besseren Sinn für die Zeit.
5–6 Jahre	Das Kind ist angepasst an die Welt des Kindes und langsam so weit, in die Schule gehen zu können (formale Bildung und Erziehung.)	Fängt an, sich für die Meinung anderer Kinder zu interessieren; eignet sich Wissen und Fähigkeiten aktiv an (Selbstbildungsprozess); hat eine besser entwickelte Fähigkeit, Dinge zu begründen; kann besser argumentieren; gute Kontrolle von Händen, Armen, Beinen und Füßen; Augen-Hand Koordination ist noch nicht vollständig entwickelt – Unfälle mit den Händen kommen noch vor; wird Rechts- bzw. Linkshänder; spricht viel und hat einen guten Wortschatz; schätzt Humor, denkt sich Scherze aus; ist liebevoll und hilfsbereit den Eltern gegenüber; schließt gerne Freundschaften; hat vielleicht einen besten Freund oder eine beste Freundin; spielt mit Kindern beider Geschlechter; entwickelt einen Sinn für Fairness und Gerechtigkeit; möchte selbstständig sein und wie ein Erwachsener behandelt werden; braucht noch Trost und Unterstützung von Seiten der Erwachsenen, fragt aber möglicherweise nicht mehr danach.

Tabelle 1B: Wie erkennen Sie die vier Ziele des Fehlverhaltens?

Babys (0–18 Monate)

Wichtiger Hinweis:

- Das Konzept der Ziele des Fehlverhaltens bezieht sich gewöhnlich nicht auf Babys.
- Gehen Sie deshalb davon aus, dass ein Baby durch störendes Verhalten ein grundsätzliches Bedürfnis (z.B. Hunger, Müdigkeit etc.) mitteilen möchte.
- Überprüfen Sie bei störendem Verhalten Ihre eigene Befindlichkeit (Stress?).

- Ein älteres Baby (im ersten Lebensjahr) sucht vielleicht Aufmerksamkeit oder Macht. Gehen Sie jedoch zunächst davon aus, dass es wahrscheinlicher ist, dass das Baby lediglich seine Kommunikationsfähigkeiten nutzt, um seine Bedürfnisse befriedigt zu bekommen.

- Babys suchen normalerweise keine Rache und möchten nicht ihre Unfähigkeit unter Beweis stellen.

Kleinkinder (18 Monate – 3 Jahre)

Wichtiger Hinweis: Das grundsätzliche Ziel eines jeden Kindes ist es, dazuzugehören. Wenn ihm das auf positive Weise nicht gelingt, ist es entmutigt und zeigt Fehlverhalten.

Fehlverhalten des Kindes	Die negative Wertvorstellung des Kindes, wie es dazugehören kann	Wie fühlen Sie sich?	Wie reagieren Sie in dieser Situation normalerweise?	Wie reagiert das Kind auf Ihre Reaktion?	Ziel des Fehlverhaltens
quengelt	›Ich will um jeden Preis wahrgenommen werden.‹	irritiert, verärgert	Tendenz, das Kind daran zu erinnern, aufzuhören.	stellt Fehlverhalten vorübergehend ein, zeigt das Verhalten später wieder oder stört auf ähnliche oder auch andere Weise.	Aufmerksamkeit
beantwortet Bitten um Kooperation mit einem sofortigen »Nein!«.	›Du kannst mich nicht zwingen.‹ ›Ich sage, was gemacht wird.‹	wütend, zornig	Tendenz, zu kämpfen oder aufzugeben.	verstärkt das Fehlverhalten oder fügt sich trotzig.	Macht
wenn das Kind nicht bekommt, was es will, schlägt es die Erzieherin oder beschimpft sie.	›Du magst mich nicht.‹	(tief) verletzt	Tendenz, es dem Kind heimzuzahlen.	strebt nach mehr Rache, indem es das Fehlverhalten intensiviert oder eine andere ›Waffe‹ wählt.	Rache

Kindergartenkinder (3 Jahre – Schulreife)

Wichtiger Hinweis: Das grundsätzliche Ziel eines jeden Kindes ist es, dazuzugehören. Wenn ihm das auf positive Weise nicht gelingt, ist es entmutigt und zeigt Fehlverhalten.

Fehlverhalten des Kindes	Die negative Wertvorstellung des Kindes, wie es dazugehören kann	Wie fühlen Sie sich?	Wie reagieren Sie in dieser Situation normalerweise?	Wie reagiert das Kind auf Ihre Reaktion?	Ziel des Fehlverhaltens
»Guck jetzt mal!« Versucht kontinuierlich mit der Erzieherin in Kontakt zu bleiben.	›Ich will wahrgenommen oder bedient werden.‹	verärgert, irritiert	Tendenz, das Kind daran zu erinnern, aufzuhören.	stellt Fehlverhalten vorübergehend ein, zeigt das Verhalten später wieder oder stört auf ähnliche oder andere Weise.	Aufmerksamkeit
hat Wutanfälle, widersetzt sich Anweisungen.	›Ich habe die Kontrolle. Du kannst mich nicht zwingen.‹	wütend, zornig	Tendenz zu kämpfen oder aufzugeben.	verstärkt das Fehlverhalten oder fügt sich trotzig.	Macht
schreit und brüllt: »Du bist gemein! Ich hasse dich!«	›Du magst mich nicht. Deswegen mag ich dich auch nicht.‹	tief verletzt	Tendenz, es dem Kind heimzuzahlen.	strebt nach mehr Rache, indem es das Fehlverhalten verstärkt oder eine andere ›Waffe‹ wählt.	Rache
jammert, weint: »Ich kann das nicht!«	›Ich bin hilflos. Ich kann das nicht.‹	verzweifelt, hoffnungslos, Wunsch aufzugeben	Tendenz, dem Kind recht zu zu geben und zu akzeptieren, dass das Kind der Aufgabe nicht gewachsen ist.	reagiert passiv oder gar nicht auf was auch immer passiert ist, hat Angst etwas auszuprobieren und zeigt keine Fortschritte.	Beweis der Unfähigkeit

Tabelle 1C: Sie ändern Ihre Reaktion auf Fehlverhalten

Babys (0–18 Monate)

- Gehen Sie davon aus, dass das Baby Ihnen durch störendes Verhalten ein Bedürfnis mitteilen möchte. Sehen Sie zu, dass sein Bedürfnis befriedigt wird.
- Wenn Sie feststellen, dass ein älteres Baby Aufmerksamkeit oder Macht sucht (nachdem Sie grundsätzliche Bedürfnisse – z.B. Hunger, Müdigkeit etc. – ausgeschlossen haben), ignorieren Sie das Fehlverhalten (nicht das Kind), lenken Sie das Kind ab und geben Sie an anderer Stelle Aufmerksamkeit für positives Verhalten.

Kleinkinder (18 Monate – 3 Jahre)

Sie ändern Ihr Verhalten (Sie tun das Unerwartete) und Ihre Haltung (Sie ändern die Perspektive und sehen die positive Wertvorstellung des Kindes, die seinem Verhalten zugrundeliegt).

Ziel des Fehlverhaltens des Kindes	Das Unerwartete tun	Die positive Wertvorstellung des Kindes, wie es dazugehören kann.
Aufmerksamkeit	Sie lenken die Aufmerksamkeit des Kindes auf angebrachte Aktivitäten. Sie geben keine Aufmerksamkeit für Fehlverhalten. Sie schenken Ihre Aufmerksamkeit für positives Verhalten, wenn das Kind sie nicht erwartet.	›Ich möchte mich beteiligen. Bitte helft mir, zu lernen, wie ich mich beteiligen kann.‹ (Dazugehörigkeit durch Beteiligung)
Macht	Sie bieten Wahlmöglichkeiten, so dass das Kind eine Entscheidung treffen kann.	›Ich kann meine Macht auf hilfreiche und nützliche Art ausüben.‹ (Dazugehörigkeit durch Selbstständigkeit)
Rache	Sie nehmen das Fehlverhalten nicht persönlich, fühlen sich nicht (emotional) verletzt und strafen das Kind nicht. Sie bauen Vertrauen und gegenseitigen Respekt auf.	›Ich möchte, dass alles fair ist. Bitte helft mir, kooperieren zu lernen.‹ (Dazugehörigkeit durch Fairness)

Kindergartenkinder (3 Jahre – Schulreife)

Sie ändern Ihr Verhalten (Sie tun das Unerwartete) und Ihre Haltung (Sie ändern die Perspektive und sehen die positive Wertvorstellung des Kindes, die seinem Verhalten zugrunde liegt.)

Ziel des Fehlverhaltens des Kindes	Das Unerwartete tun	Die positive Wertvorstellung des Kindes, wie es dazugehören kann.
Aufmerksamkeit	Sie lenken die Aufmerksamkeit des Kindes auf angebrachte Aktivitäten. Sie geben keine Aufmerksamkeit für Fehlverhalten. Sie schenken Ihre Aufmerksamkeit für positives Verhalten, wenn das Kind sie nicht erwartet. Sie beachten das Kind, wenn es kooperiert, und geben ihm dafür Anerkennung.	›Ich möchte mich beteiligen. Bitte helft mir, zu lernen, wie ich mich beteiligen kann.‹ (Dazugehörigkeit durch Beteiligung)
Macht	Sie ziehen sich aus dem Machtkampf zurück. Sie geben nicht um des Friedens willen nach. Sie bieten Wahlmöglichkeiten, so dass das Kind eine Entscheidung treffen kann. Sie akzeptieren die Entscheidung des Kindes und lassen das Kind die Folgen seiner Entscheidung erleben.	›Ich kann meine Macht auf hilfreiche und nützliche Art ausüben.‹ (Dazugehörigkeit durch Selbstständigkeit)
Rache	Sie nehmen das Fehlverhalten nicht persönlich, fühlen sich nicht (emotional) verletzt und strafen das Kind nicht. Sie bauen Vertrauen und gegenseitigen Respekt auf.	›Ich möchte, dass alles fair ist. Bitte helft mir, kooperieren zu lernen.‹ (Dazugehörigkeit durch Fairness)
Beweis der Unfähigkeit	Sie unterstützen und ermutigen jeden Versuch oder jede Bemühung. Sie bemitleiden das Kind nicht.	›Ich brauche Zeit, um mich zu entwickeln. Ich möchte erfolgreich sein. Bitte helft mir, mir selbst zu vertrauen.‹ (Dazugehörigkeit durch Kompetenz)

STEP in der Praxis

Wenn Sie bei Ihrer Arbeit mit Kindern auf störendes Verhalten stoßen, finden Sie heraus, ob das Verhalten der kindlichen Entwicklungsstufe entspricht oder als Fehlverhalten einzustufen ist. Welche Rolle spielt Ihre eigene Befindlichkeit (Stress) dabei? Es ist hilfreich, sich zu Beginn auf das Verhalten von einem oder zwei Kindern zu konzentrieren.

Falls Sie zu dem Schluss kommen, dass ein bestimmtes Verhalten Fehlverhalten ist, gehen Sie folgende Fragen durch, um das Ziel zu identifizieren.

- Wie fühle ich mich, wenn das Kind dieses Fehlverhalten zeigt?
- Was ist meine übliche Reaktion darauf? / Welche Reaktion erwartet das Kind von mir?
- Wie reagiert das Kind gewöhnlich auf meine Reaktion?

Nachdem Sie das Ziel des Kindes identifiziert haben, überlegen Sie, was Sie ändern können, um das Fehlverhalten umzulenken. Probieren Sie andere als die vom Kind erwarteten Reaktionen aus und beobachten Sie das jeweilige Ergebnis. Denken Sie daran, dass Verhaltensänderungen bei Kindern nicht immer sofort auftreten. Mit der Zeit werden sich wahrscheinlich positive Ergebnisse – veränderte Verhaltensweisen der Kinder – einstellen.

Bitte beachten Sie

Die Fertigkeiten, die wir in diesem Buch präsentieren, zeigen unserer Erfahrung nach in den meisten Fällen Wirkung. Wenn Sie STEP (Fertigkeiten und Haltung) im Alltag umsetzen, stellen Sie folgende Überlegungen an:

- Inwiefern trägt die Umgebung des Kindes in der Einrichtung – Aktivitäten, Ausstattung, Material und Tagesablauf – zum störenden Verhalten bei?
- Welche Ihrer persönlichen Ressourcen tragen zur Lösung von Problemen bei? Dazu gehören Eigenschaften oder Stärken wie ein Sinn für Humor, die Fähigkeit, Abstand zu nehmen und die Perspektive zu wechseln, Erfahrung oder Geschick in der Lösung von Problemen, Geduld, Achtsamkeit oder eine gute Wahrnehmung.
- Inwiefern tragen Sie selbst zu Konflikten bei, beispielsweise indem Sie leicht zu ärgern sind, zu viel reden, zu viel fordern, ständig die Kontrolle haben müssen, perfekt sein oder gefallen wollen?

Zusammenfassung

1. Das Temperament eines Kindes ist individuell und angeboren. Akzeptieren Sie das Temperament eines jeden Kindes und arbeiten Sie mit seinen individuellen Qualitäten.
2. Jedes Kind durchläuft Entwicklungsstufen in seiner eigenen Geschwindigkeit und in seinem eigenen Stil.
3. Kinder meistern neue Fertigkeiten, wenn sie dazu bereit sind.
   - Babys lernen, anderen Menschen, sich selbst und ihrer Umwelt zu vertrauen.
   - Kleinkinder versuchen, selbstständig zu sein.
   - Kindergartenkinder kreieren ihre eigenen Welten, üben, die Rollen Erwachsener zu spielen, experimentieren mit Sprache und lernen, mit anderen Kindern auszukommen.
4. Eine auf demokratischer Erziehung basierende Beziehung zwischen Kind und Erzieherin bringt dem Kind Respekt gegenüber sich selbst und anderen bei. Eine solche Beziehung fördert außerdem das Verantwortungsgefühl, indem sie Freiräume innerhalb von Grenzen bietet.
5. Kinder spüren die Erwartungen der Erzieherin und tun oftmals, was von ihnen erwartet wird.
6. Finden Sie Wege, um häufiger »Ja« als »Nein« zu sagen.
7. Kinder finden heraus, dass sie durch die Reaktion anderer Menschen auf ihr Verhalten ein Gefühl der Dazugehörigkeit empfinden. Sie lernen, dass sie Reaktionen bei anderen sowohl durch kooperatives als auch durch unkooperatives Verhalten hervorrufen können.
8. Manchmal geht die Tatsache, dass ein bestimmtes Verhalten Sie stört, darauf zurück, dass Sie unrealistische oder unangemessene Erwartungen an die Kinder stellen. Wenn das Verhalten der Kinder auf Neugier, Müdigkeit, Krankheit, Hunger, Langeweile oder dem Versuch, zu helfen, beruht, dann handelt es sich nicht um Fehlverhalten.
9. Berücksichtigen Sie Ihre eigene Befindlichkeit, wenn Sie entscheiden, ob es beim störenden Verhalten eines Kindes um Fehlverhalten geht oder nicht.
10. Wenn Sie sich mit dem Verhalten von Kindern beschäftigen, ist es wichtig, die jeweilige Entwicklungsstufe eines Kindes im Auge zu behalten. Es ist auch wichtig, darüber nachzudenken, ob ein Kind weiß, wie es sich in einer bestimmten Situation verhalten soll, und ob es dazu in der Lage ist.
11. Es gibt vier Ziele des Fehlverhaltens:
    - Aufmerksamkeit erlangen,
    - Macht ausüben,
    - Rache nehmen,
    - Unfähigkeit unter Beweis stellen.
12. Um das Ziel des Fehlverhaltens zu identifizieren, achten Sie darauf,
    - wie Sie sich fühlen, wenn ein Kind Fehlverhalten zeigt,

- wie Sie auf das Fehlverhalten reagieren und
- wie das Kind auf Ihr Verhalten reagiert.

13. Kindern ist in der Regel das Ziel ihres Fehlverhaltens nicht bewusst.
14. Bei Babys ist störendes Verhalten in der Regel durch ihre Bedürfnisse verursacht und kein Fehlverhalten. Sie können nach Aufmerksamkeit oder Macht streben. Rache oder der Beweis der Unfähigkeit kommen selten vor.
15. Kleinkinder stellen normalerweise nicht ihre Unfähigkeit unter Beweis.
16. Wenn ein Kind Fehlverhalten zeigt, tun Sie das Gegenteil von dem, was das Kind von Ihnen erwartet (das Unerwartete tun, siehe Tabelle 1C).
17. Helfen Sie den Kindern, statt der vier negativen vier positive Verhaltensziele zu entwickeln. Helfen Sie den Kindern, dazuzugehören, indem Sie es ihnen ermöglichen,
    - sich zu beteiligen,
    - für das eigene Verhalten und die eigenen Entscheidungen verantwortlich zu sein,
    - sich gerecht und fair zu verhalten,
    - zu lernen, sich Schritt für Schritt kompetent zu fühlen.

    Siehe dazu Tabelle 1C.

NUR FÜR SIE

Reduzieren Sie Ihren Stress

Stress ist die physische und emotionale Antwort auf eine Situation, die für Sie eine Herausforderung darstellt. Die Erziehung kleiner Kinder ist eine anspruchsvolle, intensive Arbeit. Es ist also nicht verwunderlich, dass sich beim täglichen Verrichten dieser Arbeit Stress aufbaut. Die folgenden Hinweise können Ihnen dabei helfen, Stress abzubauen und besser damit umzugehen:

1. Atmen Sie mehrmals tief durch. Lassen Sie Ihren Atem zur Ruhe kommen. Sagen Sie sich beim Einatmen »ruhig« und beim Ausatmen »werden«. Machen Sie so lange damit weiter, bis Sie anfangen, sich zu entspannen.
2. Führen Sie positive Selbstgespräche. Sagen Sie sich selbst einfache, optimistische Sätze wie: »Ich rege mich nicht auf«, »Ich nehme es leicht« oder »Ich habe mein Bestes gegeben. Ich bin in Ordnung.«
3. Bereiten Sie sich im Voraus auf Situationen vor, von denen Sie glauben, dass sie stressig werden. Atmen Sie tief durch und führen Sie positive Selbstgespräche.

4. Betrachten Sie Situationen als Chancen oder Herausforderungen und nicht als Stress oder etwas, vor dem Sie Angst haben, weil Sie denken, Sie können es möglicherweise nicht bewältigen.

5. Akzeptieren Sie sich jeden Tag aktiv aufs Neue. Konzentrieren Sie sich jeden Tag auf Ihre *eigenen* positiven Eigenschaften. Geben Sie sich Selbstbestätigung mit Aussagen wie: »Ich bin fähig«, »Ich bin es mir wert«, »Ich treffe meine eigenen Entscheidungen«.

Nehmen Sie sich jetzt ein paar Minuten Zeit und schreiben Sie einige Aussagen zu Ihrer Selbstbestätigung auf. Beginnen Sie gleich in dieser Woche mit dem Stressabbau.

Das Selbstwertgefühl der Kinder durch Ermutigung und aktives Zuhören stärken

In Kapitel 2 lernen wir:

- Kinder zu ermutigen, an sich selbst und ihre Fähigkeiten zu glauben, ist ein wichtiger Faktor in unserer Beziehung zu ihnen.

- Ermutigung ist effektiver als Lob.

- Ermutigung bedeutet, an die Kinder zu glauben, Hoffnung zu geben, Wettstreit zu reduzieren und zu hohe Anforderungen zu vermeiden.

- Für Kinder ist es wichtig, dass wir ihnen sehr viel zuhören.

- Mit aktivem Zuhören helfen wir den Kindern, Gefühle zu verstehen und auszudrücken, und fördern so ihr Selbstwertgefühl.

Das Selbstwertgefühl in den ersten Jahren stärken

Wenn Kinder ein starkes Selbstwertgefühl haben, fällt es ihnen leichter, positive Überzeugungen von sich selbst aufzubauen und ihren Platz in der Welt zu finden. Selbstwertgefühl bedeutet eine positive Einstellung sich selbst gegenüber. Es ist eine Haltung, die wir entwickeln, wenn wir geliebt werden und wenn wir wissen, dass wir fähig und kompetent sind. Wir akzeptieren und schätzen uns selbst.

Kinder, die mit sich selbst zufrieden sind, kommen im Leben besser zurecht. Das Selbstwertgefühl spielt eine wesentliche Rolle, wenn es darum geht, Kinder in die Lage zu versetzen, Erfolge zu erzielen und mit Misserfolgen umzugehen. Gefühle hinsichtlich des eigenen Werts entsprechen den Glaubenssätzen, den Wertvorstellungen und Überzeugungen, die die Basis für die kindliche Persönlichkeit bilden. Diese Glaubenssätze sind entscheidend dafür, wie Kinder ihre Fähigkeiten nutzen. Wenn Kinder glauben, dass sie wertvoll, liebenswert und wichtig sind, wachsen sie so auf, dass sie bereit sind, sich den Herausforderungen des Lebens zu stellen.[1]

Die ersten Kindheitsjahre – beginnend mit der Geburt – bilden die entscheidende Phase für die Entwicklung des Selbstwertgefühls. In dieser Zeit formen die Kinder ihre Glaubenssätze auf der Basis der Reaktionen, die sie von anderen Menschen bekommen. In dieser Zeit haben Erzieherinnen und Eltern die beste Chance, das Gefühl eines Kindes für den eigenen Wert zu stärken.

In diesem Kapitel behandeln wir die Themen *gegenseitiger Respekt*, *Ermutigung* und *aktives Zuhören* – allesamt wichtige Faktoren, die den Kindern dabei helfen, eine gesunde, positive Einstellung zu sich selbst und ihren sich entwickelnden Fähigkeiten zu gewinnen.

> Selbstwertgefühl versetzt die Kinder in die Lage, Erfolge zu erzielen und mit Misserfolgen umzugehen.

Gegenseitiger Respekt – die Grundlage des Selbstwertgefühls

Gegenseitigen Respekt zu lernen ist der erste Schritt, ein Selbstwertgefühl zu entwickeln. Gegenseitiger Respekt bedeutet, daran zu glauben und sich so zu verhalten, als seien Erwachsene und Kinder vorbehaltlos wertvoll. Wir begegnen Kindern mit Respekt. Wir erwarten von ihnen, uns und anderen mit Respekt zu begegnen.

1 Wustmann, C. (34), S. 134/135

Für Babys und kleine Kinder gehört es nicht zum natürlichen Verhalten, Respekt anderen gegenüber zu zeigen. Tatsache ist: *Es ist gesund und normal für kleine Kinder, ichbezogen zu sein.* Wir können nicht von ihnen erwarten, sich so respektvoll zu verhalten, wie Erwachsene das können. Aber kleine Kinder können gegenseitigen Respekt *lernen,* wenn sie mit Respekt behandelt werden.

Es ist nie zu früh, den Samen für gegenseitigen Respekt zu säen. Dafür können wir Folgendes tun:

Wir schätzen die Einzigartigkeit eines jeden Kindes.
- »Sieh nur, was du alles kannst!«
- »Du redest gerne mit dir selbst im Spiegel. Ich mag es, wie du das Baby im Spiegel streichelst.«

Wir finden Wege, um die Interessen der Kinder zu unterstützen.
- »Du baust gerne. Lass uns in der Ecke mit den Bauklötzen etwas bauen.«
- »Ich weiß, du magst das Buch ›Oh, wie schön ist Panama‹. Lass uns das neue Buch über den Tiger und den Bären gleich nach dem Frühstück lesen.«

Wir geben den Kindern – sofern möglich – ein vernünftiges Maß an Kontrolle über ihr Leben.
- »Möchtest du dir lieber rote oder grüne Fäustlinge aus dem Kasten aussuchen?«
- »Ich sehe, du hast keine Lust mehr, in der Schaukel zu sitzen. Möchtest du gerne raus und herumkrabbeln?«

Wir zeigen den Kindern, dass Fehler auch Lernerfahrungen sind und dass sie keine Angst vor Fehlern haben müssen.
- »Ich glaube, wir haben nicht genug Mehl in den Teig gegeben. Sieh nur, wie flüssig er noch ist. Wir geben besser noch etwas Mehl dazu, dann wird er besser.«
- »Hoppla, dein Becher ist vom Tisch gefallen. Schieb ihn beim nächsten Mal mehr weg vom Rand. Lass uns einen Lappen holen und aufwischen.«

Wir bringen Kindern Kooperation bei: die Fähigkeit, im Leben zu geben und zu nehmen. Wir bilden eine Menschenkette, die einen Zug darstellt, um zu zeigen, dass jeder Teil etwas zum Ganzen beiträgt. Mit den älteren Kindergartenkindern spielen wir ein Spiel zuerst *ohne* Regeln. Danach spielen wir dasselbe Spiel *mit* Regeln und besprechen mit den Kindern, wie sie sich bei den beiden Spielen gefühlt haben.

Wir lesen Geschichten vor, die von gegenseitigem Respekt handeln. Wir können Situationen auch in Rollenspielen nachspielen und dabei beobachten, wie die Kinder auf Respekt bzw. auf fehlenden Respekt reagieren. Wir lassen die Kinder eine Situation spielen, in der jemand andere unfair behandelt. Wir fragen die Kinder, wie sie sich in dieser Situation gefühlt haben.

Wir denken daran, uns selbst gegenüber Respekt zu zeigen.

- »Ich habe heute Morgen auf dem Weg zur Tagesstätte einen schönen, langen Spaziergang gemacht. Das hat mir gut getan. Ich fühle mich richtig wohl.«
- »Wenn du schreist, tun mir die Ohren weh. Ich höre dir gerne zu, wenn du leiser sprichst.«

Es ist nie zu früh, den Samen für gegenseitigen Respekt zu säen.

Ermutigung – der Schlüssel

Gegenseitiger Respekt bildet die Grundlage für das kindliche Selbstwertgefühl. Erzieherinnen können Ermutigung als Fertigkeit benutzen, um darauf aufbauend das Selbstwertgefühl der Kinder weiterzuentwickeln.

- *Respekt ist eine Haltung*, durch die wir Vorbild sind und die wir lehren können.
- *Ermutigung ist eine Fertigkeit,* die wir lernen können, um den Kindern zu helfen, ein stärkeres Selbstwertgefühl zu entwickeln.

Ermutigt zu werden ist ein Grundbedürfnis eines jeden Menschen. Den Kindern zu helfen, an sich selbst und ihre Fähigkeiten zu glauben, ist ein wichtiger Teil unserer täglichen Arbeit mit ihnen.
Ermutigung bedeutet,

- an die Kinder zu glauben,
- Hoffnung zu geben,
- Wettstreit zu reduzieren und
- zu hohe Anforderungen zu vermeiden.

Ermutigung konzentriert sich auf die Stärken und positiven Eigenschaften der Kinder und hilft ihnen, sich selbst gegenüber positive Einstellungen und Überzeugungen zu entwickeln. Wenn wir Kinder ermutigen, akzeptieren wir sie, auch wenn wir ihr Verhalten nicht immer gutheißen können.

- »Ich habe verstanden, dass du helfen wolltest, als die Teller runtergefallen sind.«

Wenn wir ermutigen, erkennen wir Bemühungen und Verbesserungen an, anstatt Perfektion zu erwarten oder zu fordern.

Erzieherinnen, die ermutigen, vermeiden es, Kinder zu vergleichen. Vergleiche können Kinder dazu bringen, dass sie glauben, ihr Wert hinge davon ab, besser zu sein als andere. Durch Ermutigung helfen Erzieherinnen jedem Kind, seine einzigartigen, individuellen Fähigkeiten schätzen zu lernen.

Wenn Kinder von ihren Bezugspersonen nicht ermutigt werden, ist es wahrscheinlich, dass sie nur geringes Selbstvertrauen entwickeln. Entmutigung erwächst aus der Überzeugung, dass sie nicht in der Lage sind, sich den Herausforderungen des Lebens zu stellen. Entmutigte Kinder haben kein Vertrauen in ihre Fähigkeit, Aufgaben erfolgreich zu meistern. Sie sind sprichwörtlich ent-mutigt und mut-los. Ihr Fokus liegt stärker auf ihrem Erfolg als auf ihren Bemühungen. Da entmutigte Kinder Angst haben, etwas nicht gut zu machen, kann es sein, dass sie sich einer Aufgabe völlig verweigern.

Ein entmutigtes Kind sagt häufig: »Ich kann das nicht.« Das kann dazu führen, dass das Kind versucht, andere dazu zu bringen, seine Aufgaben zu übernehmen. Bleiben solche Kinder entmutigt, übernehmen sie mit zunehmendem Alter immer weniger Verantwortung für ihre eigenen Handlungen.

Kinder, die an sich selbst *glauben*, sind begeistert vom Leben und vom Lernen.

Ermutigung ist eine Fähigkeit und eine Fertigkeit

Die Fähigkeit der Kinder, zu lernen, steht in Beziehung zu ihrem Selbstbild und ihren Erwartungen an sich selbst. Entmutigte Kinder, die von sich selbst glauben, dass sie nicht gut lernen können, erfüllen oft ihre eigenen negativen Erwartungen. Mit Ermutigung helfen wir dem Kind, diese negativen Erwartungen zu überwinden, sich auf seine positiven Eigenschaften, Ressourcen und Bemühungen zu konzentrieren und an sich selbst zu glauben. Wir helfen den Kindern auch, Wege zu finden, mit Herausforderungen umzugehen. Wenn wir Kinder regelmäßig ermutigen, zeigen wir unser Vertrauen in sie und in uns selbst.

> Durch Ermutigung erkennen Sie Bemühungen und Verbesserungen an, anstatt Perfektion zu erwarten oder unangemessen viel zu fordern. Als Erzieherin helfen Sie jedem Kind, seine einzigartigen, individuellen Fähigkeiten schätzen zu lernen.

Wir können lernen, zu ermutigen:

Wir akzeptieren und schätzen Kinder so, wie sie sind. Kinder lernen in unterschiedlichem Tempo und haben unterschiedliche Fähigkeiten und Interessen. Ihre Stimmung und ihr Verhalten sind geprägt von Höhen und Tiefen. Jedes Kind hat individuelle Stärken und Schwächen. Indem wir die Unterschiede zwischen Menschen anerkennen und schätzen, zeigen wir den Kindern, dass sie so geschätzt werden, wie sie sind.

Wir zeigen, dass wir an die Kinder glauben.
- »Ich weiß, dass du dieses Puzzle zusammensetzen kannst.«
- »Mach weiter, du kannst dir den Ball selbst holen.«

Wir lassen die Kinder wissen, dass es wichtig ist, es immer wieder zu versuchen. Wir sagen ihnen, dass es in Ordnung ist, Fehler zu machen, weil Fehler ein wichtiger Bestandteil eines Lernprozesses sind. Wir erkennen und benennen ausdauernde Bemühungen, anstatt uns auf Ergebnisse zu konzentrieren. Wenn Kinder erste Anzeichen von Vertrauen in sich selbst zeigen, ist das häufig darauf zurückzuführen, dass wir sie haben wissen lassen, dass wir an sie glauben. Wir lernen, kleine Erfolge und schrittweises Wachstum wertzuschätzen.

Wir behandeln alle Kinder mit Respekt. Wir sind alle Menschen, und deshalb wird es Kinder geben, die wir lieber mögen als andere. Es ist wichtig, dass wir erkennen, wenn wir dazu tendieren, ein Kind zu bevorzugen. Es ist entscheidend, dass wir uns bemühen, *jedes* Kind mit dem gleichen Respekt zu behandeln. Für die ermutigende Atmosphäre in einer Gruppe ist es Voraussetzung, dass alle gleich behandelt werden. Mit zweierlei Maß zu messen kann verheerende Folgen haben.

Wir helfen Kindern, sich selbst wertzuschätzen. Wir machen den Kindern deutlich, dass ihr Wert nicht davon abhängt, dass sie besser sind als andere. Urteile und Vergleiche sind nicht ermutigend. Ermutigte Kinder glauben an ihren eigenen Wert. Wir bringen den Kindern bei, zu kooperieren, anstatt in Wettstreit zu treten. Kinder gegeneinander antreten zu lassen führt dazu, dass zu gewinnen wichtiger wird, als zu lernen oder zu kooperieren.

Wir geben Anerkennung für Stärken und positive Eigenschaften der Kinder.
- »Sieh mal, wie du heute dein Spielzeug mit anderen teilst!«
- »Sieh nur, was du schon alles alleine machen kannst!«
- »Danke schön. Das hat mir sehr geholfen.«
- »Ich schätze es, wenn du die Bücher wegräumst, weil es mir die Arbeit erleichtert.«
- »Ich habe deine Hilfe gebraucht und ich konnte mich auf dich verlassen.«
- »Es war eine Freude, dich heute hier zu haben.«
- »Du hast wirklich mitgedacht, als du vorgeschlagen hast, die Regenumhänge mitzunehmen.«

Wir nutzen unseren Sinn für Humor. Wir ändern den Blickwinkel: »Ach du meine Güte, ich muss ja wirklich komisch aussehen mit dem Malerkittel verkehrt herum!« Wenn wir unseren Sinn für Humor bewahren, zeigen wir den Kindern, dass Fehler Lernerfahrungen sind. Sowohl wir als auch die Kinder können sich entspannen, wenn Fehler auftreten. Humor eignet sich auch wunderbar als Selbstermutigung!

Der Unterschied zwischen Ermutigung und Lob

Bei unseren Bemühungen, das Selbstwertgefühl der Kinder aufzubauen, verwechseln wir manchmal Ermutigung mit Lob. Lob und Ermutigung sind *nicht* dasselbe. Sie erfüllen jeweils einen anderen Zweck und zeigen eine unterschiedliche Wirkung.

> Lob ist eine Belohnung. Ermutigung ist ein Geschenk.

Lob ist verbale Belohnung. Lob basiert auf Wettstreit und Vergleich. Wenn Kinder Lob hören, kommt häufig folgende Botschaft bei ihnen an: »Wenn du etwas tust, das ich für lobenswert halte, dann wirst du geschätzt.« Lob ist ein externer Motivator. Lob wird gegeben, wenn ein Kind etwas erreicht, eine Aufgabe erfüllt oder etwas getan hat, das der Erzieherin gefällt.

Ermutigung ist ein Geschenk. Niemand braucht sie sich zu verdienen. Ermutigung wird für Bemühung und Verbesserung gegeben. Sie basiert nicht auf Wettstreit und Vergleich, sondern auf den individuellen, positiven Eigenschaften und Stärken eines Kindes. Die Botschaft, die beim Kind ankommt, ist: »Ich muss nicht *mehr oder besser* sein, um mit mir selbst zufrieden zu sein. Ich bin gut genug so, wie ich bin.«

Stellen wir uns vor, dass Kinder an einem Rennen teilnehmen. Alles, was in dem Moment gesagt oder getan wird, in dem sie die Ziellinie überqueren, ist Lob. Alles, was getan oder gesagt wird, während sie rennen, ist Ermutigung. Ermutigung fokussiert auf die Bemühung und die Freude des Kindes während des Rennens anstatt auf das Ergebnis. Viele Kinder fühlen sich, als stünden sie ständig in einem Wettstreit gegen sich selbst und gegen andere. Kinder benötigen auf ihrem Weg stetige Ermutigung.

Ermutigung kann zu jeder Zeit gegeben werden, aber besonders dann, wenn das Kind sich entmutigt fühlt und sich gerade einem Fehlschlag gegenübersieht. Sie hilft den Kindern, den Wert des eigenen Beitrags schätzen zu lernen. Ermutigung ist ein interner Motivator, der das Selbstwertgefühl des Kindes aufbaut.

BEISPIEL
Die Erzieherin geht durch den Raum und beobachtet die Aktivitäten der Kinder. Sie weiß nicht genau, was die vierjährige Natalie gerade baut. Sie sagt dennoch zu ihr: »Oh, das hast du super gemacht! Ich finde das klasse!«

Im Laufe eines Tages gibt es viele Gelegenheiten, Kinder zu ermutigen.

Natalie gefällt es bestimmt, wie die Erzieherin auf ihr Bauwerk reagiert. Aber Natalie lernt auch, dass es wichtig ist, anderen zu gefallen. Wenn sie also weiterhin immer Lob für das Ergebnis ihrer Arbeit bekommt, fängt sie vielleicht an, zu glauben, dass ihr Wert dadurch bestimmt wird, was andere von ihr halten. Vielleicht hat sie sogar Angst davor, von der Erzieherin manchmal nicht gelobt zu werden.

BEISPIEL
Der drei Jahre alte Simon bringt der Erzieherin ein Bild, das er gemalt hat. Sie kann nicht erkennen, was er genau darstellen wollte. Die Erzieherin sagt zu Simon: »Wie ich sehe, bist du richtig zufrieden mit deinem Bild. Mir fällt auf, dass du gerne mit vielen verschiedenen Farben malst.«

In diesem Beispiel ermutigt die Erzieherin Simon, seine eigenen Bemühungen wertzuschätzen. Sie möchte, dass Simon lernt, sich sein eigenes Urteil zu bilden, anstatt aufgrund der Meinung der Erzieherin zu entscheiden, ob er etwas wert ist. Die Erzieherin könnte Simon auch fragen: »Was möchtest du mir sonst noch über dein Bild erzählen?«

Ermutigung hilft einem Kind, *Selbstmotivation* zu entwickeln. Lob bringt einem Kind bei, anderen zu gefallen. Es ist nicht verkehrt, jemandem helfen oder gefallen zu wollen. Das Problem beginnt, wenn ein Kind glaubt, dass anderen zu gefallen oder es ihnen recht zu machen *notwendig* ist, um mit sich selbst zufrieden zu sein.

Manchmal möchten wir loben.

- »Toll, Roman, super Tor! Ich bin stolz auf dich!«

Wenn wir Erfolge loben, ist es für den Entwicklungsprozess des Kindes vorteilhaft, Lob *und* Ermutigung zusammen auszusprechen, um so die Selbstmotivation des Kindes zu stärken.

Beispiel

Die zweieinhalbjährige Jule hat Schwierigkeiten, sich morgens in die Gruppe einzufinden. Sie verabschiedet sich von ihrer Mutter und setzt sich dann mit Jacke und Kindergartentasche um den Hals auf die Bank bei den Garderoben vor dem Gruppenraum. Zunächst hat die Erzieherin, Frau Durat, versucht, Jule zu locken oder zu überreden, in die Gruppe zu kommen. Doch Jule schüttelt nur den Kopf. Die Erzieherin sagt freundlich zu Jule: »Jule, du kannst gerne zu uns kommen, wenn du möchtest. Du kannst aber auch noch draußen sitzen bleiben, wenn du noch etwas Zeit brauchst, bevor du spielen möchtest. Das darfst du entscheiden.« Nach 20 Minuten steht Jule auf, zieht ihre Jacke aus und hängt sie mit der Tasche auf ihren Haken. Sie stellt sich in den Türrahmen. Die Erzieherin sagt: »Schön, dass du nun bei uns bist. Da kannst du jetzt ja sicher gleich mit dem Spielen beginnen. Hast du schon eine Idee?«

Jule hat selbst vielleicht gar nicht erkannt, dass sie mit der Situation besser umgehen kann oder dass sie einen Fortschritt gemacht hat. Die ermutigenden Worte der Erzieherin geben ihr diese Information. Falls Jule am nächsten Tag wieder auf der Bank sitzen möchte, macht die Erzieherin kein Drama daraus. Stattdessen hilft sie ihr, die Kontrolle über die Situation wiederzugewinnen, indem sie Jule zeigt, dass sie willkommen ist, sie selbst über sich entscheiden darf und respektiert wird.

Wiederholte Ermutigungen über Tage und Wochen hin helfen Jule, den morgendlichen Anfang in der Gruppe immer besser zu bewältigen. Die ermutigenden Worte und das Lob der Erzieherin sind sehr wichtig für Jule, weil sie ihr zeigen, dass sie akzeptiert und geliebt wird, unabhängig davon, wie sie sich verhält.

Beispiel

Eines Tages kommt Jule in die Einrichtung, hängt Jacke und Tasche auf und geht schnurstracks in die Gruppe. Frau Durat nimmt den Fortschritt wahr und sagt erfreut: »Bravo, Jule! Du bist gleich zu uns gekommen. Was möchtest du jetzt spielen?«

Ermutigung findet nicht immer verbal statt. Eine akzeptierende Haltung, die Bereitschaft, Kinder etwas selbst ausprobieren zu lassen und Fehler zu akzeptieren, sind wichtige Wege, um Kinder zu ermutigen.

> Ein Kind braucht Ermutigung wie eine Pflanze das Wasser.
> Rudolf Dreikurs

Die Sprache der Ermutigung

Weil man mit Lob schnell übertreiben kann, sind Sie als Erzieherin am effektivsten, wenn Sie die Kinder nicht *zu häufig* loben. Ermutigung hat eine länger andauernde Wirkung, weil sie den Kindern hilft, an sich selbst zu glauben. Durch Ermutigung erkennen und benennen Sie Bemühungen und Verbesserungen, anstatt sich auf Ergebnisse zu konzentrieren.

Es folgen einige Beispielsätze in der Sprache der Ermutigung:
- »Du kannst stolz auf dich sein!«
- »Das macht dir wirklich Spaß.«
- »Du bist glücklich!«
- »Wie findest du das?«
- »Du kannst es.«
- »Vielen Dank, das hat mir geholfen.«
- »Ich brauche deine Hilfe bei ...«
- »Daran hast du wirklich hart gearbeitet!«
- »Du wirst immer besser bei ...« (genau sein).
- »Du hast dir gut überlegt ...«
- »Es war sehr rücksichtsvoll von dir, ...«
- »Deine harte Arbeit hat uns allen geholfen.«

An die Gruppe: »Der heutige Tag mit euch hat mir viel Freude gemacht. Vielen Dank.«

> Ermutigung hilft einem Kind, Selbstmotivation zu entwickeln.

Sie und Ihre Arbeitskolleginnen

Der Unterschied zwischen Lob und Ermutigung gilt gleichermaßen für Erwachsene und Kinder. Auch Freunde und Kolleginnen können Sie für ihre Bemühungen ermutigen, anstatt nur Ergebnisse anzuerkennen.

Zum Lernen ermutigen – anstatt Druck auszuüben

Wir wollen Kinder zum Lernen ermutigen, anstatt Druck auf sie auszuüben. Wir unterstützen sie, ihren individuellen Interessen nachzugehen, und ermöglichen ihnen, ihr Potenzial zu nutzen und ihre Fähigkeiten zu entfalten. (Siehe Tabelle 2 am Ende dieses Kapitels für die Unterschiede zwischen Ermutigung und dem Ausüben von Druck.)

Manche Erwachsene glauben, dass Kinder so früh wie möglich vorbereitet werden müssen, damit sie später im Beruf und im Sport erfolgreich sein können. Wenn Erzieherinnen Kinder stark unter Druck setzen und ihr Entwicklungstempo beschleunigen wollen, dann bezahlen die Kinder dafür einen Preis. Die Kinder sind möglicherweise von ihrer Entwicklung her noch nicht bereit für die Aufgabe, die ihnen gestellt wird. Wenn Kinder eine Aufgabe noch nicht bewältigen können oder noch kein Interesse daran haben, werden sie vielleicht entmutigt und beginnen damit, negative Verhaltensziele wie Aufmerksamkeit und Macht anzustreben. Manche streben vielleicht sogar nach Rache oder fangen an, ihre Unfähigkeit unter Beweis zu stellen. (Siehe Kapitel 1 zum Thema negative Verhaltensziele.)

Der ungefähre Zeitpunkt, zu dem Kinder jeweils bestimmte Fähigkeiten lernen, ist vielfach erforscht und dokumentiert worden. Physische, psychische, emotionale, intellektuelle und soziale Bereitschaft sind sehr wichtig für das Lernen. Der Versuch, diesen Lernprozess durch Druck zu beschleunigen, kann kurz- oder auch langfristig unerwünschte Folgen haben, wie zum Beispiel Ängstlichkeit, Bauch- oder Kopfschmerzen und Rebellion. Als Spätfolge können Alkohol- oder Drogenmissbrauch – im schlimmsten Fall sogar Selbstmord – die Konsequenz sein.

Lernen wird dann unterstützt, wenn Erzieherinnen wissen, welche typischen Fähigkeiten Kinder zu bestimmten Zeiten ihres Lebens erwerben. Es ist genauso wichtig, dass Erzieherinnen eine ermutigende Haltung gegenüber den Versuchen der Kinder, zu lernen und zu entdecken, einnehmen. Die positive Haltung der Erzieherin, sowohl den Eltern als auch den Kindern gegenüber, spielt eine wichtige Rolle bei der Anleitung und Förderung kleiner Kinder. (Siehe Kapitel 6 zum Thema Zusammenarbeit mit den Eltern).

Zum Lernen zu ermutigen bedeutet auch, herauszufinden, was ein Kind leisten kann. Dann kann eine Erzieherin Material zur Verfügung stellen und Aktivitäten planen, um das Kind auf dieser Entwicklungsstufe zu stärken, anstatt Druck auf das Kind auszuüben. Wir ermutigen Kinder zum Lernen, indem wir *angemessene Ziele* setzen, die sie erreichen können, und indem wir ihre *Bemühungen beachten* und ihre *Fortschritte sowie ihre Erfolge anerkennen*[2].

BEISPIELE

Die zweieinhalbjährige Eva lernt mit viel Ermutigung – in der Kindertagesstätte und zu Hause –, auf die Toilette zu gehen. Nachdem sie es in der Einrichtung zum ersten Mal geschafft hat, einen ganzen Nachmittag ohne ›Unfall‹ auf die Toilette zu gehen, berichtet die Erzieherin dem Vater beim Abholen diese Neuigkeit. Evas Vater sagt: »Das ist schön für dich, Eva! Ich wette, du bist stolz

---

2 Senckel, B. [32]

auf dich!« Eva strahlt glücklich. Sie fühlt sich gut, weil sowohl die Erzieherin als auch ihr Vater ihre Bemühungen und Fortschritte beim Sauberkeitstraining wahrnehmen und benennen.

Vorher, als Eva noch öfter einnässte, hat keiner eine große Sache daraus gemacht. Stattdessen sagte die Erzieherin: »Ich sehe, deine Hose ist nass. Lass uns ins Bad gehen. Dort machen wir dich sauber. Dann fühlst du dich wieder besser.«

Als Erzieherin wollen wir, dass die Kinder lernen, wie sie mit Veränderungen und Herausforderungen umgehen können. Wir möchten, dass sie die notwendigen Fertigkeiten und eine positive Einstellung zum Lernen entwickeln. Die uns anvertrauten Kinder werden im Leben besser zurechtkommen, wenn unser Interesse bereits im frühen Alter der Kinder mehr darauf gerichtet ist, *wie sie lernen, zu lernen,* als darauf, wie leistungsstark sie sind. Wir konzentrieren uns deshalb stärker auf ihre Bemühungen als auf die Ergebnisse:

- »Diesen Schuh hast du schon fast an. Mach weiter – deine Ferse passt hinein.«
- »Sieh nur, du kannst deinen Apfelbrei ganz alleine essen!«
- »Wie können wir es hinkriegen, dass die Perlenketten gleich lang sind?«

Ermutigung findet nicht immer verbal statt. Eine akzeptierende Haltung, die Bereitschaft, Kinder etwas selbst ausprobieren zu lassen und Fehler zu akzeptieren, sind ermutigend für Kinder.

Es folgen einige Richtlinien, wie wir Kinder ermutigen können, zu lernen, ohne zu loben oder Druck auszuüben:

1. **Wir schaffen eine der Entwicklungsstufe angemessene Umgebung, die Mut macht, zu lernen.** Wir schaffen viele Gelegenheiten für die Kinder, mit Gleichaltrigen zu spielen, Neues zu entdecken und auszuprobieren.
   - »Wie viele Bälle kannst du in den Korb werfen?«
   - »Die Babypuppe braucht ein Bad. Wie viel Badeschaum sollen wir in die Wanne geben?«
   - »Wie hoch kannst du auf dem Klettergerüst klettern?«
   - »Wie hoch müssen wir den Tunnel bauen, damit der Laster darunter durchfahren kann?«
   - »Wie können wir die Gummibänder benutzen, um damit auf dem Lochbrett Formen zu stecken?«
   - »Auf Pfannen und Töpfe zu schlagen macht Lärm. Was passiert, wenn wir auf den Teppich schlagen?«

2. **Wir unterstützen die Kinder, ihren jeweiligen Interessen zu folgen.** Wir finden heraus, welche Interessen jedes Kind hat, und helfen ihm dabei, neue Interessen zu entdecken. Wenn ein Kind beispielsweise Tiere liebt, finden

wir Bücher, CDs, DVDs oder Kassetten mit Tiergeschichten. Wir helfen den Kindern, Geschichten mit Tieren zu erfinden. Weitere Beispiele:

- »Du zerknüllst gerne Papier. Versuche es mal mit diesen ganz weichen Tüchern.«
- »Ich habe gesehen, wie du auf dem Schwebebalken balanciert bist. Hast du Lust, ›Nachmachen‹ zu spielen? Ich mache dir alles nach?«

3. **Wir nehmen Abstand von Vergleichen und reduzieren den Wettstreit.** Es kann sein, dass wir unbeabsichtigterweise Kinder verbal oder nonverbal miteinander vergleichen. Wir erkennen an, dass Kinder unterschiedlich schnell lernen und sich unterschiedlich schnell entwickeln. Wettstreit durch Vergleichen zu stark zu betonen, erzeugt entmutigte Kinder. Wir zeigen den Kindern, dass wir sie so schätzen, wie sie sind:

- »Ich freue mich, dass du in meiner Gruppe bist.«
- »Es hat mir Spaß gemacht, neben dir zu sitzen und die Geschichte vorzulesen. Du hast interessiert zugehört.«
- »Ich habe gespürt, dass du Angst vor dem Gewitter hast. Es tut gut, die Hand von jemandem zu halten, wenn man sich fürchtet, nicht wahr?«
- »Sieh dir diesen tollen neuen Zahn an. Was für ein Lächeln!«

4. **Wir stellen offene Fragen.** Wenn wir Fragen stellen, die eine Ja- oder Nein-Antwort erfordern, wird das Kind nicht aufgefordert, nachzudenken, zu erklären oder Neues zu entdecken. Anstatt zu sagen: »Hast du einen schönen Tag gehabt?«, fragen wir: »Was hast du heute gemacht, das dir besonders gefallen hat?«
Weitere Beispiele für offene Fragen und Sätze:

- »Wie hast du eine so lange Gänseblümchen-Kette hinbekommen?«
- »Erzähl mir doch, wie du diese Skulptur aus Schachteln gebaut hast.«

5. **Wir beachten alle kleinen Bemühungen.**

- »Du hast den Reißverschluss schon fast zu. Zieh weiter, dann geht er ganz zu.«
- »Schau nur, was du alles selbst machen kannst!«

6. **Wir sorgen dafür, dass Lernen Spaß macht.** Wir bringen Kindern das Lernen spielerisch bei. Wir zählen zusammen mit den Kindern, wie viele Leute heute hier sind oder wie viele Pausenbrote wir austeilen. Wir vergleichen, wie viele Kinder schaukeln und wie viele zur selben Zeit auf der Rutsche rutschen. Wir bringen Kindern bei, Gefühle richtig zu deuten, indem wir Gesichter ziehen und sie raten lassen, was wir fühlen. Oder wir spielen Rollenspiele bzw. lesen Geschichten mit Charakteren, die eine Vielzahl von Gefühlen zeigen.

Es ist wichtig, zu wissen, dass Kinder beim Spielen lernen. Viele Menschen gehen davon aus, dass Kinder sich beim Spielen nur die Zeit vertreiben. Das Spielen ermöglicht es den Kindern jedoch, neue Verhaltensweisen zu entdecken. Sie finden dabei mehr darüber heraus, wie andere auf sie reagieren. Das Spiel mit Gleichaltrigen hat große Bedeutung. Es ist jedoch genauso wichtig für die Kinder, dass wir uns regelmäßig Zeit nehmen, *mit* ihnen zu spielen. Wenn Kinder sehen, dass Erwachsene Freude am Lernen und am Spiel haben, dann wissen sie, dass Lernen Spaß macht.

BEISPIELE
Die Erzieherin bringt den Kleinkindern das Spiel »Ringel Ringel Rose« bei. Als sie zu der Stelle »Alle Kinder setzen sich!« kommt, setzt die Erzieherin sich lachend auf den Boden. Die Kleinkinder imitieren sie, indem sie sich alle durcheinander auf den Boden fallen lassen.

Die älteren Kinder spielen Arztpraxis im Rollenspielbereich. Die Erzieherin kommt stöhnend und hinkend herein und sagt: »Ich glaube, ich habe mich am Bein verletzt. Ist hier irgendjemand, der es wieder in Ordnung bringen kann?« Nachdem das Bein verbunden wurde und die Kinder getan haben, als ob sie Spritzen geben würden, sagt die Erzieherin: »Vielen Dank, jetzt fühle ich mich schon viel besser.«

7. **Wir helfen Kindern, in herausfordernden Situationen Lösungswege zu sehen.** Eine Möglichkeit, das zu tun, besteht darin, Aufgaben, die zunächst überwältigend erscheinen, in kleine Teile herunterzubrechen und sie Schritt für Schritt anzugehen.
   - »Es sieht so aus, als hätten wir eine ganze Menge aufzuheben. Womit könntest du anfangen?«
   - »Das war schnell. Was kannst du als nächstes aufheben?«

8. **Wir helfen Kindern, den Mut zu haben, nicht perfekt zu sein.** Kinder müssen wissen, dass die Beherrschung von Fertigkeiten das Ergebnis eines Entwicklungsprozesses ist. Es ist natürlich und selbstverständlich, dass ihre Bemühungen manchmal nicht ganz erfolgreich sind. Kinder entwickeln den Mut, nicht perfekt zu sein, sobald sie verstehen, dass Fehler Teil eines Lernprozesses sind.

BEISPIELE
Der fünf Jahre alte Nathan arbeitet an der Werkbank eifrig daran, Nägel in ein Brett zu schlagen, aber die Nägel krümmen sich immer wieder und das Holz splittert. Nathans Erzieherin kommt dazu und sagt: »Nathan, du arbeitest wirklich hart. Lass mich dir einen Trick zeigen, wie die Nägel gerade bleiben. So, wenn du so weiterübst, schaffst du das auch.«

Die zwei Jahre alte Carmen ist dabei, sich selbst anzuziehen. Sie versucht, sich einen Rollkragenpullover über den Kopf zu ziehen und seufzt frustriert, weil er einfach nicht über den Kopf will. Ihre Erzieherin sagt: »Carmen, ich sehe, du lernst gerade, dich selbst anzuziehen. Rollkragenpullis sind wirklich schwierig.«

Der Mut, nicht perfekt zu sein[3]

Kindern beizubringen, dass es in Ordnung ist, nicht perfekt zu sein, ist eine wichtige Aufgabe beim Aufbau ihres Selbstwertgefühls. Kinder, die den Mut haben, nicht perfekt zu sein, sind gewillt, ein gesundes Risiko einzugehen und zu lernen. Sie nehmen dann eher die Haltung ein: »Ich probier's«, als zu sagen: »Warum soll ich es überhaupt versuchen?« Dasselbe gilt für Erwachsene. Wenn Sie an die Herausforderung denken, das Selbstwertgefühl der Kinder aufzubauen, zu lernen, sie zu ermutigen und ihnen grundlegende Fertigkeiten beizubringen, dann kann es passieren, dass Sie sich selbst überfordert und entmutigt fühlen. Ihr erster Gedanke ist vielleicht: »Wie soll ich das alles nur schaffen? Was ist, wenn ich einen Fehler mache?«

Es hilft Ihnen, wenn Sie sich ins Gedächtnis rufen, dass Sie nicht pausenlos Respekt zeigen und auch nicht immer ein Vorbild an Ermutigung sein können. Auch Sie sind ein Mensch. Was Sie tun können, ist eine grundsätzliche Haltung des gegenseitigen Respekts zu zeigen, sooft Sie können, die Kinder zu ermutigen und den Mut zu haben, nicht perfekt zu sein.

Wenn Sie den Mut entwickeln, nicht perfekt zu sein, akzeptieren Sie sich selbst und andere so, wie Sie bzw. die anderen sind, ohne zu denken, Sie müssten sich auf Fehler oder Unzulänglichkeiten konzentrieren. Sie haben keine Angst vor Fehlern. Wenn Sie den Mut haben, nicht perfekt zu sein, konzentrieren Sie sich auf die Gegenwart, anstatt sich mit der Vergangenheit oder der Zukunft zu beschäftigen. Bisher hat sich unsere Diskussion hauptsächlich darum gedreht, wie Sie das Selbstbewusstsein von Kindern stärken können. Aber auch für Sie als Erzieherin ist es wichtig, dass Sie ein starkes Selbstwertgefühl haben. Wer Kinder respektieren möchte, muss sich auch selbst respektieren. Es gibt eine Vielzahl von Möglichkeiten, Ihr Selbstwertgefühl und Ihren Selbstrespekt aufzubauen und zu bewahren.

Es ist hilfreich, daran zu arbeiten,
- eigene Interessen und Ziele zu entwickeln,
- eigene Bemühungen zu beachten, anstatt nur auf Ergebnisse fokussiert zu sein,
- sich selbst und anderen gegenüber positiv eingestellt zu sein,
- Situationen mit Humor zu betrachten, um sie zu relativieren,

---

3   Das Konzept »Der Mut nicht perfekt zu sein« wurde von R. Dreikurs entwickelt.

- zu erkennen, dass Sie Fehler machen, aber dass die Kinder in Ihrer Obhut dennoch lernen und heranwachsen werden,
- sich daran zu erinnern, dass Sie wertvoll sind so, wie Sie sind, aus dem einfachen Grund, weil Sie ein Mensch sind. Ihr Wert ist nicht abhängig davon, ob Sie den Kindern oder deren Eltern gefallen.

Mit Kindern zu arbeiten ist eine anspruchsvolle Aufgabe. Weder Sie noch die Kinder, die Sie betreuen, werden immer dazu in der Lage sein, ›richtig‹ mit Verhalten und Emotionen umzugehen. Es ist wichtig, sich selbst zu ermutigen. Sie schätzen das, was Sie gut machen. Sie legen den Fokus auf das, was Ihnen hilft, sich selbst gut zu fühlen. Und vor allem arbeiten Sie daran, den Mut zu entwickeln, nicht perfekt zu sein.

Eine mutige Erzieherin
- sieht Herausforderungen statt Probleme,
- erlangt Zufriedenheit dadurch, dass sie ihr Bestes gibt, und nicht durch eine Bewertung von außen oder durch Ergebnisse,
- überlegt, was in einer schwierigen Situation zu tun ist, anstatt sie als hoffnungslos zu erachten,
- akzeptiert, dass sie Fehler macht. Es gibt keine perfekte Erzieherin.
- glaubt daran, dass die Erfolgschancen steigen, wenn sie bei schwierigen Situationen nicht aufgibt.

Eine Erzieherin, die selbst ein starkes Selbstwertgefühl hat, hilft Kindern, ein starkes Selbstwertgefühl zu entwickeln. Kinder, die sehen, dass sich die Erzieherin in ihrer Rolle als Vorbild den Herausforderungen des Lebens mutig stellt, sind besser vorbereitet, den Mut zu entwickeln, dasselbe zu tun.

Um Kinder respektieren zu können, müssen Sie sich auch selbst respektieren. Wenn Sie als Erzieherin ein starkes Selbstwertgefühl haben, helfen Sie Kindern durch Ihr Vorbild, auch ein starkes Selbstwertgefühl zu entwickeln.

Kindern zuhören

Durch unsere Arbeit und unser Spiel mit den Kindern möchten wir sowohl gegenseitigen Respekt als auch Selbstrespekt aufbauen. Eine wichtige Möglichkeit, beides zu entwickeln, besteht darin, zu lernen, den Gefühlen der Kinder aufmerksam zuzuhören.

Wenn Sie sich überwältigt fühlen, ist es höchste Zeit für Selbstermutigung.

Wir sind gute Zuhörer

Für Kinder ist es wichtig, dass wir ihnen oft zuhören. Wenn wir gut zuhören, können wir ihnen helfen, sich ihrer Gefühle bewusst zu werden, sie zu verstehen und zu akzeptieren. Wir helfen ihnen, positive Wege zu finden, mit ihren Gefühlen und Problemen umzugehen. Und wir ermutigen sie, selbst gute Zuhörer zu werden.

Reden ist eine Art, wie Menschen miteinander kommunizieren, aber es ist nicht die einzige. Unsere Körpersprache und die Stimmlage sagen häufig mehr als die Worte, die wir benutzen. Das gilt besonders bei kleinen Kindern. Ihnen fehlen häufig noch die Worte, um ihre Gefühle und Bedürfnisse auszudrücken. Wir müssen auf ihre Körpersprache – ihre Mimik, Gestik und Körperbewegungen – achten, um herauszufinden, was die Kinder uns sagen möchten.

Beispiel
Die achtzehn Monate alte Norma schaut finster drein und schlägt mit den Formen auf das Sortierbrett ein. Sie versucht, die runde Form in die eckige Aussparung zu drücken. Normas Erzieherin geht zu ihr und sagt: »Ich sehe, du bist wütend, weil die Form nicht passt. Lass uns nach einer anderen Lücke suchen, in die die Form hineinpasst.«

Es ist wichtig, uns darüber im Klaren zu sein, was unsere Körpersprache und unsere Stimmlage den Kindern kommunizieren. Unser Verhalten zeigt den Kindern, ob wir sie verstehen und respektieren oder nicht.

BEISPIEL
Der elf Monate alte Mounir hat mehrfach versucht, sich an den Stäben seines Kinderbetts hochzuziehen, um dort zu stehen. Aber er schwankt und fällt immer wieder hin. Beim dritten Versuch stößt er beim Hinfallen mit dem Kopf an einen Stab und fängt an zu weinen. Seine Erzieherin nimmt ihn auf den Arm und sagt: »Ich weiß, das tut weh. Du hast so tapfer versucht, aufzustehen. Es macht keinen Spaß, immer wieder hinzufallen.«

Kinder können möglicherweise nicht klar ausdrücken, was sie verstanden wissen wollen. Was eine Situation für ein Kind bedeutet, erfahren wir normalerweise durch den Ausdruck seiner Gefühle. Das Kind möchte, dass wir diese Bedeutung hören, verstehen und akzeptieren.

Auch wir Erwachsenen möchten, dass unsere Gefühle verstanden werden. Stellen wir uns folgende Situation vor:

BEISPIEL
Das zahme Kaninchen des Nachbarn hat unser über alles geschätztes Blumenbeet zerstört. Wir erzählen unserer Freundin: »Mein ganzes Beet ist ruiniert. Nichts ist übrig geblieben.« Die Freundin sagt: »Nun ja, da kann man jetzt nichts mehr machen. Vergiss es einfach und fang noch mal von vorne an. Außerdem, wenn du denkst, du hättest ein Problem, dann hör dir mal an, was mir gestern passiert ist.«

Die Reaktion der Freundin zeigt, dass sie weiß, dass unser Beet ruiniert ist, dennoch zeigt sie kein Verständnis und nimmt keine Rücksicht auf unsere Gefühle in dieser Situation. Sie zeigt keinen Respekt.

Wir wünschen uns, dass unsere Gefühle gehört, verstanden und akzeptiert werden. Wenn das so ist, glauben wir, dass unsere Gefühle wichtig und der Aufmerksamkeit wert sind. Die Reaktion eines guten Zuhörers zeigt Fürsorge und Empathie. Das regt uns an, ebenfalls Fürsorge und Mitgefühl für die Sorgen anderer zu zeigen. Das Gleiche gilt für Kinder. Auch sie möchten ›richtig‹ gehört werden.

Durch die Art, wie wir zuhören und Gefühle ausdrücken, sind wir Vorbild für die Fähigkeit, gut zuzuhören, die die Kinder entwickeln sollen. Die Arbeit mit kleinen Kindern bietet uns eine Vielzahl von Gelegenheiten, Vorbild für aktives Zuhören zu sein. Erzieherinnen, die mit Säuglingen arbeiten, können von Anfang an effektiv auf die Kommunikationsversuche des Babys antworten. Gute Zuhörer lernen, die Botschaft des Babys seinem Schreien und seiner Körpersprache zu entnehmen. Schreien kann bedeuten, dass das Baby hungrig, müde, nass, gelangweilt, verängstigt oder wütend ist. Wir müssen uns auf die Körpersprache des Babys einstellen. Babys zeigen uns vielleicht, dass sie glücklich sind, indem sie lächeln. Sie zeigen uns möglicherweise, dass sie wütend oder ungeduldig sind, indem sie sich wegdrehen, wenn wir sie anziehen.

Wenn sie älter werden, lernen Babys, welche Signale dazu führen, dass sie hochgenommen werden. Irgendwann nach dem ersten Lebensjahr beginnen die meisten Kinder, sich mit Worten auszudrücken. Später werden aus den Wörtern ganze Sätze. Aber auch dann werden Gedanken und Gefühle der Kinder häufig noch nicht klar mit Worten vermittelt. Die Kinder müssen aber dennoch verstanden werden.

Kleine Kinder finden es besonders schwierig, die Perspektive anderer zu sehen. (Wir erinnern uns daran, dass Kinder unter fünf oder sechs Jahren in der Regel ichbezogen sind.) Aber wenn sie begreifen, dass ihre Gefühle wertgeschätzt werden, beginnen sie schrittweise die Gefühle anderer zu verstehen, ebenso wie die Bedeutung des Zuhörens.

**Ihre Körpersprache und Ihre Tonlage
sagen oft mehr als Ihre Worte.**

Aktiv zuhören

Wir empfehlen, *aktiv zuzuhören*, um Kinder zu ermutigen, sich ihrer eigenen Gefühle bewusst zu werden, ihnen zu vertrauen und sie konstruktiv auszudrücken. Wenn wir aktiv zuhören, *reflektieren* wir wie ein Spiegel die Gefühle, die das Kind ausdrückt. Seine Gefühle widerzuspiegeln hilft dem Kind zunächst, sich verstanden zu fühlen. Mit der Zeit hilft es ihm, die Sprache der Gefühle zu lernen und sie klarer auszudrücken.

Aktiv zuzuhören ist eine Fertigkeit und gleichzeitig eine Haltung – es bedeutet, Kinder wissen zu lassen, dass wir wertschätzen, was sie fühlen und was sie sagen. Aktiv zuzuhören heißt, offen zu sein für die Bedeutung hinter den Worten und der Körpersprache der Kinder. Es heißt, *verstehen wollen* und diese Tatsache den Kindern – durch die Antwort, die wir ihnen geben – klar zu kommunizieren.

Wir hören aktiv zu, indem wir empathisch sind und uns wie folgt verhalten:
1. **Wir stellen Augenkontakt her.** Wir zeigen durch unsere Körperhaltung, dass wir zuhören. Wenn die Augenhöhe des Kindes für uns Hüft- oder Kniehöhe ist, beugen wir uns hinunter oder knien uns hin, so dass wir auf Augenhöhe sind. Wir können das Kind auch hochnehmen oder uns beide setzen.

2. **Wir nehmen das Gefühl wahr und benennen es.** Nachdem wir aufmerksam zugehört haben, fragen wir uns: »Was fühlt das Kind?« Wir raten, um welches Gefühl es sich handeln könnte, und suchen dann nach einem Wort, das das Gefühl beschreibt.

3. **Wir fassen das Gefühl und die Gründe für das Gefühl in Worte.** Wir bilden mit dem Wort für das Gefühl einen Satz in fragender Form, denn wir können nie ganz sicher sein, ob wir die Gefühle oder den Grund für die Gefühle richtig erfasst haben (Siehe Ausdrücke für Gefühle, Seite 83).

Wenn wir aktiv zuhören, benutzen wir folgenden Satzbau, um uns an die neue Art des Sprechens zu gewöhnen:
»Du bist/Du fühlst dich (Gefühl benennen), weil (den Grund für das Gefühl beschreiben)«. Beispiele:
- »Du fühlst dich erleichtert, weil dein Spielzeug wieder gefunden wurde, richtig?«
- »Du bist ganz aufgeregt, weil deine Flasche fertig ist, nicht wahr?«
- »Du bist wütend, weil Jan die Bauklötze genommen hat, ist das richtig?«
- »Du bist durcheinander und es tut dir leid, dass Manuel verletzt wurde, kann das sein?«

Sobald wir uns diese respektvolle Haltung und diese Art, zu sprechen, angeeignet haben, wird es uns leicht fallen, auch frei zu formulieren. Zum Beispiel:
- »Dein Spielzeug ist wieder da! Jetzt bist du aber erleichtert!«
- »Du weißt, dass die Flasche kommt! Das macht dir Freude!«
- »Jan hat deine Bauklötze weggenommen. Bist du deshalb so wütend?«
- »Es tut dir leid, dass Manuel verletzt wurde?«

Gefühle auf diese Art widerzuspiegeln lässt Kinder wissen, dass wir die Gefühle und Gedanken hinter ihren Worten wahrgenommen haben. Wie ein Spiegel reflektieren wir das, was wir gesehen oder gehört haben.

BEISPIELE
Der drei Jahre alte Matthias kommt weinend zu seiner Erzieherin und beklagt sich darüber, dass Jens ihm den Dinosaurier weggenommen hat. Die Erzieherin erwidert: »Du bist wirklich traurig, weil Jens den Dinosaurier genommen hat, nicht wahr?« (Als Nächstes könnte die Erzieherin die beiden Jungen zusammenbringen und vorschlagen, dass sie darüber sprechen. Siehe Kapitel 3 Problemlösung).

Der vierjährige Pablo sagt zur Erzieherin: »Mein Vater ist gemein! Ich darf nie was machen.« Die Erzieherin ist sich nicht sicher, was Pablo meint. Also antwortet sie: »Das klingt, als wärst du wirklich böse auf deinen Papa. Willst du mir erzählen, was passiert ist?«

Wenn die Kinder spüren, dass unser Interesse echt ist, dann werden sie uns korrigieren, wenn wir ihr Gefühl falsch interpretiert haben.

Wenn Erwachsene Kindern aktiv zuhören, erhalten die Kinder Rückmeldung über ihre Gefühle. Die Erzieherin spricht über die Gefühle – sie beschuldigt nicht, sondern zeigt Verständnis. Die Kinder lernen daraus, dass es in Ordnung ist, Gefühle zu empfinden und sie zu zeigen.

> Aktives Zuhören lässt Kinder wissen, dass Sie die Gefühle und Gedanken hinter ihren Worten wahrgenommen haben. Wie ein Spiegel reflektieren Sie das, was Sie gesehen oder gehört haben.

Ausdrücke für Gefühle

Es ist wichtig, sehr früh damit anzufangen, Kindern ein Vokabular beizubringen, mit dem sie Gefühle ausdrücken können. In den ersten zwei Jahren lernen Kinder eine Menge über Sprache. Neben Wörtern für Tasse und Ball müssen sie auch Ausdrücke für Gefühle hören: Wörter wie »glücklich«, »traurig«, »wütend« oder »zornig«. Wenn sie älter werden, können sie genauere Wörter für Gefühle lernen. Durch Ausdrücke für Gefühle wird die Fähigkeit des Kindes entwickelt, sich selbst zu verstehen und zu akzeptieren. Wenn ein Kind die passenden Wörter kennt, kann es über seine und später auch über die Gefühle anderer sprechen.

Wenn Sie als Erzieherin die Gefühle der Kinder reflektieren und dabei die Gefühle mit Wörtern genau benennen, können Kinder lernen, ihre eigenen Gefühle zu erkennen und zu beschreiben.

Manchmal ist es vielleicht auch für Sie eine Herausforderung, Wörter zu finden, um Gefühle zu beschreiben. Es folgen einige Beispiele:

erbost	traurig	großartig	zornig
wütend	ängstlich	besser	glücklich
verwirrt	verschreckt	erfreut	mögen
enttäuscht	leid tun	aufgeregt	besorgt
verängstigt	unfair	froh	zufrieden
hassen	unglücklich	stolz	alleingelassen
verletzen	gut		

(Anmerkung: Wenn Sie das Wort »sauer« benutzen, kommunizieren Sie damit oft, dass Sie nicht verstanden haben, worum es geht. Es ist besser, sich differenzierter auszudrücken.)

Erziehungspartnerschaft mit den Eltern

Bei einem Elternabend bitten Sie die Eltern, verstärkt darauf zu achten, in den Gesprächen mit ihren Kindern Wörter für Gefühle zu benutzen. Vielleicht möchten Sie einige der Wörter aus diesem Kapitel auflisten.

> Aktives Zuhören ist eine Fertigkeit. Es ist auch eine Haltung,
> durch die Sie Kinder wissen lassen, dass Sie ihre Gefühle und
> ihre Worte respektieren.

Wann ist aktives Zuhören angebracht?

- Aktiv zuzuhören kann hilfreich sein, wenn ein Kind starke Emotionen zeigt. Das Kind setzt möglicherweise Körpersprache ein (schreit, schlägt, macht sich steif, lacht, umarmt) oder benutzt verletzende Worte (»Ich hasse dich! Ich will nach Hause!«).

- Aktives Zuhören ist auch angebracht, wenn Emotionen nicht offen gezeigt werden, wir jedoch die Gefühle des Kindes unter der Oberfläche wahrnehmen.

  BEISPIEL
  Es ist der erste Tag der vierjährigen Leah im Kindergarten. Sie steht bei ihrer Mutter und zögert, den Gruppenraum zu betreten. Wir haben das Gefühl, dass sie Angst hat. Wir kommen näher und sagen: »Du siehst ängstlich aus. Vielleicht weil du dich hier noch gar nicht auskennst und alles neu ist?« Leah nickt. Wir bieten ihr an, dass sie zunächst einmal mit ihrer Mutter gemeinsam den Raum betritt und sich einen Platz aussucht, von dem aus sie sich alles genau anschauen kann. Leah nickt und lächelt die Erzieherin an. Sie geht mit ihrer Mutter in den Raum und beobachtet die anderen Kinder eine Zeit lang. Nach einer Weile kommt sie von sich aus auf die Erzieherin zu und fragt sie, wie die Kinder heißen, die auf dem Podest spielen.

- Wenn wir einem Kind eine Bitte verweigern müssen, können wir dem »Nein« mit aktivem Zuhören die Härte nehmen. »Du bist jetzt wütend, weil ich dir nicht weiter aus dem Buch vorlese, aber jetzt ist es Zeit für unser Musikprojekt.« Wir lassen uns nicht in einen Streit hineinziehen: »Ich weiß, dass du zornig bist, aber die Antwort ist immer noch ›Nein‹. Ich kümmere mich jetzt um die Kinder, die bei unserem Musikprojekt mitarbeiten.«

- Die Gefühle der Kinder müssen verstanden und respektiert werden. Dennoch wollen wir als Erzieherin verbalen Missbrauch nicht akzeptieren. Wenn ein Kind uns beschimpft, dann nehmen wir seine Wut wahr, aber wir zeigen ihm auch, dass wir die Beleidigung nicht akzeptieren: »Ich kann hören, dass du sehr wütend auf mich bist. Das ist in Ordnung. Du kannst sagen: ›Ich bin wütend auf dich, Frau Fehling.‹ Aber ich höre dir nicht zu, wenn du mich beschimpfst.« Sobald wir unsere Grenzen aufgezeigt haben, ignorieren wir weitere Beschimpfungen. Wenn das Kind dennoch nicht aufhört, schenken wir unsere Aufmerksamkeit anderen Kindern.

- Aktives Zuhören ist nicht immer notwendig. Meistens sind die Aussagen der Kinder klar und einfach. Wenn ein Kind einfach sagt: »Ich möchte mit den Bauklötzen spielen«, enthalten diese Worte normalerweise keine verborgene Bedeutung.

- Es ist natürlich für kleine Kinder, zu denken, dass sie das Zentrum der Welt sind, und zu erwarten, dass man ihnen ständig zuhört. Das ist aber weder möglich noch wünschenswert. Wir haben viele Kinder, um die wir uns kümmern müssen – wir können nicht einem Kind dauernd unsere gesamte Aufmerksamkeit widmen. Es ist eine Herausforderung, Kindern zu zeigen, dass wir hören möchten, was sie zu sagen haben, dass aber gleichzeitig unsere Zeit, zuzuhören, begrenzt ist. Wenn wir im Moment keine Zeit haben, zuzuhören, sagen wir das dem Kind. Wir sagen ihm auch, dass es zu einem späteren Zeitpunkt mit uns sprechen kann.

  BEISPIEL
  »Ich weiß, du bist ganz aufgeregt wegen deines Bildes. Wenn Georg und Sabine mir ihre Geschichte erzählt haben, höre ich gerne zu, was du mir über dein Bild erzählen möchtest.«

Wann fangen wir mit dem aktiven Zuhören an?

Die Erfahrung zeigt, dass es Sinn macht, bereits kleinen Babys aktiv zuzuhören. Sehr kleine Kinder verstehen die Bedeutung der Wörter noch nicht, aber sie verstehen die respektvolle und ermutigende Haltung, die mit unserer Stimme, Gestik und Mimik einhergeht.
- »Wie ich sehe, magst du den Teddybären.«
- »Oh, du greifst nach der Rassel.«
- »Wenn du deinen Mund öffnest, geht der Brei leichter rein. Dann bist du nicht verärgert und wirst auch nicht mehr hungrig sein. ... Na, siehst du ...«

Aktiv zuzuhören hilft, eine Atmosphäre des gegenseitigen Respekts zwischen Erzieherin und Babys bzw. Kleinkindern zu etablieren. Zusammen mit Ver-

Babys verstehen nicht jedes einzelne Wort, aber sie spüren
Ihr Interesse und Ihre Fürsorge.

ständnis und Respekt für andere ist dies ein wichtiger erster Schritt beim Aufbau des Selbstwertgefühls.

Herausforderungen im Alltag

Baby: Der acht Monate alte Max scheint von den Erzieherinnen oder den älteren Kindern zu erwarten, dass sie ihm das Spielzeug bringen, das er möchte, anstatt hinzukrabbeln, um es selbst zu holen. Obwohl Max krabbeln kann, liegt er oft auf dem Bauch und schreit, wenn er sich nach einem Ball oder einer Rassel streckt. Um des Friedens willen gibt Frau Franz, die Erzieherin, ihm das Spielzeug, nach dem er schreit. Das hilft aber nur für eine Zeit, weil er bald darauf wieder nach etwas schreit, das sich nicht in seiner Reichweite befindet.

1. Welches Ziel könnte das Kind mit seinem Geschrei verfolgen?
2. Auf welche Weise ist Frau Franz' Reaktion auf Max' Verhalten für ihn entmutigend? Sollte sie Max eine Chance geben, zu krabbeln und das Spielzeug, das er möchte, selbst zu holen?
3. Wie könnte Frau Franz aktiv zuhören und ermutigen, um Max zu helfen, das Spielzeug selbst zu holen?

Kleinkind: Obwohl die zweieinhalbjährige Emma bisher gerne in den Kindergarten gekommen ist, schreit sie in letzter Zeit und klammert sich an ihren Vater, wenn er sie am Morgen in die Einrichtung bringt. Sie schreit so herzzerreißend, dass Emmas Vater und die Erzieherin ihr eines Morgens eine Belohnung versprechen, um sie vom Weggehen des Vaters abzulenken. Der Vater sagt zu Emma: »Emma, ich verspreche dir, ich bringe dir heute nach der Arbeit eine Kinderschokolade mit, wenn du jetzt nicht weinst. Und ich wette, Frau Napoli liest dir aus deinem Lieblingsheft vor, sobald ich weg bin.« Frau Napoli stimmt zu und Emma rennt weg, um das Buch zu holen. Da die Praktikantin aber noch nicht da ist und der Tee für das Frühstück noch gekocht werden muss, sagt Frau Napoli zu Emma, dass es noch etwas dauern wird, bis sie ihr die Geschichte vorlesen kann. Emma schreit: »Du sollst jetzt lesen! Ich will zu meinem Papa! Ich will meine Schokolade!« Sie beginnt zu weinen und ist untröstlich. Frau Napoli ist wütend und gestresst. Während sie an diesem Morgen das Frühstück verteilt und die anderen Kinder und Eltern begrüßt, beißt sie die Zähne zusammen und schleppt die schreiende Emma auf ihrem Arm herum.

1. Zeigt Emma Fehlverhalten? Wenn ja, was könnte das Ziel sein? Inwiefern wird Emma durch ihren Vater und Frau Napoli entmutigt?
2. Wie könnte Frau Napoli jetzt aktiv zuhören, um Emma zu zeigen, dass ihre Gefühle verstanden werden?
3. Überlegen Sie, wie Frau Napoli in Zukunft morgens anders reagieren könnte, um Emma zu ermutigen und ihr den Übergang zu erleichtern.

Kindergartenkind: Den ganzen Tag schon fordert der vierjährige Tobias laut und manchmal aggressiv die Aufmerksamkeit des Erziehers ein. Im Stuhlkreis unterbricht er die Runde, um über sich selbst zu sprechen. Er meldet sich und wedelt dabei heftig mit dem Arm, damit er drangenommen wird. In der Nestschaukel schreit er nach dem Erzieher, damit er schaut, was Tobias tut, und ihm Anschwung gibt. Zur mittäglichen Schlafenszeit ruft er den Erzieher immer wieder zu seinem Bett. Als der Erzieher mit einem anderen Kind über dessen Bild spricht, schubst Tobias das Kind zu Seite, um sich neben den Erzieher zu stellen und zu sagen: »Mein Bild gefällt dir besser, nicht wahr?« Baut der Erzieher mit einer Gruppe einen Turm aus Bauklötzen, drängt Tobias sich dazwischen und sagt: »Hast du schon den Turm gesehen, den ich gebaut habe?«

1. Welches Ziel könnte Tobias mit seinem Fehlverhalten verfolgen? Wie könnte der Erzieher anders reagieren?
2. Wie könnte der Erzieher Tobias ermutigen, damit er sich besser fühlt und sein Verhalten ändert?

Tabelle 2: Ermutigung im Gegensatz zu Druck

Alter des Kindes	Ermutigung	Druck
Baby	Dem Baby die Möglichkeit geben, die Umgebung in seiner eigenen Geschwindigkeit zu erkunden.	Das Baby überstimulieren. Das Baby zwingen, in der Nähe von Tieren zu sein, wenn es Angst hat.
	Dem Baby altersgerechtes Spielzeug geben.	Dem Baby Spielzeug geben, das nicht für sein Alter oder seine Fähigkeiten geeignet ist.
	Dem Baby zugestehen, sich körperlich in seinem eigenen Tempo zu entwickeln.	Das Baby zum Sitzen, Krabbeln, Stehen oder Laufen zwingen, bevor es körperlich dazu in der Lage ist.
	Dem Baby helfen, von der Flasche wegzukommen, sobald es Interesse daran zeigt, eine Tasse/einen Becher zu benutzen.	Das Baby zwingen, die Flasche aufzugeben, bevor es dazu bereit ist.
Kleinkind	Das Kleinkind unterstützen, das Sauberkeitstraining aufzunehmen, wenn es Interesse und die körperliche Fähigkeit zeigt, seine Körperfunktionen zu kontrollieren.	Das Kleinkind zwingen, das Töpfchen zu benutzen oder mit dem Sauberkeitstraining zu beginnen, bevor es Interesse zeigt oder körperlich dazu in der Lage ist.
	Dem Kleinkind dabei helfen, sich von Schnuller oder Schmusedecke zu trennen, wenn es bereit dazu ist (Interesse daran zeigt).	Schnuller oder Schmusedecke entfernen, wenn das Kleinkind noch emotional stark davon abhängig ist.
	Das Kleinkind unterstützen, angebrachtes Verhalten zu zeigen, z.B. bei Tisch das Kind beim Versuch unterstützen, mit Messer und Gabel zu essen.	Verlangen, dass das Kleinkind sich reifer verhält, als es in diesem Alter möglich ist.
Kindergartenkind	Das Kind zum Erlernen altersgerechter Fertigkeiten ermutigen.	Fertigkeiten und Wissenskonzepte vermitteln, die nicht dem Alter des Kindes entsprechen (es überfordern).
	Raum geben für kreative und spontane Spiele.	Rigide, strenge Regeln für das Spiel aufstellen.
	Dem Kind Mut machen und die Angst davor nehmen, Fehler zu machen. Risikobereitschaft – den Mut, Neues auszuprobieren – unterstützen.	Perfektion erwarten oder dass etwas unbedingt »richtig« gemacht wird. Bemühungen unterbinden, die nicht perfekt ausgeführt werden.

STEP in der Praxis

Üben Sie in dieser Woche, die Kinder in Ihrer Gruppe zu ermutigen. Beginnen Sie mit einem oder zwei Kindern.

Denken Sie daran, dass Ermutigung bedeutet,

- Bemühungen und Stärken zu erkennen und zu benennen,
- Vertrauen zu zeigen,
- respektvoll zu kommunizieren.

Bitte beachten Sie

Die Fertigkeiten, die wir in diesem Buch präsentieren, zeigen unserer Erfahrung nach in den meisten Fällen Wirkung. Wenn Sie STEP (Fertigkeiten und Haltung) im Alltag umsetzen, stellen Sie folgende Überlegungen an:

- Inwiefern trägt die Umgebung des Kindes in Ihrer Einrichtung – Aktivitäten, Ausstattung, Material und Tagesablauf – zum störenden Verhalten bei?
- Welche Ihrer persönlichen Ressourcen tragen zur Lösung von Problemen bei? Dazu gehören Eigenschaften oder Stärken wie Sinn für Humor, die Fähigkeit, Abstand zu nehmen und die Perspektive zu wechseln, Erfahrung oder Geschick in der Lösung von Problemen, Geduld, Achtsamkeit oder eine gute Wahrnehmung.
- Inwiefern tragen Sie selbst zu Konflikten bei, beispielsweise indem Sie leicht zu ärgern sind, zu viel reden, zu viel fordern, ständig die Kontrolle haben müssen, perfekt sein oder gefallen wollen?

Zusammenfassung

1. Von Geburt an entwickeln Kinder Wertvorstellungen und Überzeugungen hinsichtlich ihres Selbstwerts.
2. Ermutigung hilft Kindern, ein Selbstwertgefühl zu entwickeln.
3. Begegnen Sie Kindern mit Respekt und sie werden lernen, anderen Respekt entgegenzubringen.
4. Ermutigung macht es Kindern möglich, selbst zu entscheiden, ob sie mit dem, was sie tun, zufrieden sind. Ermutigung erfordert weder Perfektion noch den Vergleich mit den Leistungen anderer.
5. Lob und Ermutigung sind *nicht* dasselbe. Durch Lob wird ein Kind belohnt. Das Kind fühlt sich nur akzeptiert und wertgeschätzt, wenn es eine Leistung erbracht und damit das Lob verdient hat. Ermutigung ist ein Geschenk. Sie stärkt das Selbstwertgefühl eines Kindes und macht es ihm möglich, sich selbst zu akzeptieren und wertzuschätzen.
6. Machen Sie es zu Ihrem Anliegen, dass die Kinder in Ihrer Obhut *das Lernen lernen,* anstatt zu lernen, dass etwas unbedingt perfekt auszuführen ist.
7. Setzen Sie Kinder nicht *unter Druck. Ermutigen* Sie sie, indem Sie ihnen angemessene Ziele setzen, ihre Bemühungen akzeptieren und ihre Verbesserungen anerkennen.
8. Wenn wir Erfolge loben, ist es für den Entwicklungsprozess des Kindes vorteilhaft, Lob *und* Ermutigung zusammen auszusprechen, um so die Selbstmotivation des Kindes zu stärken.
9. Einige Richtlinien, durch die Sie Kinder zum Lernen ermutigen, ohne dass Sie loben oder Druck ausüben:
   - Schaffen Sie eine der Entwicklungsstufe angepasste Umgebung, die den Kindern Mut macht, Lernerfahrungen zu sammeln.
   - Unterstützen Sie die Interessen eines jeden Kindes.
   - Reduzieren Sie den Vergleich und den Wettstreit der Kinder untereinander.
   - Stellen Sie offene Fragen.
   - Bemerken und benennen Sie jede noch so kleine Bemühung.
   - Ermöglichen Sie den Kindern, Spaß beim Lernen zu haben.
   - Helfen Sie den Kindern, in herausfordernden Situationen alternative Lösungswege zu sehen.
10. Erzieherinnen sind Vorbilder für Kinder. Sowohl Erwachsene als auch Kinder müssen den Mut entwickeln, nicht perfekt zu sein.
11. Eine Erzieherin, die selbst ein starkes Selbstwertgefühl zeigt, hilft Kindern, ein starkes Selbstwertgefühl und den Mut zu entwickeln, sich den Herausforderungen des Lebens zu stellen.
12. Alle Menschen kommunizieren mit Worten und durch ihre Körpersprache. Kleine Kinder benutzen Körpersprache, lange bevor sie sprechen können.

Sie können die Gefühle der Kinder in ihren Gesichtern, ihrer Mimik und Gestik oder aus ihrem Verhalten ablesen.

13. Sie können aktiv zuhören, um zu zeigen, dass Sie die Bedeutung verstanden haben, die hinter den kindlichen Worten liegt. Wie ein Spiegel reflektieren Sie, was das Kind gesagt hat.

14. Benutzen Sie folgende Satzstruktur, um zu lernen, aktiv zuzuhören:
   - »Du bist/Du fühlst (*Gefühl benennen*), weil (*den Grund für das Gefühl beschreiben*).
   - »Du bist ganz aufgeregt, weil es schneit, nicht wahr?«

15. Kinder müssen Wörter für ihre Gefühle von Erwachsenen hören und lernen.

16. Aktiv zuzuhören ist hilfreich, wenn ein Kind Emotionen ausdrückt oder wenn Sie glauben, dass ein Kind Gefühle empfindet, die es nicht zeigt.

NUR FÜR SIE

Was ist Ihre Priorität im Leben?

Bereits in der frühen Kindheit beginnen wir, Wertvorstellungen und Überzeugungen darüber zu entwickeln, wer wir sind, wer andere sind, was wichtig ist im Leben und wie wir dazugehören. Nach Alfred Adler, einem Pionier in der Persönlichkeitstheorie, wird unser Lebensstil durch diese Wertvorstellungen geprägt und durch die Art, wie wir sie umsetzen.

Alle Menschen wollen dazugehören. Wie sie das erreichen, hängt von ihren Prioritäten (Persönlichkeitsmerkmalen) ab – jenen Dingen, die für den jeweiligen Menschen am wichtigsten sind. Obwohl jeder Mensch einzigartig ist, gibt es fünf Prioritäten, die beschreiben, wie sie bevorzugt mit ihrer Umwelt interagieren:

- Kontrolle,
- Perfektionismus,
- gefallen wollen,
- Opfer sein,
- Märtyrer sein.

Dem Verhalten der meisten Menschen liegt eine oder liegen zwei dieser Prioritäten zugrunde. Sie agieren aufgrund dieser Prioritäten mit den besten Absichten und gehen so in einer für sie typischen Art und Weise mit Situationen um. Im Folgenden betrachten wir die Prioritäten im Hinblick auf die Arbeit von Erzieherinnen.

Um Ihre eigenen Prioritäten herauszufinden, machen Sie diesen einfachen Test: *Welche der folgenden Situationen möchten Sie am meisten vermeiden?* Schreiben Sie eine ›1‹ davor. Schreiben Sie eine ›2‹ vor die zweitwichtigste und eine ›3‹ bzw. ›4‹ oder ›5‹ vor die anderen.

A _____   Ich möchte vermeiden, in Verlegenheit gebracht bzw. bloßgestellt zu werden.

B _____   Ich möchte vermeiden, verantwortlich gemacht zu werden und die Schuld zugewiesen zu bekommen.

C _____   Ich möchte vermeiden, abgelehnt oder kritisiert zu werden.

D _____   Ich möchte vermeiden, falsch zu liegen und bedeutungslos zu sein.

E _____   Ich möchte vermeiden, überlastet zu sein und für mein eigenes Verhalten zur Verantwortung gezogen zu werden.

A. Wenn Sie hier eine ›1‹ eingetragen haben, dann ist das Ziel, *Situationen unter Kontrolle zu haben, sich durchzusetzen,* wahrscheinlich Ihre höchste Priorität. Sie möchten nicht von jemand anderem kontrolliert werden.

B. Wenn Sie hier Ihre ›1‹ eingetragen haben, dann ist *Opfer zu sein* wahrscheinlich Ihre höchste Priorität. Sie möchten, dass andere die Verantwortung übernehmen und Sie nicht schuld sind, wenn etwas schiefgeht.

C. Wenn Sie hier Ihre ›1‹ eingetragen haben, dann ist wahrscheinlich *anderen gefallen wollen* Ihre höchste Priorität. Sie möchten es allen recht machen und von anderen gemocht werden.

D. Wenn Sie hier Ihre ›1‹ eingetragen haben, dann ist *Perfektionismus* wahrscheinlich Ihre höchste Priorität. Sie möchten immer in Bestform sein und Ihrem Leben Bedeutung verleihen.

E. Wenn Sie hier Ihre ›1‹ eingetragen haben, dann ist *Märtyrer zu sein* wahrscheinlich Ihre höchste Priorität. Sie möchten, dass die anderen erkennen, dass Sie von vielen Aufgaben überbelastet sind. Sie beklagen sich über Ihr Leid und möchten, dass die anderen die Verantwortung für Ihr Verhalten übernehmen.

In der Tabelle S. 93 f. erfahren Sie, wie Ihre Prioritäten Sie selbst, Ihren Erziehungsstil bzw. die Kinder in Ihrer Obhut beeinflussen können. Beantworten Sie folgende Fragen:

■ Wie beeinflussen Ihre Prioritäten Ihre Einstellung zu Ihrer Arbeit als Erzieherin?

■ Wie beeinflussen Ihre Prioritäten Ihre Beziehungen zu Ihren Kolleg/innen? Wie beeinflussen sie Ihre privaten Beziehungen?

■ Wie kann Ihnen Ihr Wissen über Prioritäten helfen, Ihre Beziehungen zu Kindern, Kolleg/innen, Freund/innen und Familie effektiver zu gestalten?

In Kapitel 6 geht es um Ihre Prioritäten in Bezug auf die Elternarbeit.

Prioritäten (Persönlichkeitsmerkmale)[4]

	Kontrolle	Perfektionismus	gefallen wollen	Opfer sein	Märtyrer sein
Wertvorstellung dieser Person	»Ich muss die Kontrolle über mich und andere haben und mich durchsetzen.«	»Ich habe die Kontrolle über mich und andere, wenn ich ›perfekt‹ bin. Ich muss immer in Bestform sein.«	»Ich muss den anderen um jeden Preis gefallen.«	»Ich bin nicht dafür verantwortlich.«	»Ich bin überlastet. Die Menschen erwarten zu viel von mir.«
Vorteile	Ist entscheidungsfreudig. Löst Probleme, ist organisiert.	Kompetent und fähig. Stellt hohe Anforderungen, ist ergebnisorientiert. Legt übermäßigen Wert auf Details, plant sorgfältig, strebt nach Verbesserung und vermeidet Fehler.	Andere erkennen die Fürsorglichkeit dieser Person an. Wird in der Regel geliebt und akzeptiert. Ist empathisch, kompromissbereit, einfühlsam, arbeitet gerne im Team.	Wird oft von anderen bedient, weil sie Mitleid empfinden. Tendiert dazu, Unfähigkeit unter Beweis zu stellen und nicht zu tun, was notwendig wäre. Wird häufig entschuldigt. Nutzt Entmutigung dazu, sich von anderen bedienen zu lassen.	Wird von Menschen um ihn herum als verantwortungsbewusst wahrgenommen.
Nachteile	Macht ist dieser Person wichtig. Fordert andere heraus. Geht nicht auf Gefühle ein. Hat eine Tendenz zur Selbstzentriertheit.	Das Streben nach Perfektionismus beeinflusst andere dahingehend, dass sie zu viel Nähe vermeiden. Ist nicht bereit, Fehler zu riskieren. Setzt sich unerreichbare/zu hohe Ziele. Hat Angst vor Spontaneität. Ist besessen davon, recht zu haben.	Hat Schwierigkeiten, »Nein« zu sagen. Tendiert dazu, Verständnis und Mitleid zu wecken. Fordert zuweilen Bestätigung ein. Wird übervorteilt, hat ein geringes Selbstwertgefühl und versucht, es allen recht zu machen.	Menschen tendieren dazu, das Opfer zu meiden. Das Opfer hat ein geringes Selbstwertgefühl und wenig Respekt vor sich selbst.	Beklagt sich ständig darüber, zu leiden. Beschuldigt andere und glaubt, dass immer jemand anders schuld ist.

4   nach Dinkmeyer Sr., D. [7] und [8]; nähere Erläuterungen dazu in Kapitel 6.

	Kontrolle	Perfektionismus	gefallen wollen	Opfer sein	Märtyrer sein
Wie andere Menschen darauf reagieren	Andere tendieren dazu, sich herausgefordert und zum Widerstand aufgerufen zu fühlen. Sie wollen sich der Kontrolle widersetzen.	Andere empfinden, dass sie nicht so gut sind, wie sie sein sollten. Sie fühlen sich minderwertig, erfüllen nicht die Erwartungen.	Andere fühlen sich erst gut, aber später stört sie das ständige Verlangen nach Bestätigung.	Andere tendieren dazu, es müde zu sein, die ständigen Geschichten des Opfers darüber zu hören, wie es ausgenutzt wurde.	Andere vermeiden den Märtyrer, weil sein Jammern sie ermüdet.
Der Preis, den Sie zahlen	Tendenz, von anderen gemieden zu werden. Andere halten Distanz.	In der Regel sehr verantwortungsbewusst und immer voll involviert. Fühlt sich deshalb ausgenutzt und überfordert.	Reduzierte Möglichkeit, als Person zu wachsen. Fühlt sich oft nicht als Teil der Gruppe. Tendiert dazu, seine Bedürfnisse hintenanzustellen und fühlt sich weniger zufrieden.	Reduziertes Selbstwertgefühl, weniger Mut. Fehlendes Selbstvertrauen.	Ist aus der Gruppe ausgeschlossen. Wird gemieden, weil er immer dasselbe erzählt.
Was Sie vermeiden wollen	Vermeidet das Unerwartete, etwas außer Kontrolle geraten zu lassen, in Verlegenheit zu geraten und bloßgestellt zu werden.	Strebt danach, Fehler zu vermeiden, arbeitet daran, perfekt zu sein. Fürchtet die Bedeutungslosigkeit.	Ablehnung um jeden Preis vermeiden. Es ist wichtig, Bestätigung zu erhalten.	Möchte vermeiden, für das eigene Leben und die Beziehungen Verantwortung zu übernehmen.	Möchte vermeiden, für eigenes Verhalten zur Verantwortung gezogen zu werden.

Die Fähigkeit der Kinder stärken, Probleme zu lösen

In Kapitel 3 lernen wir:

- Ich-Aussagen bieten eine Möglichkeit, Gefühle auszudrücken, ohne Vorwürfe zu machen.

- Wir finden zuerst heraus, wessen Problem es ist.

- Für einige ihrer Probleme können Kinder selbst verantwortlich sein.

- Alternativen erforschen ist eine Strategie, um Probleme zu lösen, für die entweder die Erzieherin oder die Kinder verantwortlich sind.

Durch die Art, wie wir mit Kindern kommunizieren, vermitteln wir ihnen, was gegenseitiger Respekt bedeutet. Wir möchten unsere Gefühle mitteilen, ohne das Kind zu beschuldigen oder zu bewerten. Das ist besonders wichtig, wenn wir Problemen mit Kindern gegenüberstehen und nach Lösungen suchen, ohne die Kinder dabei zu entmutigen. In diesem Kapitel betrachten wir Möglichkeiten, respektvoll und ermutigend mit Kindern zu sprechen, Fehlverhalten vorzubeugen und Probleme mit ihnen gemeinsam zu lösen.

Wir lassen Kinder wissen, wie wir uns fühlen: Du-Aussagen und Ich-Aussagen

Wenn wir wollen, dass Kinder an unseren Gefühlen und Wertvorstellungen Anteil nehmen, ist es von Bedeutung, *mit* den Kindern zu sprechen und nicht *zu* ihnen. Es gibt zwei Arten von Botschaften, die wir unseren Kindern senden können: Du- oder Ich-Aussagen[1].

Mit Du-Aussagen beziehen wir uns – meist auf anklagende bzw. bewertende Weise – auf das Kind:
- »Du hörst jetzt auf damit!«
- »Du schreist zu viel.«
- »Diesmal bist du zu weit gegangen.«
- »Du bist unerträglich!«

Du-Aussagen setzen Kinder herab. Sie werden von ihnen als Anklage, Schelte oder Nörgeln wahrgenommen. Durch sie werden Kinder attackiert, beleidigt oder abgewertet. Wenn Kinder Fehlverhalten zeigen, benutzen Erwachsene Du-Aussagen häufig aus Frustration oder um schnell zu einem Ergebnis zu kommen. Es ist allerdings wahrscheinlich, dass Kinder, die oft mit Du-Aussagen konfrontiert werden, anfangen, sich wertlos zu fühlen, sich dagegen zu wehren oder nicht mehr zuhören. Du-Aussagen fördern nicht die Kooperation und können zu einem niedrigen Selbstwertgefühl beitragen.

Eine effektivere, respektvolle Art, Gefühle mitzuteilen, bieten Ich-Aussagen. Ich-Aussagen beschreiben, wie wir uns fühlen, wenn das Verhalten eines Kindes unsere Rechte oder die anderer Kinder tangiert. Der Fokus liegt bei uns und nicht beim Kind. Mit Ich-Aussagen stempeln wir nicht ab und beschuldigen nicht. Wir teilen einfach mit, wie wir uns fühlen.

Mit einer Ich-Aussage können wir unsere Gefühle respektvoll ausdrücken.
1. Wir beschreiben klar und deutlich, welches Verhalten zu unserem Gefühl geführt hat.

1   Gordon, T. [45]

2. Wir verleihen unserem Gefühl Ausdruck.
3. Wir erklären, welche Folgen das Verhalten des Kindes für uns hat.

Die drei Teile einer Ich-Aussage

Genau wie beim aktiven Zuhören gibt es auch eine Satzstruktur für Ich-Aussagen. Um zu lernen, Ich-Aussagen zu formulieren, stellen wir den Satz aus folgenden drei Teilen zusammen:

1. *Wenn*   »Wenn ich sehe, dass du Jonas schlägst ...
2. *bin ich/fühle ich mich*   bin ich besorgt/mache ich mir Sorgen, ...
   (oder sinngemäß)
3. *weil*   weil er verletzt werden könnte.«

- »Wenn ich sehe, dass die Wände mit Farbe beschmiert sind, bin ich aufgebracht, weil es schwierig ist, die Farbe zu entfernen.«
- »Wenn ich dich so schluchzen höre, bin ich ganz durcheinander, weil ich nicht verstehen kann, was du mir sagen möchtest.«

Ich-Aussagen ermöglichen es Ihnen, Ihre Gefühle auszudrücken
und dabei ruhig zu bleiben

Ich-Aussagen helfen Kindern, zu verstehen, wie ihre Handlungen von anderen wahrgenommen werden. Indem wir Ich-Aussagen benutzen, zeigen wir, wie wichtig es ist, Gefühle auf konstruktive Art mitzuteilen.

Auf diese Weise helfen wir Kindern, zu lernen, ihre eigenen Gefühle respektvoll mitzuteilen.

> BEISPIEL
> Der vierjährige Pedro weigert sich, die Murmeln für die Murmelbahn mit der gleichaltrigen Özlem zu teilen. Der Erzieher reagiert darauf mit einer Ich-Aussage: »Pedro, wenn du Özlem nicht auch mit der Murmelbahn spielen lässt, fühle ich mich gestört, weil ihr durch euren Streit ständig die Geschichte unterbrecht, die ich Tony und Isabel vorlese. Und Özlem scheint gekränkt zu sein, weil du ihr keine der Murmeln abgeben möchtest.«

Mit dieser Ich-Aussage ist das Problem vielleicht behoben, vielleicht aber auch nicht. In jedem Fall aber erhält Pedro die Information, wie sich sein Verhalten auf vier weitere Personen auswirkt. Weil er mit Respekt behandelt wird, nimmt Pedros Respekt vor sich selbst keinen Schaden. Er dürfte dadurch besser in der Lage sein, sich auf die Lösung des Problems zu konzentrieren.

Bei einer Ich-Aussage liegt der Fokus bei Ihnen – nicht beim Kind. Mit Ich-Aussagen plakatieren Sie nicht und machen keine Vorwürfe. Sie teilen einfach mit, wie Sie sich fühlen.

Wir vermeiden zornige Ich-Aussagen

Es ist entscheidend, dass wir feindselige Gefühle aus unseren Ich-Aussagen heraushalten. Zorn ist oft das Ergebnis anderer Gefühle, und zwar solcher, die wir nicht ausdrücken. Wenn wir aber auf zornige oder grobe Weise mit Kindern sprechen, ist es sehr schwierig für sie, nicht zu denken, dass sie der Grund für unseren Zorn sind.

> BEISPIEL
> Leonie versucht Julius ganz oben vom Klettergerüst herunterzustoßen, was dazu führt, dass Julius in Panik um Hilfe ruft. Auf unserem Weg zum Klettergerüst schreien wir möglicherweise voller Wut: »Leonie, hör auf damit ... SOFORT!« Danach erklären wir Leonie, wie sie und andere fallen und sich verletzen können, wenn sie sich auf dem Klettergerüst streiten.

Wenn wir uns anschauen, was zu unserem Zorn geführt hat, finden wir wahrscheinlich heraus, dass es Angst war: Wir hatten Angst, dass Leonie sich oder andere verletzen könnte. Sobald uns bewusst wird, dass unsere Angst in Zorn umschlagen kann, können wir anders mit der Situation umgehen. Wir können Leonies aggressives Verhalten einfach stoppen, indem wir ihren Namen rufen, um sie abzulenken und vom Klettergerüst herunterzubringen. Dann drücken wir unsere Angst durch eine Ich-Aussage aus: »Ich bekomme Angst, wenn Kinder auf dem Klettergerüst einander schubsen. Jemand könnte herunterfallen und sich verletzen. Es ist wichtig, dass ihr so auf dem Gerüst spielt, dass euch nichts passieren kann.«

In gefährlichen Situationen wie dieser können wir nicht davon ausgehen, dass ein Kind die Sicherheitsregeln gelernt hat. Sicherheitsregeln müssen für Kinder klar ausgedrückt, wiederholt und immer wieder verfestigt werden. In einer Situation wie dieser hilft es, wenn wir uns die Zeit nehmen, uns hinzuknien oder hinzusetzen, um mit dem Kind auf einer Ebene zu sein. Wir halten Augenkontakt, während wir besprechen, was passiert ist, und unsere Sorge um das Kind ausdrücken.

Wir helfen dem Kind, sich sicher zu fühlen, indem wir die Regel – auf Augenhöhe – klar und deutlich formulieren, das Kind vielleicht danach umarmen oder ihm freundlich auf die Schulter klopfen.

Natürlich werden kleine Kinder das Problem nicht notwendigerweise aus unserer Sicht sehen. Nichtsdestotrotz zeigen wir mit den Ich-Aussagen, dass wir das unerlaubte Verhalten nicht akzeptieren, aber dennoch die Kinder schätzen und anerkennen und mit dem Problem umgehen, ohne zu schreien, anzuklagen oder zu drohen. Kinder, die oft hören, wie mit Ich-Aussagen Probleme angesprochen werden, dürften – wenn sie älter werden – die Rechte und Gefühle anderer besser respektieren.

Kleine Kinder sehen das Problem nicht notwendigerweise aus Ihrer Sicht.

Machen Sie auch freundliche Ich-Aussagen!

Freundliche Ich-Aussagen sind eine wirkungsvolle Möglichkeit, Kindern positive Aufmerksamkeit und Ermutigung zuteil werden zu lassen.

- »Ich freue mich, wenn ich sehe, dass ihr die Spielsachen und das Material, das ihr benutzt habt, wieder zurücklegt. So können wir die Sachen leicht wiederfinden, wenn wir sie brauchen.«
- »Ich mag dein Lächeln sehr.«
- »Unsere Vorlesezeit hat mir heute wirklich Spaß gemacht. Alle haben mitgemacht und zugehört.«
- »Ich höre dein Brabbeln gerne – so weiß ich, dass du heute wirklich ein fröhliches Baby bist.«

Wir haben realistische Erwartungen

Ich-Aussagen bieten die Möglichkeit, zu kommunizieren und anzuleiten – ohne zu kontrollieren. Vielleicht stellen die Kinder ein unangemessenes Verhalten ein, weil sie sich verstanden fühlen oder weil sie uns verstehen. Vielleicht aber auch nicht.

Genau wie das aktive Zuhören verbessern Ich-Aussagen die Kommunikation. In vielen Situationen können sie einen Einfluss auf das Verhalten des Kindes haben. Ich-Aussagen garantieren kein besseres Verhalten, aber sie zeigen dem Kind, dass es uns wichtig genug ist, dass wir ihm mit Respekt zuhören und respektvoll mit ihm sprechen.

Wir fangen früh an, Ich-Aussagen zu benutzen

Ich-Aussagen können wir schon im Umgang mit den kleinsten Kindern benutzen. Babys verstehen zwar die Bedeutung der Wörter nicht, aber sie verstehen die Anteilnahme und die respektvolle Haltung, die wir durch unsere Stimme, unsere Gestik und Mimik zeigen.

- »Wie ich sehe, gefällt dir die Rassel wirklich gut! Es ist schön, dich so glücklich zu sehen!«
- »Wenn du so still liegst wie jetzt, dann geht das Windelwechseln sehr schnell und es ist angenehm für uns beide!«

Je jünger das Kind ist, umso einfacher muss die Ich-Aussage sein:

- »Ich bekomme Angst, wenn du auf den Tisch kletterst. Du kannst runterfallen und dich verletzen.«
- »Ich kann dieses laute Schreien nicht leiden. Mir tun die Ohren weh.«

Kleinkinder und Kindergartenkinder verstehen beides: unsere Haltung und die Bedeutung unserer Worte.

- »Wie ich sehe, wechselt ihr euch mit dem Bagger im Sandkasten ab. Es freut mich, dass ihr beide so gut zusammenarbeitet.«
- »Ich finde es schön, dass du Chiara hilfst, ihren Reißverschluss zuzumachen. Es tut gut, einer Freundin zu helfen.«

Ich-Aussagen schaffen eine Atmosphäre des gegenseitigen Respekts zwischen Erzieherin und allen Kindern. Sie helfen Kindergartenkindern außerdem, weniger ichbezogen zu sein und anzufangen, die Gefühle anderer zu verstehen und zu respektieren.

Es ist wahrscheinlich, dass Kinder, die oft erleben, wie mit Ich-Aussagen Probleme angesprochen werden, die Rechte und Gefühle anderer besser respektieren, wenn sie älter werden.

Wir lösen Probleme gemeinsam mit den Kindern

Wenn Probleme auftreten, die das Verhalten der Kinder betreffen, können wir uns folgende Fragen stellen: »Um wessen Problem handelt es sich? Um meines? Oder um das des Kindes?« Mit anderen Worten: »Wessen Problem ist es?«

Der erste Schritt: Wessen Problem ist es?

Bei einigen Problemen handelt es sich um die der Erzieherin, weil die Kinder zu diesem Zeitpunkt in ihrer Entwicklung noch nicht fähig sind, solche Probleme zu lösen. Bei anderen Problemen handelt es sich um die der Kinder. Wenn das der Fall ist, gehört es zu unserer Aufgabe als Erzieherin, den Kindern beizubringen, wie sie Verantwortung für ihre Probleme übernehmen und wie sie Lösungen dafür finden können.

Mit dem ersten Schritt beim Lösen eines Problems stellen wir fest, wessen Problem es ist.

Die Person, um deren Problem es sich handelt, ist verantwortlich dafür, mit dem Problem umzugehen. Nur zu schnell fühlen wir uns für Probleme der Kinder verantwortlich. Wenn wir jedoch versuchen, alle Probleme zu lösen, entgeht den Kindern die Chance, zu lernen, Verantwortung für sich selbst zu übernehmen. Für eine Erzieherin ist es weder möglich noch wünschenswert, die Superheldin in Sachen Problemlösung zu sein! In einer Situation zu erkennen, um *wessen* Problem es sich handelt, hilft uns, zu entscheiden – sofern wir überhaupt aktiv werden –, was wir in dieser Situation unternehmen.

Um wessen Problem handelt es sich?

Wie entscheiden Sie als Erzieherin, ob Sie selbst oder das jeweilige Kind für ein Problem verantwortlich sind? Stellen Sie sich folgende vier Fragen:
1. Werden meine Rechte missachtet?
2. Ist das Kind von der Entwicklungsstufe her noch *nicht fähig,* für das Problem verantwortlich zu sein?
3. Ist die Sicherheit des Kindes oder anderer gefährdet?
4. Kann das Eigentum von jemandem beschädigt werden?

Ist die Antwort auf *irgendeine* dieser vier Fragen »Ja«, handelt es sich um Ihr Problem.

Sind *alle* Antworten auf diese Fragen »Nein«, kann es sich um das Problem des Kindes handeln – abhängig vom Alter bzw. der Reife des Kindes und vom Problem selbst.

Wenn es um Babys oder Kleinkinder geht, handelt es sich meist um Probleme der Erzieherin. Mit zunehmendem Alter jedoch kann die Verantwortung für viele Probleme auf die Kinder übertragen werden.

Wie die Erzieherin jeweils handelt, hängt vom *Alter*, den *entwicklungsbedingten Fähigkeiten* des Kindes und vom *Problem* selbst ab.

> BEISPIELE
>
> Wenn die sechs Monate alte Kim schreit, weil es ihr draußen zu kalt ist und sie friert, dann ist das das Problem des Erziehers. Mindestens Frage Nr. 2 (altersgemäße Entwicklung) wird mit »Ja« beantwortet: Im Alter von sechs Monaten kann Kim sich noch nicht selbst darum kümmern, warm genug angezogen zu sein.
>
> Wenn aber zum Beispiel der vierjährige Robert im Winter draußen die Handschuhe immer wieder auszieht, dann bekommt er kalte Hände. Vielleicht muss er dadurch sein Spiel draußen unterbrechen und sich die Hände drinnen wieder aufwärmen. Alle Fragen können mit »Nein« beantwortet werden, deshalb ist das Roberts Problem. Er ist alt genug, um die Konsequenz seines Verhaltens zu verstehen.
>
> Wenn die zehn Monate alte Jasmin sich lautstark beschwert, weil ihre Windel nass ist und sie sich unwohl fühlt, wird mindestens Frage Nr. 2 (altersgemäße Entwicklung) mit »Ja« beantwortet – es ist das Problem der Erzieherin.
>
> Die fünf Jahre alte Donata beklagt sich, weil sie Wasser auf ihr Kleid geschüttet hat und sie das Gefühl des nassen Kleides auf der Haut nicht mag. Alle Fragen können mit »Nein« beantwortet werden, deshalb ist es Donatas Problem. Mit fünf Jahren ist sie alt genug, um zu verstehen, dass sie selbst die Verantwortung für das nasse Kleid trägt, auch wenn es normal ist, dass Unfälle passieren.

Beispiele für Probleme der Erzieherinnen:

> Der zwei Jahre alte Leon fängt an, die Wand zu bemalen. Mindestens Frage Nr. 4 (Eigentum) wird mit »Ja« beantwortet.
>
> Der zwei Jahre alte Mick schnappt sich Eddas Decke. Edda beißt ihn deswegen. Mindestens Frage Nr. 3 (Sicherheit) wird mit »Ja« beantwortet.
>
> Die dreijährige Yolanda trödelt herum, während der Rest der Gruppe sich anzieht, um nach draußen zu gehen und im Schnee zu spielen. Schließlich sind alle anderen angezogen und fertig zum Rausgehen. Yolanda aber hat ihren Schneeanzug und ihre Stiefel immer noch nicht an. Der Rest der Gruppe wird ungeduldig und unruhig. Mindestens Frage Nr. 1 (Rechte) wird mit »Ja« beantwortet.

Zum Umgang mit Problemen, die alleine in der Verantwortung der Erzieherin liegen, siehe Abschnitt »Wir finden Lösungen für Probleme der Erzieherin« sowie Kapitel 5, »Sinnvolle Disziplin«.

Beispiele für Probleme der Kinder:

> Der vier Jahre alte Sven beklagt sich, dass die anderen Kinder ihn nicht mitspielen lassen. Wir haben beobachtet, dass er anderen Kindern häufig Spielsachen wegnimmt.

Alle vier Fragen können mit »Nein« beantwortet werden, damit liegt die Verantwortung für die Lösung des Problems bei Sven. Dennoch unterstützen wir Sven, weil er noch nicht die Reife hat, das Problem alleine zu lösen – wir geben Sven die Chance, eine Lernerfahrung zu machen. Zunächst könnten wir aktiv zuhören: »Du bist traurig, weil die anderen dich nicht mitspielen lassen.« Dann könnten wir hinzufügen: »Manchmal fällt mir auf, dass du versuchst, den anderen die Spielsachen wegzunehmen. Vielleicht gefällt ihnen das nicht. Und deshalb möchten sie nicht mit dir spielen.« Dann könnten wir Sven fragen, ob er einen Vorschlag hat, was er tun könnte, damit andere auch mit ihm spielen wollen. Wenn es ihm schwerfällt, sich etwas auszudenken, machen wir selbst einen Vorschlag. Am Ende ist es möglicherweise hilfreich, Sven zur Gruppe zu begleiten und den Kindern zu sagen, dass Sven sich dazu entschlossen hat, mit ihnen zu spielen, und darauf achten wird, niemandem das Spielzeug einfach wegzunehmen.

> BEISPIEL
> Die vierjährige Katrin sitzt am Esstisch und schluchzt. Als die Erzieherin sie fragt, was los sei, sagt sie: »Janna will nicht neben mir sitzen.«

Alle vier Fragen können mit »Nein« beantwortet werden – es handelt sich um Katrins Problem. Vielleicht müssen wir Katrin daran erinnern, dass sie andere Menschen nicht zwingen kann, das zu tun, was sie möchte. In dieser Situation kann sie selbst eine andere Wahl treffen – sie kann beispielsweise jemand anderen auswählen, neben den sie sich setzen möchte.

> BEISPIEL
> Der zweijährige Ali steht neben dem Klettergerüst und schreit. Seine Beine sind nicht lang genug, um die unterste Stange zu erreichen und hochzuklettern.

Alle vier Fragen können mit »Nein« beantwortet werden – es handelt sich um Alis Problem. Aufgrund seines Alters kann er jedoch die Lösung nicht alleine finden. Wir können Ali zuhören und seine Gefühle anerkennen. Aber bezüglich seiner Beine können wir nichts für ihn tun! Wir können ihm helfen, eine Stelle am Klettergerüst zu finden, an der auch kleinere Kinder sicher klettern können.

Je jünger die Kinder sind, umso abhängiger sind sie von unserer Fürsorge. Aber das, was sie schon alleine tun können, soll ihnen auch erlaubt sein. Ihre eigenen Probleme selbst lösen zu dürfen baut ihr Selbstvertrauen auf.

BEISPIEL
Die sechs Monate alte Emilia möchte eine Rassel haben, die sich etwas außerhalb ihrer Reichweite befindet. Sie bemüht sich, die Rassel zu greifen. Der Erzieher ist versucht, sie ihr zu geben, hält sich dann aber zurück und gibt ihr somit
die Chance, die Rassel selbst zu holen. Der Erzieher ermutigt Emilia, indem er
sagt: »Du kannst es. Du hast die Rassel schon fast.« Emilia spürt die sanfte Unterstützung hinter den Worten des Erziehers. Als sie schließlich die Rassel erreicht, sagt der Erzieher: »Du hast es geschafft. Das ist schön für dich, Emilia!«

Fazit: Indem wir feststellen, um wessen Problem es sich handelt, bekommen wir
bereits einen Hinweis darauf, was als Nächstes zu tun ist. Ist es unser Problem,
sind wir diejenigen, die etwas tun müssen. Ist es das Problem eines Kindes, dann
hängt unsere Handlung von der Art des Problems und vom Entwicklungsstand
des Kindes ab. Manchmal möchten wir, dass das Kind das Problem selbst bewäl-
tigt. Ein anderes Mal helfen wir dem Kind, eine Lösung zu finden.

Der zweite Schritt: Wir lösen Probleme gemeinsam

Wann immer ein Kind oder wir ein Problem haben, können wir einen oder
mehrere der folgenden Schritte gehen:
- Wir erlauben dem Kind, selbst eine Lösung zu finden, ohne dass Erwachsene
  eingreifen.
- Wir hören aktiv zu oder benutzen Ich-Aussagen.
- Wir stellen sicher, dass das Kind die Konsequenzen seines Verhaltens kennt.
- Wir erforschen mit dem Kind Alternativen.

Wir erforschen Alternativen

Wir haben in diesem Kapitel bereits besprochen, wie wir durch aktives Zuhören
und Ich-Aussagen dazu beitragen können, Verhaltensprobleme zu lösen oder zu
verringern. Aber möglicherweise reicht das nicht immer aus, um Probleme zu
lösen.
  Wir können auch eine Fertigkeit benutzen, die ›Alternativen erforschen‹ genannt wird. *Alternativen erforschen ist ein Prozess mit sechs Schritten. Er hilft
den Kindern, sich verschiedene Möglichkeiten der Problemlösung zu überlegen.*
Diese Fertigkeit kann sowohl bei Problemen der Erzieherin als auch bei Problemen der Kinder angewandt werden.

**Ihr Ziel ist es, dass Kinder sich mehr und mehr für die Lösung
ihrer Probleme verantwortlich fühlen.**

Alternativen erforschen in sechs Schritten

1. **Verstehen Sie das Problem.** Vergewissern Sie sich, dass das Problem für beide – für Sie und für das Kind – klar ist. Benutzen Sie aktives Zuhören bzw. Ich-Aussagen, um zu zeigen, dass Sie die Gefühle des Kindes verstehen bzw. um Ihre eigenen Gefühle auszudrücken.

2. **Sammeln Sie Ideen, ohne zu bewerten (Brainstorming).** Bitten Sie das Kind um Vorschläge (»Was fällt dir dazu ein, wie du...?«) oder leiten Sie es dazu an, indem Sie selbst vorsichtig Möglichkeiten nennen, die in Frage kommen könnten (»Wie wäre es, wenn du ...?«). Wenn das Kind Schwierigkeiten hat, machen Sie selbst Vorschläge. Bei diesem Schritt geben Sie weder ein Urteil noch eine Wertung für vorgeschlagene Lösungen ab.

3. **Wägen Sie die vorgeschlagenen Lösungen ab.** Was denkt das Kind über jede der möglichen Lösungen? Was denken Sie? Vergewissern Sie sich, dass das Kind die Konsequenzen der jeweiligen Lösungsvorschläge erkennt.

4. **Entscheiden Sie sich für eine Lösung.** In Kooperation mit dem Kind finden Sie eine Lösung, die für beide akzeptabel ist.

5. **Verpflichten Sie die betroffenen Kinder – evtl. auch Sie sich als Erzieherin – zur Umsetzung der Lösung und legen Sie eine Zeit für die Auswertung fest.** Entscheiden Sie zusammen, wie lange diese Lösung ausprobiert werden soll. Setzen Sie eine Zeitspanne fest, nach deren Ablauf Sie darüber reden, wie gut diese Lösung für alle Beteiligten funktioniert hat.

6. **Die Lösung wird in die Tat umgesetzt.** Überprüfen Sie gemeinsam mit dem Kind das Ergebnis nach Ablauf der festgesetzten Frist. Haben Sie Geduld und greifen Sie nicht vorzeitig in den Prozess ein. Ermutigen Sie das Kind, wenn die Umsetzung gut funktioniert hat. Sollte das gewünschte Ergebnis nicht eintreten, beginnt der Prozess von vorne.

Mit sehr kleinen Kindern gestalten wir die Suche nach Alternativen so einfach und so kurz wie möglich. Leiten wir zum Beispiel das Kind so an, dass nur zwei oder drei Lösungen zusammenkommen. Möglicherweise geben wir uns sogar mit einem Vorschlag zufrieden, sofern er praktikabel erscheint.

BEISPIEL
Der drei Jahre alte Moses hat auf dem Maltisch einen Turm aus Legosteinen gebaut. Jetzt ist es aber an der Zeit, dass einige Kinder an ihrem Kunstprojekt weiterarbeiten. Sein Erzieher, Herr Kramer, erklärt ihm, dass die anderen Kinder den Tisch nun für ihre Malaktion benötigen. Herr Kramer sagt: »Die anderen Kinder können nicht an ihren Bildern weitermalen, wenn die Legosteine

über den ganzen Tisch verteilt sind. So groß ist der Tisch leider nicht.« Moses sagt, dass er den Turm seinem Vater zeigen möchte, wenn der ihn am Nachmittag abholt. Moses und Herr Kramer einigen sich darauf, den Turm vorsichtig auf die Arbeitsplatte zu stellen und dort bis zum Nachmittag stehen zu lassen. Danach räumt Moses fröhlich die restlichen Legosteine weg, so dass der Tisch zum Malen frei wird.

Oft können Konfliktsituationen auch aufgelöst werden, indem wir ein Kind vor eine einfache Wahl stellen. Wenn zum Beispiel zwei Kinder in einen Streit über ein Spielzeug geraten, können wir in ruhigem Ton sagen: »Könnt ihr beide eine faire Lösung finden oder möchtet ihr beide eine Zeit lang nicht mehr miteinander spielen? Was ist euch lieber?«

Kindergartenkinder können bei der Findung von Lösungen für die eigenen Probleme schon mehr Verantwortung übernehmen:

BEISPIEL
Die vierjährigen Michael und Ramon beklagen sich bei ihrem Erzieher:

Michael: Er hat meine Bauklötze weggenommen!

Ramon: Ich hatte sie zuerst!

Michael: Nein, stimmt nicht. Ich hatte sie zuerst!

Erzieher: Jungs, ihr habt ein Problem. Jeder von euch scheint wegen der Bauklötze wütend auf den anderen zu sein. Wie könnt ihr dieses Problem lösen?

Wir benutzen das Wort »ihr« um deutlich zu machen, dass die Kinder für die Lösung des Problems verantwortlich sind. Beide Jungen setzen den Streit darüber fort, wer die Bausteine zuerst hatte.

Erzieher: Michael, Ramon, ich kann euch bei diesem Problem nicht helfen, wenn ihr weiterhin streitet. Wie könnt ihr euer Problem lösen?

Michael: Er kann sie haben, wenn ich fertig bin.

Ramon: Nein, ich will sie zuerst!

Erzieher: Ihr wollt beide zuerst mit den Bausteinen spielen. Wie soll das gehen? Könnt ihr euch noch etwas anderes vorstellen?

Ramon: Vielleicht könnten wir zusammen etwas bauen?

Michael: Ich will nichts zusammen bauen.

Ramon: Wir könnten eine Rennstrecke bauen.

Michael: Nein, ich will ein Raumschiff bauen.

Ramon: Ja, das ist gut! Ein Raumschiff. Lass uns ein Raumschiff bauen.

Michael: Ja, machen wir.

Erzieher: Gut, mir scheint, ihr habt das hingekriegt. Ihr habt einen Weg gefunden, die Bausteine zu teilen. Lasst uns direkt vor dem Mittagessen sehen, wie eure Idee funktioniert hat. Ich bin gespannt auf euer Raumschiff.

Hätten die Jungen sich nicht geeinigt, hätte der Erzieher möglicherweise vorschlagen können, die Bauklötze aufzuteilen oder sie für eine Weile wegzuräumen.

Wir finden Lösungen für Probleme der Erzieherin

Unser Ziel ist es, eine effektive Lösung zu finden, wodurch sich beide Parteien – sowohl wir *als auch* die betroffenen Kinder – respektiert fühlen. Kinder kooperieren, wenn sie das Gefühl haben, dass sie in einer Situation eine Wahl und damit ein gewisses Maß an Macht haben, und wenn sie dadurch spüren, dass ihre Gefühle und ihre Wünsche Beachtung finden.

Wie wir als Erzieherin mit Problemen umgehen, die unsere sind, hängt vom Alter des Kindes ab, von der Art des Problems und der Häufigkeit, mit der das Problem auftritt.

BEISPIEL
Als der Erzieher die sechzehn Monate alte Malin auf den Arm nimmt, reißt sie ihm die Brille herunter. Er setzt die Brille wieder auf und sagt: »Wenn du mir die Brille herunterreißt, fürchte ich, dass sie kaputtgehen wird.« Ein paar Minuten später reißt Malin ihm die Brille noch einmal herunter. Er setzt Malin sanft auf den Boden und sagt: »Ich kann nicht zulassen, dass du meine Brille herunterreißt, also muss ich dich absetzen.« Zu einem späteren Zeitpunkt, als Malin wieder hochgenommen werden möchte, gibt er ihr eine zweite Chance: »Möchtest du wieder auf meinen Arm? Gut. Aber wenn du meine Brille herunterreißt, setze ich dich wieder auf den Boden.«

In diesem Beispiel hat der Erzieher eine Ich-Aussage eingesetzt, die Konsequenzen benannt und folgerichtig umgesetzt. Da Malin noch nicht viel Übung darin hat, ihr Verhalten unter Kontrolle zu haben, ist es sehr wahrscheinlich, dass sie wieder nach der Brille greifen wird. Zu wissen, was die Folge sein wird, wird ihr helfen, zu lernen, ihr Verhalten zu kontrollieren. Wann immer Malin nach der Brille greift, wird sie auf den Boden gesetzt. Sie fängt an zu lernen, dass ihr Verhalten Konsequenzen hat.

Unser Ziel ist es, dass Kinder sich zunehmend für die Lösung ihrer Probleme verantwortlich fühlen.

BEISPIEL
Die zwei Jahre alte Fumiko ist verärgert, weil eine andere Erzieherin als gewöhnlich da ist. Sie testet mehrfach ihre Grenzen aus und möchte sich nicht für

den Mittagsschlaf in ihr Bett legen. Die Vertretung erkennt Fumikos Gefühle an, indem sie freundlich und bestimmt sagt: »Ich weiß, dass es dir lieber wäre, wenn Gabi heute hier wäre. Sie ist heute krank. Ich weiß, dass sie dir fehlt, aber du musst dich trotzdem in dein Bett legen. Du legst dich jetzt hin, und wenn du möchtest, streichle ich dir den Rücken, damit du dich besser entspannen kannst.«

Die Erzieherin lässt sich nicht auf einen Machtkampf ein, sondern hört Fumiko aktiv zu und besteht liebevoll und konsequent auf der Einhaltung der Grenze.

Kinder mit Respekt zu behandeln, ihnen Wahlmöglichkeiten innerhalb von Grenzen zuzugestehen ist entscheidend, damit auch Kindergartenkinder Problemlösungsstrategien lernen.

BEISPIEL

Die fünf Jahre alte Elisa beschwert sich bei der Erzieherin, dass Sina und Jule sie wieder nicht in der Puppenecke mitspielen lassen. Als Sina und Jule das bemerken, kommen sie sofort angelaufen …

Schritt 1	(Wir verstehen das Problem)
Erzieherin:	Kommt, ihr drei, lasst uns mal darüber sprechen, wie ihr dieses Problem lösen könnt. Wenn Elisa nicht mitspielen darf, befürchte ich, dass sie sich ausgeschlossen fühlt. Was meint ihr dazu?
Sina:	Ja, aber es macht uns keinen Spaß, wenn sie mitspielt.
Jule:	Zu dritt kann man einfach nicht gut spielen.
Erzieherin:	So, es fällt euch also schwer, zu dritt zu spielen
Jule:	Ja!

Schritt 2	(Wir sammeln Ideen, ohne zu werten. (Brainstorming))
Erzieherin:	In Ordnung. Ihr möchtet nicht zu dritt spielen, das kann ich verstehen. Da ist oft eine Person übrig, wenn zwei sich einig sind. Wie könntet ihr dieses Problem lösen?
Sina:	Vielleicht könnte Elisa heute etwas anderes spielen. Und morgen spiele ich mit Elisa und übermorgen Jule.
Erzieherin:	Aha, das ist eine Möglichkeit. Habt ihr noch einen anderen Vorschlag?
Elisa:	Vielleicht könnten wir es ja doch schaffen zu dritt zu spielen!
Jule:	Oder Elisa sucht sich noch ein anderes Kind, das mit in der Puppenecke spielen möchte. Dann sind wir zu viert, und jede hat eine Freundin dabei.

Schritt 3	(Wir wägen die vorgeschlagenen Lösungen ab.)
Erzieherin:	Was haltet ihr von Elisas Vorschlag? Von Sinas? Von Jules?

Schritt 4	(Wir entscheiden uns für eine Lösung.)
Erzieherin:	Welche Idee findet ihr jetzt am besten?
Elisa:	Ich finde die Idee von Jule gut! Ich wollte sowieso gerne auch mit Maja spielen. Wir hatten uns verabredet. Ich frage sie gleich, ob sie mitspielen möchte. Das will sie bestimmt.
Jule und Sina:	Ja, das finden wir auch gut.
Erzieherin:	Okay. Ich finde, da habt ihr eine gute Lösung gefunden. Ihr könnt ja nun einmal ausprobieren, ob das so klappt.

Schritt 5	(Wir verpflichten uns zur Umsetzung der Lösung und legen eine Zeit zur Auswertung fest.)
Erzieherin:	Okay, lasst es uns aufschreiben, dass ihr alle bereit seid, zusammenzuarbeiten. Ihr könnt eure Vereinbarung heute in der Freispielzeit ausprobieren und danach darüber sprechen, wie sie funktioniert hat.
Sina, Jule und Elisa:	Ja.

Die Erzieherin schreibt die Vereinbarung auf und alle unterschreiben sie; denn sie können ihre Namen schon selbst schreiben.

Beispiel für eine Vereinbarung

1. Elisa kann mitspielen, wenn sie Maja oder ein anderes Kind fragt, damit wir zu viert spielen können.

2. Jule und Sina spielen dann mit Elisa und Maja zusammen in der Puppenecke.

———————————   ———————————   ———————————

(Unterschrift der Kinder)

Schritt 6	(Wir setzen die Lösung in die Tat um und überprüfen das Ergebnis nach Ablauf der gesetzten Frist.)

Wenn der Plan zum Erfolg führt, können die Kinder ihre Vereinbarung beibehalten. Vielleicht möchten auch andere Kinder diese Lösung übernehmen, wenn sie Probleme haben, zu dritt zu spielen.

Wenn der Plan nicht zum Erfolg führt, müssen sich die Kinder über eine andere Vereinbarung unterhalten und eine der anderen Lösungen ausprobieren.

Wir unterstützen Kinder, ihre Konflikte miteinander zu lösen

Die Fertigkeit, Alternativen zu erforschen, hilft Kindern außerdem, Streitigkeiten beizulegen. Sie bietet eine Möglichkeit, Kindern die Verantwortung für den Umgang mit einem Streit zu überlassen.

BEISPIEL

Die dreijährigen Camilla und Diana möchten beide den Bollerwagen benutzen und darin ihre Puppen spazieren fahren. Sie fangen an, einander zu schubsen und zu stoßen. Die Erzieherin kommt dazu und sagt: »Es sieht so aus, als wolltet ihr beide den Wagen benutzen. Wie könnt ihr dieses Problem lösen?« Camilla sagt: »Wir können ihn abwechselnd benutzen. Aber ich bin zuerst dran.« Diana sagt: »Du könntest mich und meine Puppe ziehen.« Die Erzieherin meint dazu ermutigend: »Das sind beides gute Vorschläge. Welchen möchtet ihr ausprobieren?« Camilla bietet an: »Ich ziehe und du sitzt im Wagen. Dann kannst du mich und meine Puppe ziehen.«

Manchmal sind bei Konflikten ganze Gruppen von Kindern betroffen:

BEISPIEL

Drei Fünfjährige spielen in der Puppenecke, sie decken den Tisch, füttern ihre Puppen mit Löffeln und lassen sie aus Tassen trinken. Eine andere Gruppe von Kindern möchte in der Bauecke Picknick spielen. Also rennen sie in die Küchenecke und nehmen sich das Geschirr vom Tisch. Die erste Gruppe rennt zum Erzieher, um sich zu beschweren. Herr Vargas, der Erzieher, kommt herüber, um Frieden zu stiften. Er fragt jede Gruppe, was das Problem sei. Die erste Gruppe sagt: »Wir brauchen das Geschirr, um Mama und Kind zu spielen. Wir hatten das Geschirr zuerst, dann kamen die Jungs und haben es uns weggenommen.« Die zweite Gruppe sagt: »Wir brauchen das Geschirr für unser Picknick. Die haben schon mit dem Geschirr gespielt. Sie sollen teilen!« Herr Vargas schlägt vor, dass die Kinder sich selbst eine Lösung ausdenken. Ein Kind sagt: »Also, vielleicht können sie das Geschirr für ihr Picknick benutzen, wenn wir ihnen sagen, dass wir fertig sind.« Ein anderes Kind schlägt vor: »Warum schauen sie nicht im Schrank nach, ob da noch mehr Geschirr ist, das wir nicht benutzen?« Ein Kind aus der Picknickgruppe entschließt sich, dem nachzugehen, und findet heraus, dass es tatsächlich noch unbenutztes Geschirr im Schrank gibt. Die Picknickgruppe bekommt jetzt Geschirr aus dem Schrank und breitet es auf der Picknickdecke aus. Nach weiteren Diskussionen untereinander kommen sie zurück in die Küchenecke und laden die anderen Kinder und ihre Puppen zum Picknick ein.

Die Fertigkeit, Alternativen zu finden, wird nicht immer zu Ergebnissen führen, die die Wünsche aller in den Konflikt involvierten Personen erfüllen. Aber als eine Strategie zur Lösung von Konflikten lohnt es sich, Kinder sehr früh in ihrer Entwicklung mit diesem Prozess vertraut zu machen.

Wir unterstützen sehr kleine Kinder, ihre Konflikte miteinander zu lösen

Sobald Babys anfangen, sich im Raum zu bewegen, können wir damit beginnen, ihnen beizubringen, wie sie ihre Beziehungskonflikte lösen können[2]. Denn dann ist es unausweichlich, dass sie aufeinandertreffen und sich gegenseitig die Spielsachen wegnehmen.

Bei Verhandlungen mit Babys oder Kleinkindern, die noch nicht sprechen können, spielt die Erzieherin eine besondere Rolle. Es gehört zu ihrer Aufgabe, sich in die Rolle eines jeden Kindes hineinzuversetzen, sich vorzustellen, was wirklich das Problem ist, und es für jedes Kind zu verbalisieren. Sofern die Kinder nicht eine eindeutige Präferenz für eine Lösung zeigen, kann die Erzieherin Vorschläge machen und sie zur Wahl stellen. Erzieherinnen tendieren dazu, die eigenen Vorschläge zu schnell anzubieten, ohne die Vorschläge der Kinder abzuwarten. Solange Kinder noch nicht sprechen können, ist es wichtig, geduldig zu warten, um ihnen Zeit zu geben, ihre Wünsche anzudeuten.

BEISPIEL
Die einjährige Sarah nimmt dem zehn Monate alten Amir ein Stofftier weg. Amir fängt an zu weinen. Die Erzieherin, Frau Bongart, reflektiert zuerst Amirs Gefühle: »Du bist traurig, weil Sarah dir den Teddy weggenommen hat, nicht wahr?« Dann wendet sie ihre Aufmerksamkeit Sarah zu: »Sarah, Amir ist traurig, weil du ihm seinen Teddy weggenommen hast.« Amir schreit jetzt lauter. Frau Bongart sagt zu Sarah: »Es hört sich an, als wäre Amir jetzt wirklich wütend – er sagt dir, du sollst ihm den Bären zurückgeben.« Sarah schaut die Erzieherin mit einem ausdruckslosen Gesicht an und fängt an, den Teddy zu schütteln. Frau Bongart sagt: »Dir gefällt der Teddy wirklich sehr, aber Amir will ihn wiederhaben.« Sarah dreht sich weg und schlägt mit dem Teddy auf den Boden. Frau Bongart wendet sich dem immer noch schreienden Amir zu, sie sagt: »Es sieht so aus, als wollte Sarah den Teddy behalten.« Amir schaut den Bären an und schreit noch lauter. Frau Bongart geht kurz weg und holt zwei andere Stofftiere. Sie setzt sie zwischen die beiden Kinder: »Sarah, möchtest du gerne mit dem Tiger oder mit dem Hund spielen?« Sarah schaut die Tiere an und nimmt sich den Tiger. »Gut, du magst den Tiger.« Frau Bongart gibt Amir den Teddy zurück. Sie sagt zu den Kindern: »Mir scheint, wir haben das Problem gelöst, weil ihr beide jetzt ein Stofftier zum Spielen habt.«

Die Kinder können zwar die Worte nicht verstehen, sie verstehen aber den Zusammenhang durch die Fürsorge, Ausdauer und Beharrlichkeit der Erzieherin und ihre Tonlage. Wenn Sarah weiterhin darauf bestanden hätte, den Teddy zu behalten, hätte Frau Bongart Amir ein anderes Tier anbieten können. Hätte er das nicht akzeptiert, hätte sie Sarah den Teddy wegnehmen und sagen können:

---

2 Reynolds, E. [48]

»Amir möchte den Teddy wirklich zurückhaben, du kannst dir eins der anderen Tiere aussuchen.« Wenn Sarah sich darüber beklagt, könnte Frau Bongart Sarahs Gefühle reflektieren (aktiv zuhören).

Für den Fall, dass ein Kind einem anderen gegenüber physisch aggressiv wird, können wir dem angegriffenen Kind beibringen, wie es »STOP« sagen kann. Das Kind hebt seine Hand, um dem anderen Kind durch diese Geste zu signalisieren, dass es aufhören soll. Babys halten wir die Hand hoch. Kindern, die bereits sprechen können, bringen wir außerdem bei, das Wort »STOP« zu sagen.

Wir unterstützen ältere Kinder, ihre Konflikte miteinander zu lösen

Wenn sie sprechen lernen, gewinnen Kinder neue Fertigkeiten und Fähigkeiten, Probleme zu lösen. Auch in diesem Bereich entwickeln sich Kinder in ihrem eigenen Tempo. Manche Kinder sind bereits im älteren Kleinkindalter in der Lage, Probleme bzw. Konflikte verbal zu lösen. Andere entwickeln diese Fertigkeit erst später. Es ist wichtig, als Erzieherin ein Gespür dafür zu haben, wie weit entwickelt die Bereitschaft eines Kindes ist, Problemlösungsfertigkeiten zu lernen und zu benutzen.

Seien Sie geduldig, wenn Sie Kinder dazu ermutigen, ihre eigenen Worte zu finden.

Einem Kind, das zu uns kommt und sich darüber beklagt, wie ein anderes Kind es behandelt hat, können wir raten, das andere Kind wissen zu lassen, wie es sich in der Situation gefühlt hat und was es möchte:

- »Ich mag es nicht, wenn du mich schubst.«
- »Hör auf, ›Blödmann‹ zu mir zu sagen, ich heiße ...«
- »Es tut mir weh, wenn du mich schlägst. Hau mich nicht.«

Wir können in der Nähe bleiben und die Interaktion beobachten. Wenn wir den Eindruck haben, dass die Kinder mit der Situation zurechtkommen, mischen wir uns nicht ein. Kinder müssen lernen, mit ihren Problemen umzugehen und so konfliktfähig zu werden. Am Anfang müssen wir ihnen vielleicht beibringen, folgende Verhandlungsschritte zu befolgen:

- »Julia, sag bitte Georg, was passiert ist und wie du dich fühlst ...«
- »Georg, bitte höre zu, was Julia dir zu sagen hat.«

Wenn jedoch der Austausch physisch zu werden droht, können wir intervenieren und den Kindern helfen, miteinander zu verhandeln.

Kinder im Alter von drei bis fünf Jahren können lernen – mit unterschiedlicher Geschicklichkeit –, Gespräche zur Konfliktlösung zu führen[3].

BEISPIEL

Der vierjährige Omar geht zu seiner Erzieherin und beklagt sich darüber, dass Merle, auch vier Jahre alt, ihm das Flugzeug nicht geben will, obwohl er sie darum gebeten hat. Die Erzieherin stellt klar, dass Merle das Flugzeug zuerst hatte, aber Omar gibt sich damit nicht zufrieden. Die Erzieherin beschließt, den Konflikt mit beiden Kindern zusammen zu lösen.

Schritt 1	(Wir verstehen das Problem.)
Erzieherin:	Omar, sag mir, was das Problem ist.
Omar:	Ich will das Flugzeug und Merle gibt es mir nicht.
Erzieherin:	Merle?
Merle:	Ich hatte es zuerst und er hat versucht, es mir wegzunehmen.
Schritt 2	(Wir sammeln Ideen, um mögliche Lösungen oder Alternativen zu finden.)
Erzieherin:	Lasst uns zusammen darüber nachdenken, wie ihr das Problem lösen könnt. Möglichkeiten wären: sich abzuwechseln; Omar entschließt sich, mit etwas anderem zu spielen; Omar nimmt an Merles

---

3 Cherry, C. [42]

Flugzeugspiel teil und baut eine Startbahn aus Bauklötzen, während er wartet, dass er drankommt.

Schritt 3	(Wir wägen die vorgeschlagenen Lösungen ab.)
Erzieherin:	Omar, du kannst Merle das Flugzeug nicht einfach wegnehmen. Für welchen Vorschlag möchtet ihr beide euch entscheiden, um das Problem zu lösen?
Schritt 4	(Wir wählen eine Lösung aus.)
Omar:	Ich denke, ich baue eine Startbahn. Die kann ich dann benutzen, wenn ich mit dem Flugzeug dran bin.
Merle:	Ja. Wir wechseln uns ab.
Schritt 5	(Die Kinder verpflichten sich zur Umsetzung der Lösung und legen eine Zeit zur Auswertung fest.)
Erzieherin:	Das klingt nach einer guten Lösung. Ich komme nachher vorbei, um zu sehen, wie der Flughafen aussieht.
Schritt 6	(Die Kinder setzen die Lösung in die Tat um und wir überprüfen das Ergebnis nach Ablauf der Frist.)

Dreijährige benötigen einen stärkeren Einsatz von uns, aber die älteren Vier- bis Sechsjährigen können am Ende die meisten Gespräche zur Konfliktlösung selbst führen. Es hat sich bewährt, dass Erzieherinnen Kindern Gesprächsregeln beibringen:

- Wir hören dem Kind, das spricht, zu und schauen es an. Es ist nicht notwendig, mit den Gefühlen einer Person übereinzustimmen, aber es ist notwendig, zuzuhören.
- Wir erzählen, was passiert ist, und sagen, wie wir uns fühlen. Wenn das Kind, mit dem wir sprechen, uns nicht zuhört, sagen wir ihm direkt, dass wir mit ihm sprechen und dass wir möchten, dass es uns zuhört.
- Wir entscheiden gemeinsam, was wir tun werden, wenn so etwas wieder passiert[4].

---

4   Cherry, C. [42]

Die Gesprächsecke

Manche Erzieherinnen bestimmen einen Ort, an dem die Kinder über ihre Streitigkeiten sprechen können. Dieser Ort kann Gesprächsecke oder auch Friedensecke[5] genannt werden. Es sollte ein besonderer Bereich sein, der nur für diesen Zweck genutzt wird. Dort kann es Stühle geben oder einen Teppich, auf dem die Kinder sitzen können. Ziel ist es, das Bewusstsein der Kinder zu vergrößern, für die Lösung ihrer Konflikte selbst verantwortlich zu sein. Dieser Prozess funktioniert wie folgt:

- Bitten Sie die Kinder, die mit einem Streit zu Ihnen kommen oder sich so heftig streiten, dass Sie eingreifen müssen, in die Gesprächsecke zu gehen.
- Bitten Sie die Kinder, über ihren Konflikt zu sprechen und eine Entscheidung zu treffen. Sagen Sie ihnen, dass sie weiterspielen können, sobald sie bereit sind, miteinander zu kooperieren.
- Einige Kinder werden das Problem vielleicht nicht besprechen und am Ende lachen oder still dasitzen. Das ist in Ordnung – der wesentliche Punkt ist, dass sie den Konflikt beigelegt haben.
- Wenn der Konflikt weitergeht, nachdem sie zum Spiel zurückgekehrt sind, sagen Sie den Kindern, dass sie mehr Zeit benötigen, um darüber zu reden und dass Sie in ein paar Minuten zu ihnen zurückkommen.
- Sind sie dann noch immer nicht so weit, sagen Sie ihnen, dass jeder sich für eine Weile mit anderen Aktivitäten beschäftigen muss.

Die Gesprächsecke ist eine sehr respektvolle und effektive Methode, um Streitigkeiten beizulegen. Wer diese Strategie eine Weile benutzt hat, findet heraus, dass Kinder, die sich zanken, bereits wissen, dass sie in die Gesprächsecke gehen sollen, wenn Sie wegen ihres Verhaltens auf die Kinder zukommen. Manche Kinder gehen sogar von sich aus in die Gesprächsecke, wenn sie einen Streit haben. Stellen Sie den Kindern diese Methode einzeln oder in der Gruppe vor. Auf diese Weise wissen die Kinder, was sie erwartet.

Herrscht im Gruppenraum Platzmangel, kann auch ein aufgerollter Teppich – eventuell in einer besonderen Farbe – zum Gesprächsteppich gemacht werden. Die Kinder können sich den Teppich dann selbstständig holen und sich einen ruhigen Platz suchen, an dem sie ihren Streit schlichten können.

---

5   Mennenöh, E. [46]

Die Kinderkonferenz zur Problemlösung und Entscheidungsfindung[6]

Kinder können in der kleinen Kinderkonferenz (Gruppe) oder in der großen Kinderkonferenz (gesamte Einrichtung) lernen, auf demokratische Weise Entscheidungen zu treffen. Es gibt drei Gründe, um die Kinderkonferenz einzuberufen: Regeln aufstellen, Pläne schmieden und Probleme bzw. Konflikte lösen.

Die Kinderkonferenz zum Aufstellen von Regeln

Erzieherinnen helfen Kindern, die Regeln zu verstehen. In manchen Situationen können Kinder helfen, Regeln aufzustellen. Dann ist es wahrscheinlicher, dass sie die Regeln auch befolgen. Bei der Aufstellung folgender Regeln können Kinder zum Beispiel mitarbeiten:

- Routinemäßige Abläufe: »Möchten wir die Vorlesezeit vor der Pause oder danach?«, »Sollen wir warten, bis alle fertig sind, und dann rausgehen oder soll jeder einzeln rausgehen?«.
- Sorgfalt im Umgang mit der Ausstattung und dem Material: »Wo sollen wir die Puzzleteile aufbewahren?« (alle in derselben Kiste oder in irgendeiner Kiste, die gerade da steht?), »Was passiert, wenn wir die Puzzleteile auf verschiedene Kisten verteilen? Oder in einer sammeln?«.
- Entscheiden, wo der Platz für Gegenstände auf dem Regal ist und wie mit ihnen umgegangen wird: Wo im Regal sollen die unterschiedlichen Papierarten aufbewahrt werden, damit auch alle Kinder sich etwas Passendes auswählen können? Und wo wollen wir die Pigmentfarben hinstellen, die die kleinen Kinder noch nicht anrühren und benutzen können?

Die Kinderkonferenz zum Pläneschmieden

Erzieherinnen und Kinder können die Kinderkonferenz nutzen, um Aktivitäten zu planen. Pläne zu machen und sie auszuführen ist Teil einer effektiven Lernerfahrung. Manche Situationen bedürfen einer eher einfachen Planung. Sogar Kleinkinder können bereits einer einfachen Anleitung der Erzieherin folgen:

- »Morgen ist Frau Sommers letzter Tag, weil sie weit wegzieht. Wie können wir ihr sagen, dass wir sie vermissen werden? Was können wir tun, damit sie sich an uns erinnert?«

---

6   Viele der in diesem Kapitel vorgestellten Ideen stammen von Kathy Walton, Direktorin von Adlerian Child Care Centers, Columbia, South Carolina, und Yolanda Uribe, ehemals Koordinatorin von Bilingual Early Childhood Education for Sunnyside School District, Tucson, Arizona.

Andere Situationen bedürfen möglicherweise einer anspruchsvolleren Planung. Kindergartenkinder können mitdenken und so ihren Beitrag leisten:

BEISPIEL
Eines Tages möchte die Gruppe Samen pflanzen. Die Planungsbesprechung konzentriert sich darauf, welche Gerätschaften die Kinder für nötig halten, um die Aufgabe zu erfüllen. Ein Kind sagt, dass ein Putzlappen nötig sei, falls Wasser verschüttet wird. Die Erzieherin formuliert den Plan und schreibt die Entscheidungen der Kinder auf.

Natürlich wird es auch vorkommen, dass selbst der beste Plan nicht alles vorhersehen kann. Erzieherinnen können eine solche Situation nutzen, um die Kinder aufzufordern, einige Probleme spontan zu lösen.

BEISPIEL
Angenommen, ein Kind schüttet zu viel Wasser in einen Pflanztopf. In diesem Fall genügt ein Putzlappen nicht. Die Erzieherin könnte sagen: »Was können wir jetzt tun?« Ein anderes Kind schlägt vielleicht vor, eine Wanne zu benutzen, in die das überflüssige Wasser ablaufen kann.

Bei Kindergartenkindern ist es hilfreich, sie in einer Nachbesprechung zu fragen, was sie denken, wie ihre Pläne funktioniert haben. Wir schreiben auf, was die Kinder sagen. Kinder sind sehr daran interessiert, dass ihre Erfahrungen aufgeschrieben werden. Pläne, Anweisungen und Erfahrungen aufzuschreiben hat den zusätzlichen Effekt, dass das Interesse am geschriebenen Wort gefördert wird.

Die Kinderkonferenz zur Lösung von Problemen bzw. Konflikten

Die Erzieherin präsentiert den Kindern ein Problem und bittet sie, ihr zu helfen, es zu lösen. Abhängig vom Alter und der Entwicklungsstufe können Kinder zu einem unterschiedlichen Grad an Gruppenentscheidungen mitwirken. Wir fangen an, Dreijährige einzubeziehen, indem wir sie in kleinen Gruppen von zwei oder drei Kindern Entscheidungen treffen lassen.

- »Im Raumschiff ist nur Platz für zwei Kinder, aber drei Kinder wollen darin spielen. Was können wir tun?«
- »Wenn wir zusammen Mittag essen, essen einige Kinder schneller als andere. Was können diese Kinder tun, während sie darauf warten, dass der Rest der Gruppe fertig wird?«

Die Vierjährigen können beginnen, einfache Entscheidungen aufgrund bereits gemachter Erfahrungen zu treffen.

BEISPIEL

Als Erzieherin können wir zum Beispiel den Stuhlkreis nutzen, um mit den Kindern zu besprechen, ob jedes Kind sich allein anziehen möchte, um dann gemeinsam mit den anderen nach draußen zu gehen, oder ob die älteren Kinder den jüngeren helfen möchten. Dann würde das Anziehen nicht so viel Zeit in Anspruch nehmen und die Kinder hätten mehr Spielzeit draußen zur Verfügung. Die älteren Kinder sind gleich bereit, zu helfen, und die jüngeren möchten sich auch gerne helfen lassen. Sofort nach der Spielzeit draußen werten wir und die Gruppe aus, wie diese Lösung funktioniert hat.

Mit zunehmender Erfahrung, einfache Entscheidungen zu treffen und die Konsequenzen zu erleben, entwickeln die Kinder auch die Bereitschaft, in der Kinderkonferenz eigene Vorschläge zu machen. Das gilt in der Regel für Vier-, Fünfoder Sechsjährige. Wenn es ein Problem gibt, das alle oder den größten Teil der Gruppe betrifft, dann kann es in der Kinderkonferenz besprochen werden.

BEISPIEL

In Frau Weltes Gruppe haben die Kinder die Nestschaukel bis jetzt noch nicht so genutzt, dass sie für alle sicher war. Frau Welte sagt den Kindern, dass sie die Nestschaukel erst wieder benutzen dürfen, wenn ihnen Ideen einfallen, wie sie sie sicher benutzen können. Auf diese Weise realisieren die Kinder, dass es in ihrer Hand liegt, ob sie die Schaukel benutzen dürfen oder nicht.

Erziehungspartnerschaft mit den Eltern

Durch eine kurze Nachricht können Sie die Eltern wissen lassen, wie Sie mit den Kindern daran arbeiten, Lösungen und Alternativen für Probleme zu finden. Vermitteln Sie den Eltern die sechs Schritte zum Erforschen von Alternativen. Betonen Sie, dass es für die Entwicklung der Kinder wichtig ist, sie aufzufordern, gemeinsam Lösungen für Probleme zu finden.

Anleitung zur Problemlösung in der Kinderkonferenz

1. Stellen Sie das Problem mit Hilfe einer Geschichte, eines Rollenspiels oder mit Handpuppen vor.[7]
2. Geben Sie den Kindern die Chance, sich mit dem Problem zu identifizieren. »Ist jemandem von euch schon einmal etwas Ähnliches passiert?«
3. Sprechen Sie über die dadurch ausgelösten Gefühle der Kinder.

---

7   Quellen für Geschichten, Rollenspiele und Puppen: Gauda, G. [63]; Möller, O. [65]; Thiesen, P. [67]

4. Bitten Sie um Vorschläge zur Lösung des Problems.
»Was könnt ihr tun, um das Problem zu lösen?«

**Mit sehr kleinen Kindern gestalten Sie die Suche nach
alternativen Lösungen so einfach und so kurz wie möglich.**

BEISPIEL
Seit einiger Zeit gibt es Vorfälle, bei denen sich Kinder untereinander beschimpfen. Wir stellen das Problem vor, indem wir eine Geschichte darüber vorlesen oder erzählen. Dann fragen wir die Kinder, was in den letzten Tagen vorgefallen ist. Das Ziel eines solchen Gesprächs besteht darin, den Kindern zu helfen, das Problem zu verstehen, Mitgefühl zu empfinden und eine Lösung zu finden.

Es folgen zwei Beispiele zur **Problemlösung in der Kinderkonferenz:**

1. Hänseleien

Eine Erzieherin ist besorgt, weil sich einige Kinder über ein Mädchen lustig machen, das ein Hörgerät trägt. Nachdem sie die Kinder aufgefordert hat, damit aufzuhören, entscheidet die Erzieherin, die Kinderkonferenz einzuberufen und das Thema dort zu besprechen.

Erzieherin:	Ich möchte mit euch über ein Problem sprechen. Es verletzt Miriams Gefühle, wenn sie immer wegen ihres Hörgerätes aufgezogen wird. Ihr Hörgerät hilft ihr, besser zu hören. Genau wie meine Brille mir hilft, besser zu sehen.
Heidi:	Warum trägt Miriam das Hörgerät? Es sieht komisch aus.
Erzieherin:	Das Hörgerät macht die Geräusche für Miriam lauter, so dass sie euch besser hören kann, wenn ihr sprecht.
Chris:	Ich habe Angst, dass ich ihre Ohrenkrankheit auch bekomme, wenn ich ihr zu nahe komme.
Alonzo:	Warum geht sie nicht zum Arzt?
Erzieherin:	Miriam ist nicht krank. Niemand kann sich durch ihr Ohrproblem anstecken, aber es kann auch nicht geheilt werden. Miriam wurde so geboren, dass sie weniger hört als ihr oder ich. Die Hörhilfe ist ein wichtiges Gerät, das ihr hilft. Sie braucht es. Es ist wichtig für sie, dass ihr versteht, warum sie es trägt.

Durch diese Art von Konferenzen sammeln Kinder Erfahrung in der Lösung von Problemen durch gemeinsame Überlegungen.

2. ›Schludrigkeit‹

Im Kindergarten passiert es immer wieder, dass einige Teile vom Sandspielzeug nach dem Spiel draußen irgendwo auf dem Außengelände liegen bleiben.

Erzieherin:	Wir haben ein Problem. Es passiert immer wieder, dass Sandspielzeug nicht wieder eingeräumt wird und dann über Nacht im Garten liegt. Einige Schaufeln sind dadurch schon kaputtgegangen. Und über einige von den schönen Sandförmchen ist der Rasenmäher gerollt. Das finde ich schade.
Justin:	Ich sehe ja auch gar nicht, wo die anderen überall mit den Sachen spielen, dann weiß ich auch nicht, wo ich gucken muss.
Vicki:	Manchmal müssen wir auch so schnell reinkommen, weil es schon so spät ist, dass wir gar nicht so schnell alles finden.
Andreas:	Für die ganz Kleinen ist das Aufräumen zu schwer. Die wissen manchmal nicht, was sie benutzt haben.
Erzieherin:	Das klingt, als gäbe es viele unterschiedliche Gründe, warum das passiert.

Die Erzieherin bittet die Kinder um Vorschläge zur Lösung des Problems. Die Kinder denken nach und machen einige Vorschläge. Dazu gehört auch die Idee, für die die Gruppe sich schließlich entscheidet: Sie richten einen Sandspielzeug-Sicherheitsdienst ein. An jedem Tag dürfen zwei Kinder nach dem Spielen draußen nochmals Streife über das Außengelände gehen. Sie sammeln dann liegen gebliebenes Spielzeug ein.

Eine Woche später wertet die ganze Gruppe das Ergebnis als erfolgreich aus. Alle sind zufrieden: die Kinder und die Erzieherinnen.

Nicht alle Probleme können so einfach gelöst werden. Es kann auch sein, dass einige Kinder die Lösungen nicht in die Praxis umsetzen. Wir müssen sie möglicherweise an ihre Entscheidungen erinnern.

Als Erzieherin hoffen wir, dass die Kinderkonferenz eine Lösung findet. Aber das ist nicht immer der Fall. Manchmal finden die Kinder in der Besprechung keine Lösung für das Problem. Wir stellen aber in der Regel fest, dass sich die Kinder nach dem Treffen ihres Verhaltens bewusster sind.

Problemlösungsfertigkeiten fördern das Selbstwertgefühl der Kinder. Sie geben Kindern die Möglichkeit, aktiv am Leben teilzunehmen. Kinder, die früh lernen, Verantwortung für den Umgang mit ihren Problemen zu übernehmen, entwickeln Fertigkeiten, die dazu beitragen, dass sie zu konfliktfähigen, selbstbewussten Menschen heranreifen.

Sie und Ihre Arbeitskolleginnen

Die Frage »Um wessen Problem handelt es sich?« zu stellen, kann sowohl in familiären und privaten Situationen als auch bei der Arbeit nützlich sein. Als Erzieherin fühlen Sie sich häufig verantwortlich dafür, dass es anderen gut geht. Wenn Sie aber versuchen, jedes Problem, das Ihnen begegnet, zu lösen, so kann dieses Verantwortungsgefühl zu Schuldgefühlen führen. Gesunde Beziehungen verlangen nach *gemeinsamer* Problemlösung. Wenn ein Problem aufkommt, stellen Sie sich als Erstes die Frage: »Wessen Problem ist es?« Die Antwort gibt Ihnen einen Ansatzpunkt für die Lösung des Problems.

Herausforderungen im Alltag

Baby: Die dreizehn Monate alte Melissa ist das jüngste Kind in der Gruppe. Die anderen Kinder sind zwischen zwei und sechs Jahren alt. Am Ende des Tages geht Frau Robert, die Leiterin, mit allen Kindern nach draußen. Schon die ganze Woche spielen die Kinder mit einem Ball ein Werf- und Fangspiel. Melissa möchte mitspielen, aber das Vor- und Zurückspielen läuft für sie zu schnell. Melissa weint und fällt oft hin, während sie versucht, mit den anderen hinter dem Ball herzurennen.

1. Wessen Problem ist es, dass Melissa weint und hinfällt?
2. Wie könnte Frau Robert Melissa in dieser Situation helfen?

Kleinkind: Sophie und Julius, beide zweieinhalb Jahre alt, spielen zusammen im Sandkasten. Sophie wirft systematisch Sand in Julius' T-Shirt, woraufhin Julius Sophie auf die Brust schlägt und schreit: »Hör auf!«

1. Wessen Problem ist es?
2. Wie kann die Erzieherin den Kindern helfen, Alternativen zu finden und das Problem zu lösen?

Kindergartenkind: Die fünf Jahre alte Kyra ist gerade zu Frau Bottega, der Erzieherin, gekommen und hat ihr erzählt, dass Florian, ein anderer Fünfjähriger, schwarze Farbe über die Bilder schmiert, die die anderen Kinder gemeinsam an eine Mauer malen. Frau Bottega geht der Anschuldigung nach und sieht, dass zwei Kinder versuchen, Florian wegzustoßen. Florian hat tatsächlich schwarze Farbe über das Kunstwerk der Kinder verteilt.

1. Wessen Problem ist es?
2. Wie kann die Erzieherin das Problem mit den Kindern zusammen lösen?

Tabelle 3A

Aktiv zuhören und Ich-Aussagen

Alter des Kindes	Angemessene Reaktion der Erzieherin	aktiv zuhören	Ich-Aussagen
Babys	Benutzen Sie möglichst genaue Ausdrücke für Gefühle. Reagieren Sie auf nonverbale Botschaften und geben Sie Babys Gelegenheit, zu lernen, wie sie sich fühlen. Auch wenn Babys die meisten Worte noch nicht verstehen, nehmen sie ihre Gefühle doch wahr.	»Du kommst nicht an den Ball ran. Bist du deswegen wütend?« »Du hast Angst, weil so viele Kinder hier sind?« »Du bist glücklich, weil du den Teddy hast, nicht wahr?«	»Wenn dein Bauch so weh tut, bin ich ganz traurig.« »Es macht mich sehr glücklich, wenn ich dich so lächeln sehe.« »Wenn ich nur wüsste, warum du schreist.«
Kleinkinder	Sobald Kleinkinder anfangen zu sprechen, reagieren Sie mehr und mehr auf die Worte der Kleinkinder. Dennoch beobachten Sie auch weiterhin ihr Verhalten, um die Gefühle der Kinder aufgreifen zu können.	»Du klingst sehr wütend, weil ich nicht zulasse, dass du Susi schlägst?« »Du bist schon ganz aufgeregt, weil du gleich mit Hassan spielen kannst?« »Dein Gesicht zeigt mir, dass du traurig bist – glaubst du, dass das unfair ist?«	»Wenn ich nicht weiß, warum du schreist, weiß ich nicht, wie ich dir helfen kann.« »Wenn du sagst, du hasst mich, bin ich traurig. Trotzdem mag ich dich.« »Wenn du mit Spielzeug wirfst, fürchte ich, dass jemand verletzt wird.«
Kindergartenkinder	Kindergartenkinder können bereits besser begründen, so dass Sie mehr auf deren verbale Botschaften reagieren können. Achten Sie aber auch weiterhin auf die nonverbalen Botschaften. Benutzen Sie für Ihre Antworten auf die Gefühle der Kinder differenziertere Worte als die bislang gebrauchten, eher allgemeinen wie »böse«, »wütend«, »sauer«, »traurig« und »froh«. Sie können die Gefühle der Kinder erraten – sollten Sie falsch liegen, werden die Kinder Sie in der Regel korrigieren.	»Du siehst enttäuscht aus. Ist es wegen deiner Zeichnung?« »Kann es sein, dass du dich alleingelassen fühlst?« »Du bist ganz aufgeregt, weil wir in den Zoo gehen?«	»Wenn du auf der Wippe herumspringst, habe ich Angst, dass du dich verletzen könntest.« »Ich bin enttäuscht, wenn ihr einander nicht zuhört, weil es dann so aussieht, als ob es euch nicht kümmert, was andere zu sagen haben.« »Ich bin froh, wenn alle schön spielen. Es zeigt mir, dass ihr lernt, miteinander auszukommen.«

Hören Sie aktiv zu (s. Kapitel 2) und benutzen Sie Ich-Aussagen, um Kindern zu helfen, sich respektiert zu fühlen. Im Laufe der Zeit kann diese Art, zu kommunizieren, den Kindern helfen, zu verstehen, welche Gefühle sie selbst bzw. andere empfinden.

Tabelle 3B

Wessen Problem ist es?

Stellen Sie sich folgende Fragen, um herauszufinden, um wessen Problem es sich handelt:

1. Werden meine Rechte missachtet?
2. Ist das Kind von der Entwicklungsstufe her noch *nicht fähig*, für das Problem verantwortlich zu sein?
3. Ist die Sicherheit des Kindes oder anderer gefährdet?
4. Kann das Eigentum von jemandem beschädigt werden?

Ist die Antwort auf *eine* dieser vier Fragen »Ja«, handelt es sich um Ihr Problem. Sind *alle* Antworten auf diese Fragen »Nein«, dann kann es sich um das Problem des Kindes handeln – abhängig vom Alter bzw. der Reife des Kindes und vom Problem selbst. Je jünger das Kind, umso wahrscheinlicher ist es, dass es sich um ein Problem der Erzieherin handelt. Bei einem Säugling stehen die Sicherheit und die Berücksichtigung der Entwicklungsstufe im Vordergrund.

Alter des Kindes	Situation	Wessen Problem ist es?	Angemessene Reaktion der Erzieherin
Babys	Ein sechs Monate altes Baby schreit, weil es hungrig oder nass ist.	Erzieherin	Befriedigen Sie das Bedürfnis des Babys. Füttern bzw. wickeln Sie das Baby. Hören Sie dabei aktiv zu.
Kleinkinder	Ein achtzehn Monate altes Kind möchte mehr Kekse, als ihm erlaubt wurden, und bekommt einen Wutanfall.	Kind	Hören Sie zunächst aktiv zu: »Ich sehe, du bist wütend, weil du keine Kekse mehr bekommst.« Dann bieten Sie Alternativen an: »Du kannst ein paar Apfelschnitze oder eine Mandarine haben.« Drittens – falls das Kind nicht locker lässt – ignorieren Sie weitere Wutausbrüche.
	Ein Kleinkind weigert sich bei einem Ausflug, im Kindersitz angeschnallt zu werden.	Erzieherin	Aus Sicherheitsgründen muss das Kind im Sitz angeschnallt werden: »Ich weiß, du magst den Gurt nicht, aber damit du sicher sitzt, musst du angeschnallt sein.«
	Ein Kleinkind entscheidet an einem kalten Tag, keine Handschuhe anzuziehen.	Kind	Das Kleinkind wird ohne Handschuhe rausgehen und wieder reinkommen, wenn ihm kalt wird: »Dir ist kalt geworden. Möchtest du deine Handschuhe jetzt anziehen, damit dir nicht kalt ist, wenn du wiederraus gehst?«

Alter des Kindes	Situation	Wessen Problem ist es?	Angemessene Reaktion der Erzieherin
Kindergartenkinder	Zwei Dreijährige streiten sich um ein Spielzeug.	Kinder	»Wie ich sehe, möchtet ihr beide mit demselben Spielzeug spielen. Könnt ihr euch vorstellen, wie ihr das Spielzeug teilen könnt?« Wenn die Kinder nicht kooperieren, trennen Sie sie voneinander. Sofern die Kinder einander nicht schlagen, lassen Sie die Kinder es unter sich ausmachen.
	Ein vierjähriges Kind verschüttet Saft.	Kind	Geben Sie dem Kind die Möglichkeit, den Saft aufzuwischen.
	Ein fünfjähriges Kind weigert sich, ein verschriebenes Medikament zu nehmen.	Erzieherin	Das Kind muss das Medikament nehmen: »Es ist sehr wichtig, dass du diese Medizin nimmst. Danach wirst du dich besser fühlen.« Sprechen Sie mit den Eltern, falls das Kind sich weiterhin weigert.

STEP in der Praxis

Üben Sie, herauszufinden, »um wessen Problem es sich handelt«. Sobald das ge-klärt ist, entscheiden Sie auf der Basis der Fertigkeiten, die die Kinder bis jetzt gelernt haben, was Sie tun können. Am besten beginnen Sie mit einem oder zwei Kindern.

Bitte beachten Sie:

Die Fertigkeiten, die wir in diesem Buch präsentieren, zeigen unserer Erfahrung nach in den meisten Fällen Wirkung. Wenn Sie STEP (Fertigkeiten und Hal-tung) im Alltag umsetzen, stellen Sie folgende Überlegungen an:

- Inwiefern trägt die Umgebung des Kindes in der Einrichtung – Aktivitäten, Ausstattung, Material und Tagesablauf – zum störenden Verhalten bei?
- Welche Ihrer persönlichen Ressourcen tragen zur Lösung von Problemen bei? Dazu gehören Eigenschaften oder Stärken wie ein Sinn für Humor, die Fähig-keit, Abstand zu nehmen und die Perspektive zu wechseln, Erfahrung oder Geschick in der Lösung von Problemen, Geduld, Achtsamkeit oder eine gute Wahrnehmung.
- Inwiefern tragen Sie selbst zu Konflikten bei, beispielsweise indem Sie leicht zu ärgern sind, zu viel reden, zu viel fordern, ständig die Kontrolle haben müssen, perfekt sein oder gefallen wollen.

Zusammenfassung

1. Verwenden Sie Ich-Aussagen, durch die Sie ausdrücken, wie Sie sich fühlen. Vermeiden Sie Du-Aussagen, durch die Sie Kindern Vorwürfe machen, herabsetzen oder nörgeln.

2. Zum Erlernen von »Ich-Aussagen« benutzen Sie folgende Struktur:

Wenn	»Wenn ich sehe, dass du Jonas schlägst,
bin ich/	bin ich besorgt / mache ich mir Sorgen,
fühle ich mich	
(oder sinngemäß)	
weil	weil er verletzt werden könnte.«

3. Ich-Aussagen bieten die Chance, respektvoll mit Kindern zu kommunizieren und Einfluss auf sie zu nehmen. Ich-Aussagen sind kein Kontrollmechanismus und keine Garantie für besseres Verhalten.

4. Die Person, um deren Problem es sich handelt, ist für den Umgang damit verantwortlich. Meistens ist es die Erzieherin, oft aber auch das Kind – je älter, je öfter.

5. Stellen Sie sich folgende vier Fragen, um zu entscheiden, um wessen Problem es sich handelt:

   1. Werden meine Rechte missachtet?
   2. Ist das Kind von der Entwicklungsstufe her noch *nicht fähig*, für das Problem verantwortlich zu sein?
   3. Ist die Sicherheit des Kindes oder anderer gefährdet?
   4. Kann das Eigentum von jemandem beschädigt werden?

   Ein einziges »Ja« bedeutet, dass es sich um das Problem der Erzieherin handelt.

   Viermal »Nein« bedeutet, es handelt sich um ein Problem des Kindes.

6. Unabhängig davon, ob das Problem Ihres oder das des Kindes ist, gibt es mehrere Wege, die Sie beschreiten können, um eine Lösung zu finden.

   - Sie erlauben dem Kind, alleine eine Lösung zu finden, und ermutigen es dazu.
   - Sie nutzen aktives Zuhören oder Ich-Aussagen.
   - Sie stellen sicher, dass das Kind die Konsequenzen seines Verhaltens kennt.
   - Sie erforschen mit dem Kind Alternativen.

7. Beim Erforschen von Alternativen durchlaufen Sie folgende sechs Schritte:

   1. Verstehen Sie das Problem.
   2. Sammeln Sie Ideen, ohne sie zu bewerten (Brainstorming).
   3. Wägen Sie gemeinsam die vorgeschlagenen Lösungen ab.
   4. Entscheiden Sie sich gemeinsam für eine Lösung.
   5. Verpflichten Sie die betroffenen Kinder – evtl. auch Sie sich als Erzieherin – zur Umsetzung der Lösung und legen Sie gemeinsam eine Zeit für die Auswertung fest.

6. Die betroffenen Kinder – evtl. auch Sie als Erzieherin – setzen die Lösung in die Tat um und überprüfen gemeinsam das Ergebnis nach Ablauf der gesetzten Frist.

8. Alternativen erforschen ist hilfreich, wenn
   - die Erzieherin ein Problem mit einem oder mehreren Kindern hat,
   - ein Kind ein Problem hat,
   - zwei oder mehrere Kinder einen Konflikt miteinander haben,
   - Pläne zusammengestellt und Entscheidungen formuliert werden sollen.

9. Die Kinderkonferenz hilft Kindergartenkindern
   - beim Aufstellen von Regeln mitzuwirken,
   - Pläne zu schmieden,
   - Probleme zu lösen, die die ganze Gruppe betreffen.

NUR FÜR SIE

Der Umgang mit Konflikten in Erwachsenenbeziehungen

Das Erforschen von Alternativen kann genutzt werden, um Probleme mit Kindern zu lösen, aber auch dann, wenn ein Konflikt mit Kolleg/innen, Ehepartner/innen, Freund/innen oder Verwandten auftritt. Sie können die Schritte dieser Strategie einsetzen, um zu verhandeln.[8]

1. Sie verstehen das Problem.
2. Sie sammeln Ideen, ohne zu bewerten (Brainstorming).
3. Sie wägen die vorgeschlagenen Lösungen ab.
4. Sie entscheiden sich gemeinsam für eine Lösung.
5. Sie bekommen eine verbindliche Zusage für die Lösung und setzen eine Zeit fest, um das Ergebnis gemeinsam zu bewerten.
6. Sie – bzw. der betroffene Erwachsene – setzen die Lösung in die Tat um und Sie überprüfen das Ergebnis gemeinsam nach Ablauf der festgesetzten Frist.

Rudolf Dreikurs, Psychiater und Autor, hat vier wichtige Prinzipien beim Umgang mit Konflikten identifiziert:[9]

1. **Bewahren Sie gegenseitigen Respekt.** Vermeiden Sie, zu kämpfen *oder* nachzugeben.

---

8 Dinkmeyer, Don, et al. [7]

9 Dreikurs, R., und Grey, L. [48]

- Hören Sie aktiv zu und verwenden Sie Ich-Aussagen. Zeigen Sie der Person, mit der Sie einen Konflikt haben, deutlich, dass Sie sie verstanden haben: »Mir scheint, du fühlst dich …«
- Sprechen Sie ihn oder sie direkt an, stellen Sie sicher, dass Ihr Gegenüber Sie versteht: »Ich möchte, dass du verstehst, wie ich mich fühle, wenn das passiert. Wenn _____, bin ich/fühle ich mich _____, weil _____.«

2. Finden Sie heraus, worum es wirklich geht. Angenommen, Sie diskutieren darüber, Verantwortung aufzuteilen, oder über einen passenden Umgang mit Disziplin. Das, worüber gesprochen wird, ist nur selten das tatsächliche Thema. In einem Konflikt geht es häufig darum, wer recht hat, wer das Sagen hat oder ob es fair ist. Sie können so etwas sagen wie: »Anscheinend möchten wir beide recht haben. Ich frage mich, wie uns das helfen soll, das Problem zu lösen.«

3. **Ändern Sie die Vereinbarung.** In einer Konfliktsituation haben die involvierten Personen vereinbart, sich zu streiten. Diese Vereinbarung können Sie ändern, indem Sie Ihr Verhalten ändern. Seien Sie, falls nötig, zu einem Kompromiss bereit: »Mir ist bewusst, dass wir uns die ganze Zeit streiten. Ich bin jetzt bereit, zuzuhören und zu versuchen, eine Einigung zu erreichen.«

4. **Laden Sie Ihr Gegenüber ein, an der Entscheidungsfindung mitzuwirken.** Eine Einigung wird erreicht, wenn beide Parteien Lösungen vorschlagen und sich für eine Lösung entscheiden, die beide gewillt sind zu akzeptieren. Das schließt das Sammeln von Ideen ein (Brainstorming). Beginnen Sie den Prozess, indem Sie Ihr Gegenüber nach Ideen oder Vorschlägen fragen: »Was glaubst du, wie wir das Problem lösen können?« Machen Sie danach, falls nötig, selbst Vorschläge. Als Nächstes denken Sie beide über die Vorschläge nach und versuchen eine für beide Seiten akzeptable Lösung auszuwählen. Achten Sie darauf, eine verbindliche Zusage für die Durchführung der Lösung zu bekommen, und überprüfen Sie nach einer festgesetzten Frist gemeinsam, ob der Vorschlag funktioniert hat.
Wenn keine Einigung erreicht wird, können Sie nur über Ihre Absicht sprechen: »Da es uns nicht gelingt, eine Lösung zu finden, die für uns beide akzeptabel ist, werde ich … (sagen Sie, was Sie tun werden).« Ihre Absichtserklärung beinhaltet nur das, was Sie tun werden – nicht, was die andere Person zu tun hat.
Wenn Sie einen Konflikt in Ihren Beziehungen mit andern Erwachsenen haben, den Sie gerne lösen möchten, entscheiden Sie, wie Sie die Strategie ›Alternativen erforschen‹ und die ›Prinzipien der Konfliktlösung‹ einsetzen möchten, um mit dem Konflikt umzugehen. Wie werden Sie das Gespräch eröffnen?

Kooperationsbereitschaft aufbauen und Disziplin sinnvoll ausüben

In Kapitel 4 lernen wir:

- Disziplin sinnvoll auszuüben bedeutet, Kinder anzuleiten, Selbstkontrolle, Kooperationsbereitschaft und Verantwortungsbewusstsein zu entwickeln.

- Wirkungsvoll angeleitet werden Kinder durch Wahlmöglichkeiten sowie durch natürliche und logische Konsequenzen.

- Belohnung, Bestrafung und bedingungslosen Gehorsam zu verlangen sind keine langfristig wirkungsvollen Methoden, um Disziplin sinnvoll auszuüben.

Wir leiten Kinder an, Selbstdisziplin zu entwickeln

Bei der Auswahl einer angemessenen Art, Disziplin auszuüben, ist es wichtig, die Entwicklungsstufe eines Kindes zu berücksichtigen sowie jegliche Umstände oder Ziele, die möglicherweise das Verhalten beeinflussen.

Die Kinder, die wir betreuen, wachsen und werden schließlich Teil einer größeren Welt. Als Mitglieder von Gruppen und Gemeinschaften müssen sie wissen, wie sie miteinander interagieren, kooperieren und Konflikte lösen können. Die dafür notwendigen Fertigkeiten zu lernen – die Entwicklung der sozialen Kompetenz – ist eine der wichtigsten Aufgaben in der frühen Kindheit. In diesem Kapitel geht es darum, Kindern zu helfen, eine kooperative Haltung (Teamfähigkeit) und Fertigkeiten für die Zusammenarbeit zu entwickeln.

Die Bereitschaft zur Kooperation – eine kooperative Haltung und kooperatives Verhalten – entwickelt sich mit der Zeit, Schritt für Schritt. Mit uns als Vorbild, können Kinder anfangen zu verstehen, was Kooperation bedeutet. Wenn wir anderen Erwachsenen und den Kindern in unserer Einrichtung zuhören und ihnen Respekt entgegenbringen, sind wir Vorbild für kooperatives Verhalten. Indem wir es jedes Mal bemerken und Anerkennung geben, wenn Kinder sich kooperativ zeigen, ermutigen wir sie, diese Haltung und dieses Verhalten zu wiederholen.

In Kapitel 4 beschäftigen wir uns außerdem mit dem Thema Disziplin. Indem wir Disziplin sinnvoll ausüben, leiten wir Kinder an – wir geben ihnen Orientierung und Sicherheit.

Durch unterstützenden und respektvollen Umgang bringen wir den Kindern Kooperationsbereitschaft, Verantwortungsbewusstsein und Selbstdisziplin bei.

Was ist Kooperation?

Erwachsene benutzen das Wort »kooperieren« häufig, wenn sie tatsächlich »gehorchen« meinen.

> BEISPIEL
> Die beiden Fünfjährigen, Mia und Paula, streiten sich um den großen Globus. Jede beansprucht ihn als ihr ›Eigentum‹ und sagt: »Ich hatte ihn zuerst.« Die Erzieherin versucht der Erzählung eines anderen Kindes zuzuhören. Sie bittet die Mädchen deshalb, ruhig zu sein. Sie sind für eine Weile ruhig, setzen dann aber ihren Streit fort. Schließlich fordert die Erzieherin: »Ich möchte, dass ihr zwei kooperiert! Hört auf zu streiten oder ich trenne euch!«

Obwohl die Erzieherin von Kooperation spricht, ist es offensichtlich, dass sie *in Wirklichkeit* will, dass die beiden Mädchen ihr *gehorchen*. Gehorsam zu verlangen führt womöglich – für eine Weile – dazu, dass die Kinder tun, was wir von ihnen verlangen. Aber wir erreichen Kooperationsbereitschaft nicht durch Befehle. Dieser Ansatz führt stattdessen häufig zu Rebellion. *Kooperation bedeutet zusammenzuarbeiten, um den Anforderungen einer bestimmten Situation gerecht zu werden,* es bedeutet nicht blinder Gehorsam.

In der eben beschriebenen Situation könnte die Erzieherin den Kindern die Verantwortung für die Lösung des Problems überlassen. Sie könnte die Kinder bitten, in die Gesprächsecke zu gehen, um das Problem zu lösen. Dadurch würde die Erzieherin den Mädchen helfen, miteinander und mit der Erzieherin zu kooperieren (Siehe Kapitel 3 zum Thema Gesprächsecke).

Es folgt ein Beispiel für Kooperation in der Gruppe:

> Eine Gruppe plant, ihren Raum für Karneval zu dekorieren. Sie beschließen, Papierketten zu basteln. Nachdem sie die Vorgehensweise mit der Erzieherin durchgegangen sind, fragt die Erzieherin, welches Material sie brauchen und wer sich bereit erklärt, es zu holen. Die Kinder sind von Anfang an in den Prozess miteinbezogen.

Es gibt viele Wege, wie wir den Kindern helfen können, eine kooperative Haltung und kooperatives Verhalten zu lernen. Wir möchten Vorgehensweisen kennenlernen, die positives Verhalten verstärken und von negativem abbringen.

Wie viel Kooperation können wir erwarten?

Kooperationsbereitschaft wächst Schritt für Schritt. Die kindliche Fähigkeit zur Kooperation ist abhängig von der Entwicklungsphase eines Kindes. Die Entwicklung hin zur Selbstständigkeit kann mit der Fähigkeit und der Bereitschaft des Kindes, zu kooperieren, in Konflikt geraten. Es gehört zu den Aufgaben von Erziehenden, Kindern zu helfen, selbstständig zu werden *und* zu lernen, mit anderen zu kooperieren.

Welche Art von Kooperation können wir von Babys, Klein- bzw. Kindergartenkindern erwarten? Welche Erziehungsmethoden helfen Kindern, kooperatives Verhalten zu entwickeln?

Babys: Babys sind Forscher. Jede neue Umgebung ist für sie ein neues Forschungsgebiet. Sie erkunden die Welt mit all ihren Sinnen: Sehen, Hören, Riechen, Anfassen, Schmecken. Weil sie Babys sind, sind sie Forscher ohne Regeln und ohne gesunden Menschenverstand. *Babys Grenzen zu setzen ist deshalb die liebevollste und effektivste Art, Disziplin auszuüben.*

Babys sehen sich selbst als das Zentrum des Universums. Sie haben kein Verständnis für Rechte und Bedürfnisse anderer. Aufgrund dessen können wir von

Babys nicht erwarten, dass es für sie natürlich ist, kooperativ zu handeln. Das Babyalter ist aber dennoch die ideale Zeit, um damit anzufangen, Kindern Kooperation beizubringen.

In ihrem ersten Lebensjahr ist jede Interaktion mit den Babys eine Gelegenheit, *gegenseitigen Respekt* zu zeigen und *Kooperationsbereitschaft* aufzubauen.

> BEISPIEL
> Die acht Monate alte Jana hat sich vollgekleckert. Die Erzieherin, die sie sauber macht, sagt zu ihr: »Wir machen dich gleich wieder sauber. Du kannst mir dabei helfen.« Sie nimmt die Hand des Kindes, legt sie auf den Lappen und wischt so mit ihr zusammen das verschmutzte Hemdchen ab.

Jana wird die Situation nicht zwangsläufig verstehen und kooperieren. Vielleicht zieht sie ihre Hand weg. Babys sind sehr entschlossen, aber sie beabsichtigen nicht, zu manipulieren. Ihr Verhalten spiegelt einfach ihren Versuch wider, ihre Bedürfnisse zu kommunizieren. Aus diesem Grund bewerten wir ihr Verhalten nicht als böse Absicht – wir betrachten es einfach als entwicklungsbedingte Unreife.

Kleinkinder: Kleinkinder erforschen ebenfalls gerne. Sie fangen an, Ursache und Wirkung ihrer Handlungen wahrzunehmen: »Wenn ich schreie, dann zuckst du zusammen. Wenn ich weine, nimmst du mich in den Arm.« Kleinkinder fangen an, die Konsequenzen ihres Verhaltens vorhersehen zu können. Sie lernen, ihr Verhalten zu verändern, um die Konsequenzen zu ändern. Die meisten Kleinkinder haben bereits gelernt, wie sie verstärkt emotionale Zuwendung von ihren Eltern bekommen können. Vielleicht versuchen sie das bei uns auch. Ein verschmitzter Blick in den Augen eines Kleinkindes zeigt uns, ob es das Ziel verfolgt, seine Grenzen auszutesten!

Kleinkinder brauchen Grenzen zu ihrem eigenen Schutz – vielleicht sogar noch dringlicher als Babys. Sie können sich schneller und weiter bewegen als Babys, haben aber nur wenig Selbstkontrolle und erkennen Gefahren nicht. Sie benötigen weiterhin klare physische Grenzen, müssen aber auch soziale Grenzen kennenlernen. Sie können anfangen zu verstehen, welches Verhalten akzeptabel ist und welches nicht.

Kleinkinder haben eine sehr einfache Vorstellung davon, was es bedeutet, zu kooperieren. Ihre Handlungsweise scheint häufig völlig unkooperativ zu sein. Zum Selbstständigwerden gehört Selbstbehauptung. Sie hilft den Kleinkindern, ihr Selbstwertgefühl zu entwickeln. Aber Selbstbehauptung kann auch die ersten Zeichen der Trotzphase mit sich bringen. Wenn Kleinkinder lernen, dass sie Kontrolle über sich haben können, widersetzen sie sich vielleicht dem, worum sie gebeten werden, oder sie tun das Gegenteil davon. Sie machen vielleicht den Mund ganz fest zu, wenn wir versuchen, ihnen den letzten Happen Essen zu füttern. Vielleicht laufen sie weg, wenn wir versuchen, ihre Jacke zuzuknöpfen.

Sie lernen, laut und oft »Nein!« zu sagen. Kleinkinder sind nicht feindselig. Sie lernen nur – auf ihrem Weg zur Entfaltung von Selbstständigkeit und Eigeninitiative –, was sie tun können und was nicht.

Als *Trotzphase* wird eine vorübergehende Phase zwischen Babysein und früher Kindheit bezeichnet. Ohne diese Phase würde das Kind vielleicht im Babyalter stecken bleiben. Wenn wir angemessen damit umgehen, kann es eine positive Phase in der Entwicklung eines Kindes sein[1].

Wir können mit der Trotzphase umgehen, indem wir Kleinkinder *ablenken* und damit *auf positive Aktivitäten umleiten*, die Selbstständigkeit und Selbstbewusstsein fördern. Dabei handelt es sich um Aktivitäten, bei denen Kleinkinder erfolgreich sein können und für die sie Anerkennung bekommen können. Positives Verhalten anzuerkennen, womöglich Spaß dabei zu haben, hilft, Kooperationsbereitschaft aufzubauen.

> BEISPIEL
> Nachdem einige Kleinkinder draußen in den Regenpfützen herumgesprungen sind, kommen die Kinder mit nassen Füßen in die Einrichtung zurück. Während eine Praktikantin die trockenen Socken der Kinder holt, sagt die Erzieherin: »Bitte zieht eure nassen Socken aus. Danke. Eure Füße fühlen sich jetzt viel besser an, nicht wahr? Schaut, wie lustig ihr mit den Zehen wackeln könnt!«

Kindergartenkinder: Kindergartenkinder können die Konsequenzen ihres Verhaltens besser vorhersehen als Kleinkinder und ein gewisses Maß an Selbstkontrolle zeigen. Sie verfügen zu einem gewissen Grad über die Fähigkeit, ihr Verhalten zu ändern, um unerwünschte Konsequenzen zu vermeiden.

> BEISPIEL
> Die vier Jahre alte Miriam wäscht die Puppen am Waschbecken. Mona kommt dazu. Aber die Mädchen haben unterschiedliche Vorstellungen darüber, wie das Spiel laufen soll. Sehr bald schon hat Mona Miriam alle Puppen weggenommen. Miriam sagt: »Ich war zuerst hier!«, und versucht Mona wegzuschubsen. Die Erzieherin meint dazu: »Mit den Puppen im Wasser zu spielen macht Spaß. Könnt ihr euch vorstellen, wie ihr die Babys gemeinsam baden könnt?« Miriam sagt: »Ich möchte die Babys baden.« Mona erwidert: »Ich möchte den Babys die Haare waschen.« Miriam antwortet darauf: »Ja, ich bade sie und du wäschst ihnen die Haare. Dann trocknen wir sie zusammen ab.«

Da Kindergartenkinder schon rationaler denken können, können wir ihnen klare, einfache *Regeln geben* und auf die *Konsequenzen* hinweisen, falls sie eine Regel brechen. Sie werden unsere Erwartungen zwar nicht immer und in jeder Situation verstehen, aber ihr Verständnis wächst mit ihren Erfahrungen.

---

1 Dodson, F. [22]

Beispiel

Einige Dreijährige spielen zum ersten Mal ›Fallschirm‹. Die Erzieherin erklärt, dass alle Kinder das große Tuch ganz fest an den vier Ecken festhalten und den Fallschirm alle zusammen abwechselnd hoch- und runterheben müssen, damit das Fallschirmspiel funktioniert. Die Erzieherin betont, dass dazu alle gut zusammenarbeiten müssen. Einige Kinder haben Schwierigkeiten, zu verstehen, was sie tun sollen. Also lässt die Erzieherin einige Kinder, die bereits verstanden haben, vormachen, wie sie das Tuch festhalten und wie sie einen Fallschirm hoch- und runterheben.

Sinnvoll Disziplin ausüben

Realistische Erwartungen, gegenseitiger Respekt, Ermutigung und gute Kommunikationsfertigkeiten – sie alle helfen, Kooperationsbereitschaft und Verantwortungsbewusstsein bei kleinen Kindern zu entwickeln. Innerhalb dieses Rahmens können Erzieherinnen wirkungsvolle Strategien zum Ausüben von Disziplin, die sinnvoll ist, finden. Durch sinnvolle Disziplin leiten wir die Kinder an und bringen ihnen bei, wie sie mit anderen kooperieren – und wie sie ihr eigenes Verhalten steuern können.

Ineffektive Methoden: Belohnung und Bestrafung

Sinnvolle Disziplin auszuüben ist ein erzieherischer Prozess – eine Lernerfahrung. Für einige Erwachsene bedeutet *Disziplin* jedoch Strafe. Viele von uns sind in Familien groß geworden, in denen Strafe und Belohnung als Methoden eingesetzt wurden, um Kindern Disziplin beizubringen. Aber Belohnung und Bestrafung verwehren den Kindern die Chance, Entscheidungen zu treffen und damit Verantwortungsbewusstsein zu lernen. Belohnung und Strafe erwecken vielleicht den Eindruck, effektiv zu sein, solange Kinder klein sind. Langfristig können diese Methoden aber zu unerwünschten Konsequenzen führen.

Belohnung. Belohnung bringt Kindern bei, für Kooperation Bezahlung zu erwarten.
- »Wenn du brav bist, dann lese ich dir eine Geschichte vor.«
- »Wer zuerst Jacke und Schuhe an hat, bekommt etwas Süßes.«

Wenn wir mit Belohnung arbeiten, trainieren wir die Kinder, sich auf eine bestimmte Weise zu verhalten, um etwas zu bekommen – nicht um zu kooperieren. Der Wert der Belohnungen wächst zwangsläufig mit dem Alter des Kindes. Was ein zweijähriges Kind motiviert, motiviert ein fünfjähriges möglicherweise nicht mehr. Und da Belohnung dazu verleitet, Kinder miteinander zu vergleichen, fördern wir damit möglicherweise den Wettstreit anstelle der Kooperation.

Bestrafung. Während Belohnung Kindern beibringt, etwas *bekommen* zu wollen, bringt Bestrafung Kindern bei, jemanden *abzulehnen* und möglicherweise zu *hassen*. Bestrafung ist ein Garant für eine Beziehung, die auf Angst basiert. Sie ist ein Angriff auf das Selbstwertgefühl eines Kindes und wird meist als Aufforderung zum Widerstand bzw. zur Rebellion verstanden. Bestrafungen sind zum Beispiel:

- Drohungen – die die Erzieherin häufig nicht wahr macht: »Wenn du mir heute nicht beim Aufräumen hilfst, darfst du morgen nicht mit den Fingerfarben malen.«
- Schreien – das Kindern oft beibringt, nur dann aufzuhorchen, wenn die Erzieherin schreit: »Jetzt habe ich euer Gezanke satt. Du, Alina, gehst jetzt in die Gruppe von Frau Müller und du, Yasmin, bleibst hier!«
- Überreaktion – die Probleme möglicherweise verschlimmert, indem sie deren Bedeutung vergrößert: »Du hast eine Seite aus dem Buch rausgerissen! Du kriegst keine Bücher mehr!«
- Herabsetzungen – dazu gehören Beleidigungen, Beschimpfungen, Beschuldigungen und unvorteilhafte Vergleiche mit anderen Kindern: »Ihr Jungs seid immer richtige Unruhestifter.«
- Entzug von Privilegien ohne eindeutigen Bezug zum Fehlverhalten – dadurch entstehen Ressentiments: »Du hast den Waschraum unordentlich hinterlassen, deshalb darfst du mit den anderen nicht nach draußen gehen.«
- Schlagen – Seit dem 3.11.2000 (Bundesgesetzblatt 2000 I, S. 1479) hat das Kind erstmals einen ausdrücklichen eigenen Anspruch auf gewaltfreie Erziehung (§1631 Abs. 2 BGB); flankiert ist dieser Anspruch des Kindes mit einem Verbot an die Erziehenden, körperliche Bestrafungen, seelische Verletzungen und andere entwürdigende Maßnahmen vorzunehmen.
  Darüber hinaus: Kinder zu schütteln oder zu schlagen zeigt ihnen, dass es in Ordnung ist, körperliche Gewalt anzuwenden, um Probleme zu lösen – besonders, wenn man größer ist! Kindern physischen Schmerz zuzufügen bringt ihnen nur bei, Angst vor Erwachsenen zu haben. Ein Kind zu schlagen beendet das Fehlverhalten vielleicht für eine Weile. Auf Dauer aber gelingt es damit nicht, positive Verhaltensweisen zu vermitteln oder zu fördern. Ein Kind zu schlagen verschafft dem Erwachsenen möglicherweise vorübergehend Erleichterung, aber die meisten von uns haben hinterher Schuldgefühle. Manche Kinder lernen, diese Schuldgefühle zu nutzen, um danach alle möglichen Privilegien zu ergattern.

Wenn wir Kinder belohnen oder bestrafen, bringen wir ihnen bei, dass *Erwachsene* für das Verhalten der Kinder die Verantwortung übernehmen. Es ist möglich, Kooperation ohne Belohnung und Bestrafung zu erreichen.

Sinnvolle Disziplin

Sinnvolle Disziplin auszuüben bedeutet, Anleitung, Orientierung und Halt zu geben. Es ist ein Erziehungs- und Lernprozess. Das Ziel sinnvoller Disziplin ist es, Kindern zu helfen, Selbstdisziplin zu entwickeln – sie in die Lage zu versetzen, kooperativ und für das eigene Verhalten verantwortlich zu sein.

Kinder reagieren positiv auf Respekt und positive Erwartungen. Der Schlüssel zu sinnvoller Disziplin liegt in *gegenseitigem Respekt* und der *Erwartung von Kooperation*. Die folgenden Strategien können Sie einsetzen, um sinnvoll Disziplin auszuüben:

- **D** enken Sie sich etwas aus und lenken Sie das Kind ab.
- **I** gnorieren Sie das Fehlverhalten, sofern angebracht.
- **S** trukturieren Sie die Umgebung.
- **Z** eigen Sie dem Kind, dass Sie die Situation, nicht das Kind kontrollieren: Setzen Sie Grenzen und geben Sie dem Kind Wahlmöglichkeiten innerhalb dieser Grenzen.
- **I** mmer, wenn angemessen, beziehen Sie das Kind in den Prozess mit ein: Lassen Sie Konsequenzen folgen.
- **P** lanen Sie Zeit ein, um sich dem Kind individuell zuzuwenden und ihm so Ihre Wertschätzung zu zeigen.
- **L** assen Sie das Kind los.
- **I** mmer konsequenter und berechenbarer werden.
- **N** icht vergessen: Bemerken Sie positives Verhalten.

 Wenden Sie die ›STOP Regel‹ an – dadurch geben Sie dem Kind, sich selbst und der Gruppe die Chance, sich zu beruhigen und die Selbstkontrolle wiederzuerlangen.

Realistische Erwartungen, gegenseitiger Respekt,
Ermutigung und gute Kommunikationsfertigkeiten – sie
alle helfen kleinen Kindern, Kooperationsbereitschaft und
Verantwortungsbewusstsein zu entwickeln.

Erziehungspartnerschaft mit den Eltern

Sie können für die Eltern eine Liste der zehn effektivsten Vorgehensweisen zur Ausübung sinnvoller Disziplin vorbereiten, die unter Punkt 8 der ›Zusammenfassung‹ aufgeführt werden. Fügen Sie eine kurze Erläuterung in ein oder zwei Sätzen hinzu. Schreiben Sie auch, dass Sie sich über Anrufe oder Gespräche mit den Eltern über die Prinzipien der sinnvollen Disziplin freuen.
Die Eltern reagieren möglicherweise positiv auf eine Präsentation und die Besprechung dieses Themas. Eine solche Veranstaltung kann eine gute Basis schaffen für die kooperative Zusammenarbeit mit den Eltern im Bereich Disziplin – sowohl zu Hause als auch in der Einrichtung.

Strategien, um sinnvoll Disziplin auszuüben

Folgende Überlegungen helfen uns bei der Wahl der Strategie:

- Es ist wichtig, die *Entwicklungsstufe* eines Kindes zu berücksichtigen. Ablenkung zum Beispiel eignet sich als Strategie für Babys, wohingegen die »STOP Regel« in diesem Alter sinnlos wäre. Als Erzieherin müssen wir die Entwicklungsstufe und die Persönlichkeit eines jeden Kindes, das wir betreuen, kennen. Eine bestimmte Strategie ist möglicherweise für die meisten Kinder einer Altersgruppe angebracht, kann aber dennoch bei einem bestimmten Kind nicht funktionieren. Zum Beispiel finden wir möglicherweise heraus, dass eines unserer Kindergartenkinder nicht auf Ich-Aussagen reagiert.
- Außerdem müssen wir *gewisse Faktoren im Leben eines Kindes* berücksichtigen, die dessen Verhalten beeinflussen könnten. Haben wir den Eindruck, dass das Kind genug schläft? Was passiert zu Hause? Gab es eine Veränderung in der Familie? Solche Faktoren beeinflussen die Wahl unserer Strategie. Ein Kind zum Beispiel, das wegen eines Problems zu Hause verunsichert ist, braucht vielleicht zusätzliche Zuwendung, wenn es unkooperatives Verhalten zeigt, oder es braucht ermutigende Worte in der stressigen Phase der Übergangszeiten. Wenn sich das Verhalten als dauerhaftes Muster fortsetzt, ist es vielleicht notwendig, die Familie des Kindes zu kontaktieren. Wenn möglich, wollen wir mit den Eltern zusammenarbeiten, um dem Kind zu helfen, sein Verhalten in den Griff zu bekommen.
- Bei Fehlverhalten müssen wir das *Ziel des Kindes* verstehen. Das Fehlverhalten zu ignorieren kann wirkungsvoll sein, wenn das Kind Fehlverhalten zeigt,

um Aufmerksamkeit zu bekommen. Aber ein Kind, das nach Macht strebt, muss möglicherweise aus der Situation herausgenommen werden.

Wir lenken das Kind ab

BEISPIEL
Der elf Monate alte Nick schlägt ziemlich fest nach dem sieben Monate alten Jonas. Nicks Erzieherin gibt ihm eine Trommel und sagt einfühlsam: »Hier Nick, wir schlagen auf Trommeln – Menschen schlagen wir nicht.«

In dieser Situation setzt die Erzieherin eine wichtige Strategie ein, um sinnvoll Disziplin auszuüben: *Ablenkung*. Sie schimpft nicht mit dem Kind, sondern bietet ihm eine Alternative. Dann erklärt sie, was erlaubt ist.

Wenn Nick nicht aufhört, nach Jonas zu schlagen, kann die Erzieherin ihn hochnehmen und in eine andere Ecke des Raumes setzen. Wenn er wieder zurückkrabbelt und Jonas angreift, besteht eine mögliche Lösung darin, ihn für eine Weile auf den Schoß zu nehmen und dort zu halten. Dabei sind wir freundlich und drohen dem Kind nicht. Später kann die Erzieherin Nick helfen, behutsam ›Anfassen‹ zu üben.

Ablenkung funktioniert auch mit kleineren Babys gut. Durch Ablenkung gehen wir auf respektvolle Art mit der großen Neugier und der kurzen Aufmerksamkeitsspanne von Babys um. Wenn wir ein Baby halten und es plötzlich unsere Brille herunterzieht, geben wir ihm etwas anderes zum Spielen.

Wir ignorieren Fehlverhalten – wenn angebracht

Ignorieren kann eingesetzt werden, um mit kleineren Störungen umzugehen, die weder destruktiv noch gefährlich sind. Dazu gehören ständiges Reden, Angeben, Schmollen, Jammern, leises Weinen, Wutausbrüche, Machtkämpfe, der Versuch, zu unterbrechen oder um Süßigkeiten zu betteln, und Beleidigungen.

BEISPIEL
Der vierjährige Björn redet ununterbrochen. Wenn er einmal anfängt, ist es schwierig, ihn zu stoppen. Sein Erzieher, Tom, beschließt, Björns Redefluss Grenzen zu setzen. Er sagt: »Ich habe jetzt eine Minute Zeit, um zuzuhören, was du zu sagen hast. Dann muss ich mit den anderen Kindern arbeiten.« Er schenkt Björn eine Minute lang seine volle Aufmerksamkeit. Dann sagt Tom zu Björn, dass er später mit ihm reden wird, jetzt aber zu den anderen Kindern gehen muss. Der Erzieher beschäftigt sich mit anderen Kindern. Björn läuft eine Weile hinter Tom her und spricht weiter. Aber Tom ignoriert Björns Verhalten so konsequent, dass dieser schließlich aufgibt.

In anderen Situationen ist die Strategie, Fehlverhalten zu ignorieren, nicht angebracht. Zum Beispiel bei einem Kind, dessen Angeberei die ganze Gruppe stört. In diesem Fall können wir uns entschließen, das Kind für eine Weile in eine andere Gruppe zu schicken, bis es bereit ist, kooperativ in der Gruppe mitzumachen.

Fehlverhalten zu ignorieren bedeutet mehr, als mit dem Kind, das Fehlverhalten zeigt, nicht zu sprechen. Wenn wir unsere Gefühle weiterhin durch unsere Mimik oder Gestik kommunizieren, weiß das Kind, dass wir sein Verhalten nicht wirklich ignorieren. Um uns selbst beim Ignorieren des Verhaltens zu helfen, beschäftigen wir uns mit anderen Kindern. Wir machen uns bewusst, dass das Fehlverhalten des Kindes sich verschlimmern kann, bevor es besser wird – die meisten Kinder geben nicht so leicht auf. Aber unsere Ausdauer und Beharrlichkeit zahlen sich in der Regel aus.

Ein Verhalten zu ignorieren ist eine effektive Strategie, ein Kind davon abzubringen, dieses Verhalten weiterhin zu zeigen. Wir erinnern uns, dass wir das Verhalten ignorieren, nicht das Kind. Wenn ein Kind sich angemessen verhält, geben wir ihm Aufmerksamkeit, besonders dann, wenn das Kind es nicht erwartet bzw. fordert. Wir ermutigen das Kind, ohne negative Ziele zu verstärken. (Siehe Ziele des Fehlverhaltens in Kapitel 1.)

Ignorieren kann eine sehr effektive Methode sein, Disziplin sinnvoll auszuüben.

> Wenn Sie Kinder belohnen oder bestrafen, bringen Sie ihnen bei,
> dass Erwachsene für das Verhalten der Kinder die Verantwortung
> übernehmen. Es ist möglich, Kooperation ohne Belohnung und
> Bestrafung zu erreichen.

Wir strukturieren die Umgebung

Um zu lernen, muss es kleinen Kindern erlaubt sein, den größten Teil ihrer Umgebung und der Gegenstände darin zu erforschen. Eine gut strukturierte Umgebung beugt vielen Problemen vor und fördert das Lernen. Beim Suchen nach der Lösung für ein Verhaltensproblem prüfen wir zuerst die Struktur der Umgebung[2].

BEISPIEL
Mit Babys ist die Essenszeit stressig. Alle Kinder wollen zur gleichen Zeit Aufmerksamkeit. Das Team der Erzieherinnen beschließt, die Gruppe aufzuteilen, so dass zwei Erzieherinnen einige Babys füttern können, während die dritte Erzieherin mit den anderen Babys singt und selbst Musik macht. Die Babys sind fasziniert von den Instrumenten und die Musik wirkt anscheinend auf alle beruhigend.

Wir strukturieren die Umgebung so, dass die Babys viele Erfahrungen durch das Anfassen von Gegenständen machen dürfen. Wir sagen weniger »Nein«! Wenn ein Kind sich entschließt, etwas Destruktives oder Gefährliches zu tun, können wir das Kind ablenken, den ›verbotenen‹ Gegenstand entfernen, den Raum für freies Entdecken begrenzen oder wenn nötig, das Kind aus der Gefahrenzone bringen. Wir schaffen eine kooperativere Atmosphäre für Kinder, indem wir die Notwendigkeit, »Nein« zu sagen, begrenzen. Eine im Vorhinein sorgfältig strukturierte Umgebung kann entscheidend dazu beitragen, die Möglichkeiten für Fehlverhalten zu reduzieren.

Es gibt drei Ziele bei der Strukturierung der Umgebung[3]. Wir brauchen Struktur, um
- Sicherheit zu gewährleisten,
- Kooperationsbereitschaft zu fördern und
- Lernen zu erleichtern.

Sicherheit. Eine sichere Umgebung reduziert das Unfallrisiko und gibt Kindern Raum für Bewegung. Haben wir die Steckdosen gesichert? Sind andere gefährliche Objekte weggeräumt oder, unerreichbar? Ist das Spielzeug stabil, ohne

---

2   Hildebrand, V. [50]

3   Bredekamp, S. [21]

Strukturieren Sie die Umgebung so, dass die Babys mehr Erfahrungen durch
Anfassen als durch Nichtanfassen von Gegenständen machen dürfen!

Kleinteile, die abbrechen und die Kinder verletzen oder auch von den Kindern
verschluckt werden können?

Kooperation. Lernen erfordert Kooperation zwischen Erwachsenen und Kindern und zwischen Kindern. Es folgen einige Beispiele, wie wir die Umgebung
strukturieren können, um die Kooperationsbereitschaft zu fördern:

BEISPIELE
Frau Berger weiß, dass ältere Babys eine Vielfalt an Spielsachen brauchen. Sie
weiß auch, dass Kinder, die krabbeln und früh laufen, gerne Regale leer räumen und alles auf den Boden werfen. Es gibt drei niedrige, offene Regale im
Raum. Frau Berger beschließt, auf jedes Regalbrett ein paar Spielsachen zu
legen und diese jede Woche gegen andere auszutauschen, die sich in ihrem
Fundus, verschlossen im Schrank, befinden. Auf diese Weise werden die Babys
immer wieder mit neuem Material und dadurch mit neuen Herausforderungen
konfrontiert, ohne dass das Aufräumen der Erzieherin große Kopfschmerzen
bereitet.

Frau Franz bemerkt, dass die Kleinkinder, weil sie noch sehr jung sind, Schwierigkeiten haben, zu teilen und sich abzuwechseln. Die Leiterin bietet Frau Franz
die Gelegenheit, neues Material zu bestellen. Frau Franz beschließt, Duplikate

der Lieblingsspielzeuge zu bestellen, so dass die Kinder nicht mehr so oft teilen müssen. Sie weiß, dass die Kleinkinder letztendlich lernen werden, zu teilen, aber sie weiß auch, dass die Kinder von ihrem Entwicklungsstand her jetzt noch nicht reif dafür sind.

Im Gruppenraum befindet sich die Malecke gegenüber der Ecke mit dem Waschbecken. Kinder, die aus der Malecke kommen und Farbe an den Händen haben, fassen auf ihrem Weg zum Waschbecken immer wieder Sachen an. Die Erzieherin beschließt, den Maltisch neben das Waschbecken zu stellen.

Lernen (Selbstbildungsprozess[4]**).** Für Kinder unter sechs Jahren ist es wichtig, viele konkrete und relevante Erfahrungen zu machen[5]. Ihnen interessante und förderliche Aktivitäten in ausgewogenem Maß anzubieten ist der beste Weg, Problemen mit Disziplin vorzubeugen und die Kooperationsbereitschaft der Kinder zu fördern.

Für Kinder mit Migrationshintergrund ist der Aufbau bzw. die Vertiefung ihrer Deutschkenntnisse eine Voraussetzung für die Integration.

Dazu sind folgende Maßnahmen von entscheidender Bedeutung:

- Zeit gemeinsam mit den Kindern verbringen mit Geschichtenvorlesen und Erfahrungen mitteilen lassen (Stärkung der Sprachkompetenz).
- Deutschkurse für Kinder mit Migrationshintergrund organisieren (Aufbau bzw. Stärkung der Sprachkompetenz und damit der Integrationsfähigkeit).[6]
- Zeit einplanen, in der die Kinder alleine oder in Gruppen verschiedene Themenbereiche erkunden und Lernerfahrungen machen dürfen (Stärkung der Eigeninitiative und des Denkvermögens).
- Zeit einplanen für physische Aktivitäten der Kinder drinnen und draußen (Stärkung motorischer Fähigkeiten fördern).

Strukturieren, um Lernen zu erleichtern

Babys: Berücksichtigen Sie die Individualität des einzelnen Babys, wenn es um Essens-, Schlafens- und Spielzeiten geht. Stellen Sie den Babys Objekte zur Verfügung, die sie sehen und fühlen und auf denen sie kauen können. Mobiles, Poster und auf Augenhöhe platzierte Spiegel vermitteln ihnen visuelle Reize. Babys, die krabbeln und sich bereits im Raum bewegen können, brauchen zum Erforschen eine sichere Umgebung – sowohl drinnen als auch draußen. Bieten Sie Außenbereiche für strukturierte Möglichkeiten zum Klettern und Krabbeln mit unterschiedlichen Texturen und Oberflächen an.

---

4   Bensel, J. et al. [18]

5   Bredekamp, S. [21]

6   Anregung der Herausgeberinnen des deutschen STEP Programms, Roxana Petcov und Trudi Kühn

Kleinkinder: Kleinkinder bewegen sich schnell und benötigen ständige Beaufsichtigung. Unfälle und aggressives Verhalten können sich plötzlich und unerwartet ereignen. Kleinkinder rennen, hüpfen, hopsen, klettern und gehen gerne mit verschiedensten Gegenständen um. Sie spielen ebenso gerne im Wasser, mit Fingerfarben, im Sand oder mit Ton. Kleinkinder profitieren von Abläufen, auf die sie sich verlassen können, und von vertrauten Ereignissen, die einem Muster folgen (Rituale). Zum Beispiel Singen vor dem Essen oder Obst essen nach dem Mittagsschlaf.

Kindergartenkinder: Viele der Vorschläge für Kleinkinder gelten auch für Kindergartenkinder. Sie sind allerdings reifer und brauchen eine Umgebung, die ihren wachsenden Fähigkeiten gerecht wird. Kleinere Kindergartenkinder, die Dreijährigen, benötigen noch mehr Beaufsichtigung als Ältere. Kindergartenkinder können nicht lange still sitzen, aber Vier- oder Fünfjährige interessieren sich für eine Gruppenaktivität schon länger als die Dreijährigen[7].

Disziplin ist ein Erziehungs- und Lernprozess. Das Ziel sinnvoller Disziplin ist es, Kindern zu helfen, Selbstdisziplin zu entwickeln.

Wir kontrollieren die Situation, nicht das Kind

Als Erzieherin machen wir uns vielleicht Sorgen, dass ein Kind *uns* kontrolliert, wenn wir es nicht kontrollieren. Die meisten Kinder wollen jedoch – genau wie Erwachsene – spüren, dass sie in einem gewissen Maß Kontrolle über ihr eigenes Leben haben.

Eine Möglichkeit, den Bedürfnissen beider – sowohl der Kinder als auch der Erwachsenen – gerecht zu werden, besteht darin, dass die Erwachsenen die Situation kontrollieren, indem sie Regeln aufstellen und den Kindern die Freiheit geben, sich innerhalb der festgesetzten Grenzen zu entscheiden.

Auf diese Weise bekommen Kinder Kontrolle: Sie können eine Wahl treffen im Rahmen der von uns gesetzten Grenzen. Wir kontrollieren die Kinder nicht, indem wir ihnen sagen, was sie tun müssen. Wir *kontrollieren die Situation* und ermutigen die Kinder, sich zu entscheiden. Wenn wir Kinder – ihrer Entwicklungsstufe entsprechend – Teilbereiche ihres Lebens kontrollieren lassen, werden sie eher kooperationsbereit sein, auch wenn ihre Auswahl begrenzt ist[8].

---

7   Bredekamp, S. [21]

8   Greenspan, S. I. et al. [27]

Bei älteren Klein- und Kindergartenkindern setzen wir die Grenzen und fordern die Kinder auf, sich zu entscheiden:

- »Ihr könnt miteinander spielen, solange ihr euch nicht streitet. Ihr entscheidet.«

Wenn die Kinder wieder anfangen zu streiten, akzeptieren wir die Entscheidung der Kinder, indem wir freundlich und bestimmt sagen:

- »Ich sehe, ihr habt euch entschieden, für eine Weile nicht mehr miteinander zu spielen.«

BEISPIEL
Damit die Kinder die Naturforscherwerkstatt allein wieder aufräumen können, wenn sie darin experimentiert haben, hat die Erzieherin mit den Kindern zusammen Fotos vom Inventar gemacht. Die Fotos kleben nun an den Stellen am Schrank, an die das Inventar nach Gebrauch zurückgestellt werden soll.

Die Kinder haben nun aufgeräumt, indem sie die Sachen einfach irgendwo hingestellt haben. Die Erzieherin sagt zu den Kindern: »Ihr könnt ordentlich aufräumen oder morgen hier nicht mehr spielen. Heute räumen wir zusammen auf.« Sie hilft den Kindern, das Inventar den entsprechenden Bildern zuzuordnen und einzuräumen. Am nächsten Tag ordnen die Kinder beim Aufräumen die benutzten Gegenstände und Materialien alleine ganz sorgfältig den Bildern zu.

**Wenn es angebracht ist, ignorieren Sie
das Fehlverhalten – nicht das Kind!**

Wir beziehen die Kinder durch Wahlmöglichkeiten und Konsequenzen mit ein

Wenn Kinder älter werden, möchten wir, dass sie lernen, Entscheidungen zu treffen und Verantwortung für ihr Verhalten zu übernehmen. Indem wir kleinen Kindern Wahlmöglichkeiten geben, helfen wir ihnen, Selbstständigkeit und Kooperationsbereitschaft zu entwickeln. Dadurch respektieren wir ihren Wunsch nach Kontrolle in bestimmten Bereichen und behalten gleichzeitig die Kontrolle über die Situation.

- »Mit welchem Puzzle möchtest du gerne spielen?«
- »Möchtest du die Rassel oder den Teddy?« (Wir warten ab, bis das Kind nach dem Gegenstand greift, mit dem es spielen möchte.)

In einer Situation, in der wir Wahlmöglichkeiten (zwei Kinderbücher) angeboten haben, sagt ein Kind vielleicht: »Nein, ich möchte das andere haben!« Darauf können wir antworten: »Das steht nicht zur Wahl.«

Einen ähnlichen Ansatz können wir verfolgen, wenn ein Kind ständig seine Meinung ändert. Daniel beispielsweise wählt ein Spielzeug aus, ändert dann aber seine Meinung und möchte das Spielzeug haben, mit dem Annika spielt. Dieses steht aber nicht zur Wahl, weil es bereits von Annika benutzt wird.

> BEISPIEL
> Die Erzieherin fragt: »Möchtest du lieber Apfel- oder Orangensaft?« Sobald der zweijährige Johannes Apfelsaft auswählt und anfängt zu trinken, hat er seine Wahl getroffen.

Natürliche und logische Konsequenzen

Wenn das Verhalten eines Klein- oder Kindergartenkindes korrigiert werden muss, können wir natürliche und logische Konsequenzen folgen lassen[9].

Natürliche Konsequenzen. *Natürliche Konsequenzen sind die Folge eines Verstoßes gegen die Gesetze der Natur.* Natürliche Konsequenzen ergeben sich von selbst. Wenn ein Kind sich weigert, zu Mittag zu essen, bekommt es bald darauf Hunger. Wenn ein Kind sich weigert, draußen seine Jacke anzuziehen, wird es ihm kalt werden. Natürliche Konsequenzen zeigen ihre Wirkung ohne unser Zutun:

> BEISPIEL
> Die fünf Jahre alte Barbara weigert sich, vor dem Rausgehen ihre Handschuhe anzuziehen. Die Erzieherin bemerkt: »Es ist kalt draußen«, entschließt sich aber, keinen Machtkampf daraus zu machen. Draußen bekommt Barbara kalte Hände. Sie muss die Hände in ihre Jacke stecken und kann nicht am Ballspiel der anderen Kinder teilnehmen.

Natürliche Konsequenzen sind nicht immer die beste Möglichkeit, das Verhalten eines Kindes zu bessern. Bei vielen Situationen gibt es keine natürlichen Konsequenzen. Manche natürlichen Konsequenzen sind gefährlich oder können die Gesundheit gefährden. An einem sehr kalten Tag könnte ein Kind sich beispielsweise erkälten, wenn es ohne Jacke draußen spielt. In einem solchen Fall sind natürliche Konsequenzen deshalb möglicherweise nicht angebracht. Dann muss die Erzieherin logische Konsequenzen folgen lassen.

Vorsicht gilt auch bei natürlichen Konsequenzen im Umgang mit Turn- und Sportgerät. Wir würden ein zweieinhalbjähriges Kind nicht auf der Schaukel stehen und herunterfallen lassen, damit es das in Zukunft nicht mehr macht! Stattdessen setzen wir logische Konsequenzen ein: »Du könntest herunterfallen und dich verletzen. Möchtest du selbst herunterklettern oder soll ich dir helfen?«

Wenn das Kind nicht von selbst herunterklettert, hebt die Erzieherin das Kind freundlich von der Schaukel. Wenn das Kind versucht, wieder auf die Schaukel zu klettern, holt die Erzieherin es wieder herunter und gibt ihm eine Wahlmög-

---

9 Dreikurs, R. et al. [49]

lichkeit: »Du kannst schaukeln, solange du dich auf die Schaukel setzt, anstatt dich zu stellen.«

Wenn das Kind trotzdem nicht damit aufhört, gehen wir davon aus, dass es sich entschieden hat, für eine Weile in einem anderen Bereich zu spielen.

Logische Konsequenzen. *Logische Konsequenzen sind die Folge eines Verstoßes gegen die Regeln des sozialen Umgangs.* Sie spiegeln die besonderen Bedingungen einer Situation wider.

> BEISPIEL
> Die dreijährige Raisa bewirft Pedro mit Bauklötzen, weil sie nicht will, dass er auch in der Bauecke spielt. Der Erzieher erklärt: »Raisa, Bauklötze sind zum Bauen da und nicht zum Werfen. Wenn du in der Bauecke bleiben möchtest, musst du aufhören, mit den Bausteinen zu werfen.« Ein paar Minuten später wirft Raisa wieder mit den Bausteinen. Der Erzieher entfernt Raisa aus der Bauecke und sagt: »Raisa, du wirfst immer noch mit Bauklötzen. Das sagt mir, dass du dich entschieden hast, jetzt nicht in der Bauecke zu spielen. Wo möchtest du stattdessen spielen?« Wenn Raisa später am Tag beschließt, wieder in der Bauecke zu spielen, ist es wichtig, dass dieselbe Regel gilt, »Bauklötze sind nicht zum Werfen da«.

Logische Konsequenzen haben die folgenden charakteristischen Merkmale:
1. **Sie entsprechen den Regeln des sozialen Umgangs.**

> BEISPIEL
> Die drei Jahre alte Luisa weigert sich, die Knetmasse mit Matthis zu teilen. Matthis geht weg und beschließt, mit anderen Kindern im Bewegungsraum zu spielen. Kurze Zeit später beklagt sich Luisa, dass sie alleine ist: »Niemand will mit mir spielen.« Respektvoll erklärt ihre Erzieherin: »Die anderen Kinder wollen nicht mit dir spielen, wenn du die Knete nicht mit ihnen teilen willst. Sobald du bereit dazu bist, können wir Matthis bitten, dir wieder eine Chance zu geben.«

2. **Sie beziehen sich auf das Fehlverhalten.**

> BEISPIEL
> Der zwei Jahre alte Jose schüttet seinen Saft aus und zerkrümelt seine Kekse auf dem Tisch. Joses Erzieherin gibt ihm einen Schwamm und hilft ihm, den Tisch sauber zu wischen. Jose lernt, dass er wieder sauber machen muss, wenn er eine Unordnung hinterlässt. Jose auszuschimpfen oder ihm eine Auszeit zu verordnen hätte keinen Bezug zu seinem Fehlverhalten.

3. **Sie trennen ›Tat vom Täter‹.**
   Logische Konsequenzen implizieren nicht, dass ein Kind schlecht ist, weil es Fehlverhalten zeigt. Stattdessen kommunizieren sie: »Ich mag zwar nicht, was du tust, aber dich mag ich trotzdem.«

BEISPIEL
Die drei Jahre alte Isabel blättert unachtsam in einem Buch und reißt dabei eine Seite heraus. Ihre Erzieherin beschimpft sie nicht, sondern sie erwartet von Isabel, dass sie ihr hilft, die Seite wieder einzukleben. Sie sagt: »Isabel, wir wollen gemeinsam den Tesafilm holen, um die Seite wieder einzukleben.«

4. **Sie beziehen sich auf die Gegenwart.**
   Bei logischen Konsequenzen geht es um die Gegenwart – nicht um vergangenes Fehlverhalten.

   BEISPIEL
   Nachdem der vierjährige Joel schon einmal vom Wassertisch entfernt wurde, weil er mit der Wasserpumpe das Wasser auf den Fußboden gepumpt hat, erlaubt die Erzieherin ihm nun, es noch einmal mit der Wasserpumpe zu versuchen. Sie erinnert ihn an ihre Erwartung, indem sie sagt: »Joel, zeig mir bitte, wie du es machen willst, dass das Wasser in der Wanne bleibt. Wie gehst du mit der Wasserpumpe um?«

5. **Sie sind freundlich und bestimmt.**
   Mit logischen Konsequenzen können wir gegenseitigen Respekt betonen. Wir bringen durch unsere Stimmlage, Gestik und Mimik unsere freundliche und bestimmte Haltung zum Ausdruck.

   BEISPIEL
   Die zweieinhalbjährige Mira trödelt auf dem Weg in den Schlafraum. Ihre Erzieherin sagt: »Mira, es ist Zeit, ins Bett zu gehen. Möchtest du alleine in den Schlafraum laufen oder soll ich dich tragen? Du entscheidest.«

6. **Sie erlauben den Kindern, eine Wahl zu treffen.**
   Mit Wahlmöglichkeiten geben wir Kindern die Chance, sich eigenständig für verantwortliches Verhalten zu entscheiden, anstatt dass wir ihnen sagen, was sie zu tun haben.

   BEISPIEL
   »Du kannst gerne im Sandkasten spielen. Wenn du aber andere mit Sand bewirfst, musst du raus aus dem Sandkasten.«

Babys und Konsequenzen

Wenn es um das Verhalten von Babys geht, sind logische Konsequenzen meist nicht angebracht. Babys sind noch nicht in der Lage, logisch zu denken oder den Zusammenhang zwischen Ursache und Wirkung zu verstehen.

Richtlinien für den Einsatz von logischen Konsequenzen

Indem wir einige Regeln befolgen, tragen wir dazu bei, dass Konsequenzen greifen:

Wir lassen die Entscheidung des Kindes zu und die Folge seiner Entscheidung (die Konsequenz) eintreten. Das bedeutet: Wenn ein Kind eine Wahl getroffen hat, dann lassen wir diese Entscheidung stehen – für den Augenblick, damit das Kind aus der Folge seiner Entscheidung lernen kann. Später geben wir dem Kind eine weitere Chance zu zeigen, dass es zu kooperieren bereit ist.

> BEISPIEL
> Die Kinder ziehen ihre Badesachen an, um im Wasserbecken zu spielen. Denise entscheidet, ihren Badeanzug nicht anzuziehen. Sie möchte stattdessen Dreirad fahren. Während sie fährt, sieht sie ihre Freunde im Wasser und fängt an zu weinen, weil sie mitmachen will. Ihre Erzieherin antwortet freundlich und bestimmt: »Das tut mir leid, Denise. Du hast dich entschieden, heute auf dem Dreirad zu fahren, und du hast keinen Badeanzug an. Die Zeit ist jetzt sowieso schon fast um. Wenn du möchtest, kannst du dich morgen für das Wasserbecken entscheiden.«

Kinder entscheiden sich oft, die Konsequenz zu erleben, um zu sehen, ob wir meinen, was wir sagen. Auf diese Weise erfahren sie die Grenzen. Wir zeigen unseren Respekt für die Wahl des Kindes mit einem einfachen Satz:

- »Ich sehe, du hast dich entschieden.«
- »Dein Verhalten sagt mir, dass du dich entschieden hast.«

Wir sagen dem Kind, wann es eine neue Chance bekommt, zu zeigen, dass es bereit ist, zu kooperieren: »Du kannst es (Zeitpunkt angeben) noch einmal versuchen.«

Wir verlängern die Zeit bei wiederholtem Fehlverhalten. Jedes Mal, wenn ein Kind dasselbe Fehlverhalten wieder zeigt, verlängern wir die Zeitspanne, in der das Kind die Konsequenz erfährt. Dadurch wird der Lerneffekt verstärkt. Das Kind fängt an, die Notwendigkeit zur Kooperation zu verstehen.

> BEISPIEL
> Der vierjährige Jan-Moritz hat am Montag und Dienstag die Wand angemalt, anstatt die Staffelei zu benutzen. Am Montag musste Jan-Moritz dem Erzieher helfen, die Farbe von der Wand abzuwaschen. Dennoch malt Jan-Moritz auch am Dienstag die Wand wieder an. Der Erzieher beschließt, dass Jan-Moritz nicht nur am Dienstag, sondern auch am Mittwoch nicht malen darf. Selbstverständlich hilft Jan-Moritz auch wieder die Wand abzuwischen. Der Erzieher lässt Jan-Moritz wissen, dass er am Donnerstag die Staffelei zum Malen benutzen darf.

Wir formulieren Wahlmöglichkeit und Konsequenz mit Respekt. Wir sprechen in freundlichem und bestimmtem Ton. Konsequenzen können wie folgt formuliert werden:

- »Du kannst zum Malen einen Kittel anziehen oder du machst etwas anderes. Du entscheidest.«
- An die Gruppe: »Ihr seid jetzt leise und wir lesen eine Geschichte oder wir können heute keine Geschichte lesen. Ihr entscheidet.«

Eine andere Art, Wahlmöglichkeiten zu formulieren ist:

- »Du kannst/ihr könnt ..., wenn du/ihr ...«
- »Du kannst malen, wenn du einen Kittel anziehst.«
- An die Gruppe: »Wir können eine Geschichte hören/vorlesen, wenn ihr leise seid.«

Eine weitere Möglichkeit besteht darin, einfach zu sagen, was wir tun werden, wenn das Kind seine Entscheidung getroffen hat:

- »Ich helfe dir, wenn du mich freundlich bittest.«
- »Wenn die anderen draußen sind und du deinen Mantel noch nicht anhast, dann nehme ich an, dass du heute drinnen bleiben möchtest.«

Wir sprechen weniger und handeln mehr. Zu viel zu sprechen verstärkt die Ziele des Fehlverhaltens des Kindes. Wir sagen nur, was gesagt werden muss, und handeln entsprechend. Wir vermeiden es, zu nörgeln oder zu drohen. Wir lassen die Kinder entscheiden, weil wir ihnen die Möglichkeit geben wollen, aus ihren eigenen Erfahrungen zu lernen.

Wir machen deutlich, wenn es keine Wahl gibt. Eine Wahl anzubieten, wenn in Wirklichkeit keine Wahlmöglichkeit besteht, schafft Probleme. Stattdessen sagen wir deutlich, was wir erwarten. Zum Beispiel: Wenn es Zeit für ein Kind ist, hereinzukommen, und wir fragen: »Möchtest du jetzt hereinkommen?«, bekommen wir als Antwort wahrscheinlich ein »Nein«. Stattdessen sagen wir einfach. »Es ist jetzt an der Zeit, hereinzukommen.«

Wenn das Kind störrisch ist, lassen wir es wählen, *wie* es hereinkommen will: »Möchtest du alleine hereinkommen oder soll ich dich holen?« Wir beobachten das Verhalten des Kindes und agieren entsprechend seiner Entscheidung.

Wir bleiben ruhig und halten Feindseligkeit aus den Konsequenzen heraus. Wenn wir auf irgendeine Weise Feindseligkeit kommunizieren, verwandeln wir Konsequenzen in Strafen. Wir bleiben ruhig. Wir sind freundlich und bestimmt zugleich. Wir zeigen Respekt uns selbst und den Kindern gegenüber. Wir verstehen unsere emotionale Reaktion bei Fehlverhalten der Kinder und lernen, hinderliche Emotionen durch positive Selbstgespräche zu reduzieren. (Siehe »Nur für Sie« am Ende des Kapitels).

Sie und Ihre Beziehungen

Positivem Verhalten Beachtung zu schenken kann auch in Erwachsenenbeziehungen hilfreich sein. Ein empathischer Kommentar, der einen positiven Beitrag, eine hilfreiche Geste oder eine Fertigkeit anerkennt, wird wertgeschätzt und noch lange in Erinnerung sein, nachdem er ausgesprochen wurde.

Den Beiträgen anderer positive Aufmerksamkeit zu schenken lässt Menschen wissen, dass ihre Arbeit wahrgenommen wird und ihre Bemühungen wertgeschätzt werden – dadurch steigt ihre Moral. Kolleg/innen, Ehepartner/innen und Freund/innen – sie alle profitieren von dieser Art der Aufmerksamkeit.

Wir planen Zeit ein, um unsere Wertschätzung zu zeigen

Den Kindern dafür Beachtung zu schenken, dass es sie gibt und dass sie so sind, wie sie sind, zeigt ihnen unsere Zuneigung. Kinder, die sich akzeptiert und wertgeschätzt fühlen, sind wahrscheinlich eher bereit, zu kooperieren. Wertschätzung zu zeigen stärkt das Selbstwertgefühl.

BEISPIELE
Bei Babys ist es wichtig, dass sich die Erzieherin und die Kinderpflegerin nach dem Füttern die Zeit nehmen, die Babys zu knuddeln und mit ihnen zu reden.

Zum täglichen Ablauf im Umgang mit den Kleinkindern gehört es, dass die Erzieherin ihnen Lieder vorsingt, in denen der Name eines jeden Kindes vorkommt. Sie singt das Lied, wenn die Kleinkinder sich hingelegt haben, um ihren Mittagsschlaf zu halten.

Es gehört zum Tagesablauf der vierjährigen Kinder, dass jedes Kind die Chance bekommt, über seinen Tag zu berichten, während die anderen zuhören. Beim Mittagessen fordert jede Erzieherin an ihrem Tisch die Kinder einzeln auf, den anderen zu erzählen, was sie an diesem Morgen getan haben. Jedes Kind bekommt die Chance, zu erzählen, was es erlebt hat.

Bei den Kindergartenkindern wird jedem Kind ein Tag gewidmet. Das Kind bringt Fotos, Lieblingsspielzeuge und gesammelte Gegenstände von zu Hause mit, um den anderen darüber zu berichten. Das auserwählte Kind darf an diesem Tag außerdem eine Geschichte und ein Lied auswählen. Die Erzieherin nennt dem Kind Eigenschaften, die an ihm besonders sind. Sie schreibt diese einzigartigen Qualitäten auf ein großes Blatt und hängt es neben das Bild des Kindes an die Pinnwand.

Alle Kinder brauchen und wollen Aufmerksamkeit. Aber es ist weder möglich noch wünschenswert, *allem* – Positivem oder Negativem –, was ein Kind tut oder sagt, Beachtung zu schenken. Kindern jedes Mal Aufmerksamkeit zu geben, wenn sie sie einfordern, vermittelt ihnen ein unrealistisches Bild vom Leben.

Dennoch müssen wir die Zeit finden, Kindern Aufmerksamkeit zukommen zu lassen, wenn sie sich um positive Beiträge bemühen. Dazu können wir über die Kinder in unserer Gruppe eine Checkliste führen, so dass wir sehen, wie oft wir jedem einzelnen von ihnen unsere Aufmerksamkeit schenken. Jedes Mal, wenn wir einem Kind positive Aufmerksamkeit geben, machen wir einen Haken neben seinen Namen. Auf diese Weise können wir sehen, ob es einige Kinder gibt, denen wir nicht so oft unsere Aufmerksamkeit schenken – vielleicht weil sie sie nicht häufig einfordern. Mit Hilfe solcher Checklisten können wir planvoll vorgehen und unseren Fortschritt im Bemerken von positiven Verhaltensweisen nachvollziehen.

Wir lassen los

Wenn Kinder zunehmend mehr Selbstvertrauen gewinnen und lernen zu kooperieren, können wir unser Vertrauen in sie unter Beweis stellen, indem wir lernen, loszulassen – zum passenden Zeitpunkt und auf angemessene Art und Weise. Wir bauen den Glauben der Kinder an sich selbst auf, wenn wir ihnen unser Vertrauen zeigen und sie unsere Zuversicht spüren lassen, dass sie den ihrem Alter und ihrer Reife angemessenen Herausforderungen gerecht werden.

> BEISPIELE
> Auf dem Spielplatz ruft die zweieinhalbjährige Jette nach der Erzieherin. Glücklich und mit hochrotem Kopf hält sich Jette ganz oben, sehr nah an der Spitze des Klettergerüsts fest. Anstatt Jette mit Vorwürfen und entmutigenden Worten herunterzuheben, schmunzelt die Erzieherin über Jettes Aufregung. Sie bleibt am Gerüst stehen und fragt: »Kannst du auch herunterklettern? Lass mal sehen, wie du das machst!«
>
> Die fünf Jahre alte Leyla sitzt im Rollstuhl und trägt Beinschienen. Die Erzieherin war zu Anfang besorgt, wie sie wohl in der Turnstunde zurecht käme. Aber Leylas Eltern haben die Erzieherin ermutigt, Leyla sich in ihrem eigenen Tempo bewegen zu lassen. Innerhalb weniger Wochen nahm Leyla an Staffelläufen mit ihren Freunden teil – die gesamte Länge der Turnhalle rauf und runter. Die Kinder vertrauten der Erzieherin an: »Leyla ist wirklich schnell. Es macht Spaß, mit ihr um die Wette zu laufen.«

Manchmal ist es schwierig, Kinder auf eigenen Füßen stehen zu lassen, wenn wir in bestimmten Bereichen zu viel geben oder zu viel erwarten:

Überbehütung. Kinder brauchen Schutz, aber Überbehütung führt zu einem Mangel an Selbstvertrauen. Einige Beispiele für Überbehütung sind:

- Beziehungsprobleme der Kinder für sie lösen, anstatt ihnen Fertigkeiten beizubringen, mit denen sie ihre Probleme selbst lösen können (s. Kapitel 3).

- Kinder vor den logischen Konsequenzen ihres Verhaltens zu schützen – durch Vorhaltungen machen, erinnern, darüber hinwegsehen oder keine Konsequenzen folgen lassen.

Gehorsam. Wir helfen weder den Kindern noch uns selbst, wenn wir versuchen, aus ihnen Roboter zu machen, die jedem unserer Wünsche gehorchen. Kinder, die so behandelt werden, können rebellisch werden und lernen, andere zu hassen. Stattdessen können wir Wahlmöglichkeiten innerhalb von Grenzen anbieten und Kinder aus ihren eigenen Entscheidungen lernen lassen.

Immer gewähren lassen. Loslassen bedeutet nicht, dass wir Kinder alles tun lassen, was sie wollen. Wenn wir zu nachgiebig sind, bringen wir den Kindern bei, dass sie – ungeachtet der Rechte anderer – ein Recht haben, alles zu bekommen, was sie wollen. Fragen wir uns selbst: »Helfen wir dem Kind, zu lernen, mit anderen zu kooperieren, wenn wir dieses Verhalten erlauben?« Wenn die Antwort »Nein« ist, dann setzen wir dem Verhalten Grenzen.

Wir werden konsequenter und beständiger

Für Kinder ist es wichtig, dass wir konsequent sind, wenn wir Disziplin ausüben, die sinnvoll sein soll. Wenn wir auf eine Verhaltensweise immer wieder auf dieselbe Weise reagieren, wissen Kinder, was sie zu erwarten haben, wenn sie Fehlverhalten zeigen. Wenn wir unbeständig sind, lernen Kinder, unsere Stimmungen zu lesen, anstatt zu kooperieren.

Wir arbeiten daran, Beständigkeit zu zeigen, aber wir akzeptieren auch unsere Grenzen. Kein Mensch kann immer konsequent sein.

Indem Sie den positiven Bemühungen der Kinder Beachtung schenken, zeigen Sie ihnen Ihre Zuneigung. Kinder, die sich akzeptiert und wertgeschätzt fühlen, sind wahrscheinlich eher bereit zu kooperieren. Wertschätzung zu zeigen stärkt das Selbstwertgefühl.

Wir handeln präventiv: Wir schenken mehr Aufmerksamkeit für positives als für negatives Verhalten

Es ist leicht, viel Zeit darauf zu verwenden, sich auf die negativen Verhaltensweisen der Kinder zu konzentrieren. Indem wir uns aber auf die negativen Verhaltensweisen konzentrieren, bringen wir den Kindern bei, dass Fehlverhalten eine effektive Strategie ist, dazuzugehören. Es ist besser, Kindern zu vermitteln, dass sie zufriedener und glücklicher sein können, wenn sie durch positives Verhalten dazugehören.

Positive Interaktionen stärken das Selbstbild und das Selbstvertrauen der Kinder und können dazu beitragen, Fehlverhalten vorzubeugen. Wir können es bemerken, wenn Kinder miteinander kooperieren: »Frederik, mir scheint, dass ihr, du und Marco, gemeinsam die Straße schneller baut.«

Besonders hilfreich ist es, positives Verhalten zu kommentieren, kurz nachdem wir Fehlverhalten korrigieren mussten. Das hilft den Kindern zu begreifen, dass wir ihr *Verhalten* zurückgewiesen haben, nicht aber sie selbst: »Mir scheint, es macht euch Spaß, euch beim Lottospielen abzuwechseln.«

Indem wir das positive Verhalten der Kinder kommentieren, geben wir ihnen häufiger ein »Ja« zur Antwort als ein »Nein«. Grenzen sind notwendig, aber wir können einen Ausgleich schaffen, indem wir die positiven Interaktionen der Kinder bemerken[10]. Einen wichtigen Punkt wollen wir im Gedächtnis behalten:

Je mehr Zeit wir damit verbringen, positives Verhalten zu beachten und anzusprechen, desto weniger Zeit verbringen wir damit, negatives Verhalten zu korrigieren.

Sie bauen den Glauben der Kinder an sich selbst auf, wenn Sie ihnen Ihr Vertrauen schenken. Lassen Sie sie Ihre Zuversicht spüren, dass Sie den ihrem Alter und ihrer Reife angemessenen Herausforderungen gerecht werden.

Die STOP Regel einführen

Die STOP Regel bietet eine Möglichkeit, Klein- und Kindergartenkindern zu helfen, die Selbstkontrolle zurückzuerlangen. Diese Vorgehensweise *erlaubt* dem Kind, vorübergehend aus der Interaktion mit anderen herauszutreten, und gibt ihm Zeit, sich zu beruhigen.

Die STOP Regel ist nur bei erheblich störendem Verhalten angebracht:
- Wutanfälle, die nicht ignoriert werden können, sind sehr störend für eine Gruppe. Sie zielen darauf ab, uns oder andere Kinder zu bestrafen oder zum Nachgeben zu zwingen.
- Ständiges Stören der Aktivitäten anderer, das nicht ignoriert werden kann, wie zum Beispiel uns zu unterbrechen, wenn wir uns mit einem anderen Kind beschäftigen, oder die Gruppe zu stören.
- Aggressive Handlungen von Klein- oder Kindergartenkindern, wie Schlagen oder Beißen. Kleine Kinder greifen normalerweise nicht aus Bösartigkeit auf aggressives Verhalten zurück. Besonders bei Kindern, die sich verbal nicht gut ausdrücken können, kommt es häufiger zu aggressiven Handlungen, weil dies für sie möglicherweise der einzige ihnen bekannte Weg ist, starke, über-

---

10 Greenspan, S. et al. [27]

Wenn ein Wutanfall außer Kontrolle gerät, müssen wir eingreifen – STOP Regel!

wältigende Gefühle zu kommunizieren. Die STOP Regel kann eingesetzt werden, um das Verhalten sofort zu beenden. Zu einem späteren Zeitpunkt helfen wir dem Kind, mehr Ausdrücke für seine Gefühle zu lernen. Das kann dem Kind zukünftig helfen, körperlich aggressives Verhalten zu unterlassen[11].

Die STOP Regel kann auch als *Wahlmöglichkeit* präsentiert werden: Das Kind kann sich entscheiden, ob es sich beruhigt oder ob die STOP Regel angewandt werden soll. Angemessen eingesetzt, ist die STOP *Regel eine Art logische Konsequenz.*
Sie hat zwei Ziele:
- einem Kind beizubringen, dass es lernen kann, sein Verhalten unter Kontrolle zu haben, wenn es mit anderen zusammen sein möchte.
- uns selbst und der Gruppe eine Chance zu geben, die Kontrolle über unser Verhalten und über unsere Gefühle zurückzuerlangen.

Die STOP Regel wirkt am besten, wenn das Kind sein »Publikum« verliert. Das kann bedeuten, dass wir und die Gruppe uns von dem störenden Kind entfernen – und es sich selbst überlassen. Wenn das nicht wirkungsvoll oder machbar ist und wir das Kind aus der Situation herausnehmen müssen, befolgen wir die folgenden Regeln:

---

11 Hildebrand, V. [50]

Wir wählen einen für die STOP Regel geeigneten Bereich aus. Diesen Bereich nennen wir Ruhezone oder Ruheraum. Eine Ruhezone drinnen sollte getrennt sein von den Bereichen, in denen die Kinder aktiv sind – vielleicht durch einen Paravent. Wir gestalten die Ruhezone komfortabel und dafür geeignet, sich zu beruhigen. Wir dekorieren den Bereich mit Farben und Bildern, die Ruhe ausstrahlen. Ein großes Stofftier oder ein Sitzsack können dort sein, damit das Kind es sich bequem machen oder darauf schlagen kann, wenn es das gerne tun möchte.

Manchmal gehen Kinder auch einfach nur in die Ruhezone, um in Ruhe zu spielen. Das ist in Ordnung. Wenn wir die Ruhezone dann für ein Kind brauchen, das Schwierigkeiten hat, sagen wir dem spielenden Kind, dass ein anderes Kind jetzt mit sich alleine sein muss und bitten es, für eine Weile in einem anderen Bereich zu spielen.

Wir sind positiv[12]. *Wir erinnern uns, dass die STOP Regel nicht als Strafe gedacht ist.* Ihr Zweck besteht ganz einfach darin, einem Kind die Möglichkeit zu geben, seine Selbstkontrolle zurückzugewinnen. Bei älteren Kindergartenkindern erklären wir *der Gruppe* den Zweck der Ruhezone.

> BEISPIEL
> Wir könnten unsere Vorgehensweise zum Beispiel so erklären: »Wie viele von euch werden manchmal richtig wütend?« (Gut möglich, dass sich eine ganze Reihe von Kindern meldet.)
>
> »Wir alle sind manchmal wütend und manchmal stört unser wütendes Verhalten die anderen. Es ist in Ordnung, wütend zu sein. Wenn wir uns so fühlen, brauchen wir etwas Zeit, um uns wieder zu beruhigen. Es gibt einen Bereich in diesem Raum, in den ihr gehen könnt, damit ihr euch wieder beruhigen könnt. Diesen Ort nennen wir ›Ruhezone‹.« (Wir zeigen den Kindern den Bereich.)
>
> »Wenn ihr also wirklich wütend seid, könnt ihr dorthin gehen und für ein paar Minuten dort bleiben, bis ihr euch wieder besser fühlt. Manchmal sind wir so wütend, dass wir nicht merken, dass wir andere damit stören. Wenn das passiert, gebe ich euch die Wahl, euch dort, wo ihr gerade seid, zu beruhigen oder euch für ein paar Minuten in die Ruhezone zu begeben, wenn ihr für eine Weile alleine sein wollt.«

Bei jüngeren Kindergarten- und Kleinkindern müssen wir diese Vorgehensweise jedem Kind *individuell* erklären. Am besten geben wir den Kindern diese Information, bevor es zu einem Problem kommt – sofern das möglich ist. Wir zeigen dem Kind den Bereich und sagen so etwas wie: »Ferdinand, das ist die Ruhezone. Wenn du laut schreist, stört uns das. Dann bitte ich dich hierherzukommen und hier zu bleiben, bis du wieder ruhig sein kannst.«

---

12 Nelson, J. et al. [51]

Das nächste Mal, wenn Ferdi einen Wutanfall bekommt, der andere stört, fragen wir ihn, ob er sich hier und jetzt beruhigen will oder ob er in die Ruhezone gehen möchte, bis er wieder bereit ist weiterzuspielen. Wenn sein Verhalten zeigt, dass er eine Pause zur Beruhigung braucht, dann bringen wir ihn in die Ruhezone und sagen ihm, dass wir in einigen Minuten zurückkommen, um zu sehen, ob er bereit ist, zur Gruppe zurückzukehren.

Wir planen eine angemessene Zeitspanne für die Dauer der STOP Regel ein. So weit wie möglich, erlauben wir den Kindern, sich die Zeit zu nehmen, die sie brauchen, ohne feste Zeitangaben vorzugeben. Wir sagen klar und deutlich, welche Art von Verhalten wir erwarten, damit das Kind zur Gruppe zurückkehren kann: »Wenn du aufgehört hast zu schreien, kannst du zurückkommen und mit uns zusammen die Geschichte hören.« Dadurch wird das Kind ermutigt, innere Kontrolle zu entwickeln.

Wenn das Kind sofort wieder aus der Ruhezone kommt, ohne sich beruhigt zu haben, ist es nötig, die Zeit festzulegen. Für das erste Mal sind zwei oder drei Minuten eine lange Zeit. Wenn das Verhalten wieder auftritt, nachdem das Kind zur Gruppe zurückgekehrt ist, fügen wir für jeden neuen Aufenthalt in der Ruhezone eine Minute hinzu. Als Maximum nehmen wir in der Regel fünf Minuten – für ein kleines Kind. Selbst für ein fünfjähriges Kind ist das eine lange Zeit. Wenn das Kind nicht zur Gruppe zurückkehren will, ist das auch in Ordnung.

Wenn die Zeit für die STOP Regel abgelaufen ist, ist die Sache vorüber. Es gibt keinen Grund, darüber zu diskutieren. Dadurch würden wir nur dem Verhalten Aufmerksamkeit schenken, das wir verhindern wollen.

Disziplin, die sinnvoll und berechenbar ist, gibt
Kindern Orientierung und Halt: Wenn Sie auf eine
Verhaltensweise immer wieder auf dieselbe Weise reagieren,
wissen Kinder, was sie zu erwarten haben.

**Disziplin sinnvoll auszuüben bedeutet,
Anleitung, Orientierung und Halt zu geben.**

Sinnvoll Disziplin auszuüben bedeutet, den Kindern Kooperation beizubringen. Wie bei jeder anderen Interaktion mit Kindern helfen Ihnen Geduld und Verständnis – sowie Humor – durchzuhalten. Wenn Sie Sinn und Zweck sinnvoller Disziplin im Hinterkopf behalten –, Kinder anzuleiten, *Selbstdisziplin* zu entwickeln – behalten Sie eine realistische Perspektive. Durch die hilfreichen, respektvollen Strategien, die Sie anwenden, sind Sie dem Kind ein positives Vorbild, wie es mit Problemen umgehen kann.

Herausforderungen im Alltag

Baby: Die acht Monate alte Paula ist fasziniert von Ohrringen. Anna, eines der älteren Babys, hat Ohrlöcher mit goldenen Ringen darin. Sehr häufig bemerkt Paula Annas Ohrringe, grabscht mit ihrer Hand danach und zieht daran. Das veranlasst Anna aufzuschreien und eine der Erzieherinnen kommt angelaufen.

1. Zeigt Paula Fehlverhalten?
2. Wie könnte die Erzieherin Paula davon abhalten, an Annas Ohrring zu ziehen?

Kleinkind: Der 16 Monate alte Lukas führt sich jeden Tag vor dem Mittagessen wild auf. Es ist typisch für ihn, dann in die Bau- und Puppenecke zu rennen und Bauklötze, Puppen und Puppenkleider aus den Körben zu werfen. Er verteilt alles über den Boden, schreit und lacht. Wenn sein Erzieher versucht, ihn aufzuhalten, bekommt er einen Wutanfall.

1. Wie könnte Lukas' Erzieher die Umgebung strukturieren, um ihn zu kooperativem Verhalten zu ermutigen?
2. Welche anderen Strategien, Disziplin sinnvoll auszuüben, könnte der Erzieher in Betracht ziehen, falls es nicht möglich ist, die Umgebung neu zu strukturieren?

Kindergartenkind: Die viereinhalb Jahre alte Julie hat einige Schimpfwörter gelernt, die sie jetzt in ihrer Gruppe mit den anderen Vierjährigen benutzt. Die anderen Kinder lachen und ahmen sie nach. Erst kürzlich haben sich drei Eltern bei Julies Erzieherin beschwert, dass ihre Kinder in der Einrichtung viele Schimpfwörter aufgreifen.

1. Welche anderen Strategien, Disziplin sinnvoll auszuüben – außer Ignorieren –, könnte Julies Erzieherin in dieser Situation einsetzen?
2. Welche logischen Konsequenzen könnte die Erzieherin folgen lassen, um die Kinder anzuleiten, auf die Schimpfwörter zu verzichten?

Tabelle 4: Logische Konsequenzen für Fehlverhalten[13]

Babys

Sie können mit vielen Verhaltensproblemen von Babys leichter umgehen, wenn Sie deren entwicklungsbedingte Bedürfnisse und Fähigkeiten verstehen. Babys müssen erforschen, um zu lernen. Strukturieren Sie die Umgebung so, dass die Babys viele Erfahrungen durch das Anfassen, Befühlen etc. von Gegenständen machen dürfen. Sagen Sie weniger »Nein!«. Eine sorgfältige Prüfung, ob die Umgebung kindgerecht und sicher ist, ist ein Muss für den Umgang mit »mobilen« Babys.

Klein- und Kindergartenkinder

Klein- und Kindergartenkinder brauchen auch eine Umgebung, in der sie Erfahrungen durch Anfassen machen können und die außerdem kindgerecht und sicher ist. Berücksichtigen Sie, dass alle kleinen Kinder klare Richtlinien und Grenzen brauchen.

Beispiel für Fehlverhalten	Art der Konsequenz	Beispiel für logische Konsequenzen (Tonfall: freundlich und bestimmt)
Kind kommt zum Essen nicht an den Tisch.	Verweigerung oder Verzögerung der Aktivität	Sie stellen einen Wecker, um die letzten fünf Minuten der Mittagspause für die Kinder erkennbar werden zu lassen. Fünf Minuten nach dem Klingeln wird das Essen ganz kommentarlos abgeräumt. Es gibt keine Ausnahmen für Essen außerhalb der Essenszeit.
Gruppe räumt Spielsachen nicht weg.	Verweigerung oder Verzögerung der Aktivität	Sie leiten das gemeinsame Aufräumen an und erklären, dass die Zeit für die nächste Aktivität (draußen spielen, Geschichte oder Musik hören) gekürzt werden muss, weil das Spielzeug noch nicht aufgeräumt ist.

---

13 adaptiert nach Jerrold I. Gilbert, »*Logical Consequence for the Classroom.*«, Individual Psychology 454, Dezember, 1989, S. 425-432

Beispiel für Fehlverhalten	Art der Konsequenz	Beispiel für logische Konsequenzen (Tonfall: freundlich und bestimmt)
Kind fordert unangemessene Aufmerksamkeit.	Verweigerung der Interaktion	Sie ignorieren das Verhalten, nicht das Kind!
Kind versucht, Sie zu unterbrechen.	Verweigerung der Interaktion	Sie ignorieren die Unterbrechungen oder geben dem Kind die Wahl, ruhig zu sein, bis Sie fertig sind, oder den Bereich zu verlassen.
Kind unterbricht Gruppenaktivität	Ausschluss von der Gruppenaktivität	Das Kind verlässt die Gruppe – möglicherweise Anwendung der STOP Regel.
Kind benutzt einen Gegenstand auf unangemessene Weise, obwohl ihm die Art des richtigen Umgangs bekannt ist und es zur richtigen Handhabung fähig ist.	Verbot, den Gegenstand zu benutzen	Sie zeigen dem Kind noch mal, wie mit dem Gegenstand angemessen umgegangen wird. Wenn das Fehlverhalten fortgesetzt wird, verbieten Sie vorübergehend die Nutzung des Spielzeugs.
Kind nimmt einem anderen das Spielzeug weg.	Verbot, den Gegenstand zu benutzen	Sie laden die Kinder ein, das Problem gemeinsam zu besprechen. Wenn das Kind sich weigert, geben Sie Wahlmöglichkeiten: das Kind kann das Spielzeug selbst dem anderen Kind zurückgeben oder Sie werden es tun.
Kind missachtet eine Regel bei einem Ausflug.	Begrenzung des Freiraums des Kindes	Sie halten das Kind sanft fest und sagen: »Du hast die Regel vergessen, wie wir in der Reihe laufen und leise miteinander sprechen. Ich möchte, dass du neben mir bleibst, bis ich sicher bin, dass du dich an die Regel hältst.«
Kind wirft in der Bauecke mit Bausteinen.	Begrenzung des Freiraums des Kindes	Sie lassen das Kind nicht mehr in dem Bereich spielen, bis es bereit ist, die Bausteine angemessen zu benutzen.
Kind fordert Ihre Hilfe auf respektlose Weise.	Verweigerung der Kooperation	Sie helfen dem Kind erst, wenn es Sie mit Respekt darum bittet. Wenn ein Kleinkind mit einem Wutanfall außer Kontrolle gerät, helfen Sie dem Kind, sich zu beruhigen – evtl. STOP Regel anwenden.

STEP in der Praxis

In dieser Woche üben Sie in zwei oder drei Situationen, Disziplin sinnvoll auszuüben. Überlegen Sie sich im Voraus einige Verhaltensprobleme, die immer wieder auftreten.

Überlegen Sie, welche Strategie für die Ausübung sinnvoller Disziplin in der jeweiligen Situation hilfreich wäre:

- **D** enken Sie sich etwas aus und lenken Sie das Kind ab.
- **I** gnorieren Sie das Fehlverhalten, sofern angebracht.
- **S** trukturieren Sie die Umgebung.
- **Z** eigen Sie dem Kind, dass Sie die Situation, nicht das Kind kontrollieren: Setzen Sie Grenzen, geben Sie dem Kind Wahlmöglichkeiten innerhalb dieser Grenzen.
- **I** mmer, wenn angemessen, beziehen Sie das Kind in den Prozess mit ein: Lassen Sie Konsequenzen folgen.
- **P** lanen Sie Zeit ein, um sich dem Kind individuell zuzuwenden und ihm so Ihre Wertschätzung zu zeigen.
- **L** assen Sie das Kind los.
- **I** mmer konsequenter und berechenbarer werden.
- **N** icht vergessen: Bemerken Sie positives Verhalten.

 Wenden Sie die ›STOP Regel‹ an – dadurch geben Sie dem Kind, sich selbst und der Gruppe die Chance, sich zu beruhigen und die Selbstkontrolle wiederzuerlangen.

Bitte beachten Sie

Die Fertigkeiten, die wir in diesem Buch präsentieren, zeigen unserer Erfahrung nach in den meisten Fällen Wirkung. Wenn Sie STEP (Fertigkeiten und Haltung) im Alltag umsetzen, stellen Sie folgende Überlegungen an:

- Inwiefern trägt die Umgebung des Kindes in der Einrichtung – Aktivitäten, Ausstattung, Material und Tagesablauf – zum störenden Verhalten bei?
- Welche Ihrer persönlichen Ressourcen tragen zur Lösung von Problemen bei? Dazu gehören Eigenschaften oder Stärken wie ein Sinn für Humor, die Fähigkeit, Abstand zu nehmen und die Perspektive zu wechseln, Erfahrung oder Geschick in der Lösung von Problemen, Geduld, Achtsamkeit oder eine gute Wahrnehmung.
- Inwiefern tragen Sie selbst zu Konflikten bei, beispielsweise indem Sie leicht zu ärgern sind, zu viel reden, zu viel fordern, ständig die Kontrolle haben müssen, perfekt sein oder gefallen wollen?

Zusammenfassung

1. Kooperation bedeutet zusammenzuarbeiten, um gemeinsam den Anforderungen einer Situation gerecht zu werden. Mit der Zeit entwickeln Kinder Kooperationsbereitschaft – die Haltung und die Fertigkeiten, zu kooperieren.

2. Babys brauchen physische Grenzen. Sie können von Natur aus noch nicht kooperieren, aber sie können anfangen, Kooperation Schritt für Schritt zu lernen.

3. Kleinkinder brauchen physische und soziale Grenzen. Sie fangen an, sich selbst zu behaupten, und zeigen möglicherweise Trotz und Widerspruch: Sie weigern sich oder tun das Gegenteil von dem, worum sie gebeten werden.

4. Kindergartenkinder verfügen schon über ein gewisses Maß an Selbstkontrolle. Sie können die Konsequenzen ihres Verhaltens verstehen und sie haben Fähigkeiten erworben, aus den Folgen ihrer Entscheidungen zu lernen.

5. Sinnvoll Disziplin auszuüben hilft Kindern, Selbstdisziplin – Selbstkontrolle, Kooperationsbereitschaft und Verantwortungsbewusstsein – zu lernen.

6. Belohnung und Bestrafung sind mittel- und langfristig keine sinnvollen Methoden, Disziplin auszuüben. Sie bringen Kindern bei, von Erwachsenen zu erwarten, die Verantwortung für ihre Probleme zu übernehmen.

7. Es ist wichtig, bei der Auswahl einer angemessenen Strategie die Entwicklungsphasen des Kindes zu berücksichtigen sowie jegliche Faktoren im Leben des Kindes, die möglicherweise sein Verhalten beeinflussen.

8. Strategien, um sinnvoll Disziplin auszuüben, sind:
   - **D** enken Sie sich etwas aus und lenken Sie das Kind ab.
   - **I** gnorieren Sie das Fehlverhalten, sofern angebracht.
   - **S** trukturieren Sie die Umgebung.
   - **Z** eigen Sie dem Kind, dass Sie die Situation, nicht das Kind kontrollieren: Setzen Sie Grenzen, geben Sie dem Kind Wahlmöglichkeiten innerhalb dieser Grenzen.
   - **I** mmer, wenn angemessen, beziehen Sie das Kind in den Prozess mit ein: Lassen Sie Konsequenzen folgen.
   - **P** lanen Sie Zeit ein, um sich dem Kind individuell zuzuwenden und ihm so Ihre Wertschätzung zu zeigen.
   - **L** assen Sie das Kind los.
   - **I** mmer konsequenter und berechenbarer werden.
   - **N** icht vergessen: Bemerken Sie positives Verhalten.

     STOP Wenden Sie die ›STOP Regel‹ an – dadurch geben Sie dem Kind, sich selbst und der Gruppe die Chance, sich zu beruhigen und die Selbstkontrolle wiederzuerlangen.

9. Wenn Sie eine Lösung für ein Verhaltensproblem suchen, überprüfen Sie zuerst, ob die Umgebung angemessen strukturiert ist, denn dies beugt vielen Problemen mit Disziplin vor. Sie brauchen Struktur, um:

- Sicherheit zu gewährleisten,
- Kooperationsbereitschaft zu fördern und
- Lernen zu erleichtern.

10. Konsequenzen treten ein bzw. können eingesetzt werden, wenn Kinder eine Entscheidung getroffen haben, die unangebracht ist. Sie sind die Folge der Entscheidung der Kinder.
    - Natürliche Konsequenzen sind die Folge eines Verstoßes gegen die Gesetze der Natur. Sie treten ein ohne Ihr Zutun, indem Sie sie geschehen lassen.
    - Logische Konsequenzen setzen Sie ein als Folge eines Verstoßes gegen die Gesetze des sozialen Umgangs.
11. Logische Konsequenzen
    - beziehen sich auf die Regeln des sozialen Zusammenlebens,
    - haben Bezug zum Fehlverhalten,
    - trennen ›Tat vom Täter‹,
    - beziehen sich auf die Gegenwart, nicht auf die Vergangenheit,
    - erfolgen respektvoll, freundlich und bestimmt,
    - erlauben Wahlmöglichkeiten.
12. Die STOP Regel ist eine logische Konsequenz. Setzen Sie sie nur bei erheblich störendem Verhalten ein. Seien Sie positiv. Die Zeit in der Ruhezone ist nicht als Strafe gedacht, sie erlaubt dem Kind bzw. der Gruppe oder Ihnen selbst lediglich, seine Selbstkontrolle zurückzugewinnen.

NUR FÜR SIE

Mit den eigenen Gefühlen zurechtkommen, wenn Kinder Fehlverhalten zeigen

Sinnvolle Disziplin zeigt die größte Wirkung, wenn sie auf ruhige, rationale Weise ausgeübt wird. Negative Gefühle Ihrerseits bestärken das Kind in den Zielen seines Fehlverhaltens. Wenn Kinder Fehlverhalten zeigen, *erwarten* sie von Ihnen, dass Sie sich ärgern, wütend sind, sich verletzt oder verzweifelt fühlen.

Gefühle sind eine Form von Energie. Menschen benutzen sie als »Antrieb« für ihr Verhalten. Wenn Sie einem Menschen persönlich nahekommen möchten, erzeugen Sie dieser Person gegenüber angenehme Gefühle. Wenn Sie sich von anderen distanzieren wollen, erzeugen Sie vielleicht Wut und schaffen damit Distanz. Emotionen dienen einem Zweck – sie treiben zu Handlungen an. Negative Emotionen können in Beziehungen Distanz und Probleme erzeugen.

1. **Erkennen Sie den Zweck Ihrer emotionalen Reaktion auf das Fehlverhalten der Kinder.**

   Um Disziplin sinnvoll ausüben zu können, ist es wichtig, hinderliche Emotionen herauszuhalten. Dazu ist es im ersten Schritt erforderlich, den Zweck (»Antrieb«) Ihrer negativen emotionalen Reaktion auf das jeweilige Fehlverhalten des Kindes zu erkennen.

   Aufmerksamkeit

   Wenn ein Kind nach unangemessener Aufmerksamkeit verlangt, fühlen Sie sich möglicherweise *verärgert*. Der Zweck Ihrer Verärgerung liegt darin, das Kind dazu zu bewegen, aufzuhören, unangemessene Aufmerksamkeit zu fordern. Ihr Ärger gibt Ihnen die Energie, das Kind an etwas zu erinnern und zu nörgeln.

   Macht

   Durch nach Macht strebende Kinder lassen Sie sich möglicherweise dazu verführen, *Wut* zu empfinden. Der Zweck dieser Wut liegt darin, die Fügsamkeit der Kinder zu erzwingen. Indem Sie wütend werden, versuchen Sie, das Kind dazu zu zwingen, zu tun, was Sie wollen, anstatt nur zu nörgeln – was Sie tun, wenn Sie nur verärgert sind. Wut ist eine viel intensivere Emotion.

   Rache

   Wenn Kinder nach Rache streben, fühlen Sie sich *verletzt*. Sie erzeugen das Gefühl des Verletztseins in sich, um sich selbst die Erlaubnis zu geben, es dem Kind heimzuzahlen. Dann erzeugen Sie Wut, um zurückzuschlagen. In diesem Fall wird Wut eingesetzt, um zu verletzen.

   Unfähigkeit unter Beweis stellen

   Durch Kinder, die ihre Unfähigkeit unter Beweis stellen, lassen Sie in sich ein Gefühl der *Verzweiflung* aufkommen – Sie möchten aufgeben. Wenn Sie in tiefe Entmutigung oder Verzweiflung verfallen, glauben Sie, dass nichts mehr getan werden kann, um die Situation positiv zu beeinflussen. Die Verzweiflung, die Sie in sich erzeugen, erlaubt es Ihnen, das Kind aufzugeben.

   Wenn Sie aufgrund Ihrer negativen Emotionen – *Verärgerung*, *Wut*, *Verletztsein* oder *Verzweiflung* – reagieren, dann helfen Sie den Kindern *nicht*. Es ist wichtig, dass Ihr Fokus als Erzieherin darauf gerichtet bleibt, das zu tun, was für das Kind gut ist. Was braucht das Kind? Welche Ziele verfolgt es? Wie kann ich dem Kind in dieser Situation am meisten helfen, aus dieser Erfahrung zu lernen? Wie kann ich als Erwachsener dem Kind in seiner Not Halt und Orientierung geben?

   Diesen Fokus beizubehalten ist nicht immer leicht. Was können Sie dafür tun?

2. **Führen Sie positive Selbstgespräche.**

   Wie alle Menschen, erzeugen Sie Ihre Gefühle durch das, was Sie sich selbst sagen. Kategorische Aussagen wie »Das ist furchtbar«, »Ich kann das nicht aushalten!«, »Wie kannst du es wagen?«, »Du sollst (musst) das tun«, »Du bist ein schlechtes Kind«, »Ich bin eine furchtbare Erzieherin!« – sie alle erzeugen starke, aufwühlende Emotionen. Um im Umgang mit Kindern wirkungsvoll zu sein, ist es wichtig, Ihre Selbstgespräche zu überprüfen und sich für neue Wege zu entscheiden. Gestalten Sie Ihre Selbstgespräche positiv, wenn Sie auf die Ziele des Fehlverhaltens der Kinder reagieren:

Aufmerksamkeit

Wenn Kinder auf unangemessene Weise Aufmerksamkeit suchen, sagen Sie möglicherweise zu sich selbst: »Das Kind ist unmöglich.« Oder: »Ohje, die schon wieder, die nervt vielleicht!« Solche Sätze führen zu innerer Verärgerung, gleichgültig wie ruhig Sie nach außen hin zu reagieren scheinen. Sagen Sie sich stattdessen: »Sie will um jeden Preis meine Aufmerksamkeit erzwingen und so dazugehören – dieses Verhalten werde ich ignorieren.« Ein solcher Satz führt Sie direkt zu einer Handlung, die hilfreich ist, und er macht es Ihnen emotional leichter, sie auszuführen.

Macht

Wenn Sie auf ein nach Macht strebendes Kind treffen, denken Sie vielleicht: »Damit wird er nicht durchkommen! Er muss und er wird tun, was ich sage! Ich zeige ihm, wer hier das Sagen hat!« Ein solches Selbstgespräch wird zu Wut führen. Stattdessen überdenken Sie die Situation: »Er will sich mit mir streiten. Ich bleibe ruhig und weigere mich zu streiten.«

Rache

Kinder, die auf Rache aus sind, wecken in Ihnen starke, negative Gedanken. Das ist das Ziel dieses Fehlverhaltens. Vielleicht sagen Sie sich: »Wie kann sie es wagen, so etwas zu mir zu sagen! Das ist schrecklich! Ich kann es nicht aushalten, dass jemand so mit mir spricht! Das zahle ich ihr heim.« Dieses Selbstgespräch führt zu Wut und Verletztsein. Stattdessen können Sie sich sagen: »Dieses Kind ist sehr verletzt und will deswegen jemand anderen verletzen. Ich zeige ihm Mitgefühl, anstatt mich von ihm verletzen zu lassen.«

Unfähigkeit unter Beweis stellen

Ein Kind, das seine Unfähigkeit unter Beweis stellt, weckt in Ihnen den Wunsch, aufzugeben. In Ihrem Selbstgespräch sagen Sie sich vielleicht: »Bei diesem Kind habe ich versagt, es gibt nichts, was ich noch tun könnte. Wie schrecklich! Ich bin unfähig, dem Kind kann nicht mehr geholfen werden.« Verzweiflung wird sicherlich das Ergebnis eines solchen Selbstgesprächs sein! Stattdessen realisieren Sie, dass das Kind glaubt, es sei unfähig, weil es entmutigt ist. Was das Kind glaubt, ist weder ein Zeugnis für seine noch für Ihre Unfähigkeit. Sagen Sie sich selbst: »Dieses Kind ist sehr stark entmutigt. Ich werde mich nicht selbst unfähig fühlen und das Kind aufgeben! Stattdessen werde ich auf den kleinsten Erfolg achten und mich darauf konzentrieren.«

3. **Achten Sie auf Ihre Gefühle und ändern Sie Ihr Selbstgespräch, wenn Kinder Fehlverhalten zeigen.** Wenn Sie alleine sind, stellen Sie sich folgende drei Fragen und schreiben Sie Ihre Antworten auf.
   - »Welchen Zweck erfüllt mein Gefühl? Was möchte ich mit meinem Gefühl erreichen?«
   - »Was sage ich mir selbst? Worin besteht mein Selbstgespräch?«
   - »Was könnte ich mir stattdessen sagen?«
   Üben Sie diese neuen Selbstgespräche, damit sie beim nächsten Mal abrufbar sind.

Diese Vorgehensweise können Sie auch in Ihren Erwachsenenbeziehungen anwenden.
- Überlegen Sie, in welchen Situationen Sie verärgert, wütend, verletzt waren oder aufgeben wollten.
- Welchen Zweck hat mein Gefühl erfüllt? Was wollte ich mit meinem Gefühl erreichen?
- Was habe ich mir selbst gesagt? Worin bestand mein Selbstgespräch?
- Was könnte ich mir stattdessen beim nächsten Mal sagen?

Die emotionale und soziale Entwicklung wertschätzend und kompetent unterstützen

In Kapitel 5 lernen wir:

- Emotionen spiegeln Wertvorstellungen, Überzeugungen und Ziele eines Kindes wider und lassen seine Wünsche sichtbar werden.

- Die emotionale und soziale Entwicklung zu verstehen kann uns helfen, mit den Herausforderungen umzugehen, vor die uns das Verhalten eines Kindes stellt.

- Ein Gemeinschaftsgefühl zu entwickeln ist eines der wesentlichen Ziele in der frühen Kindheit.

Meilensteine der emotionalen und kognitiven Entwicklung

Um Kindern zu helfen, zu selbstsicheren, fähigen und kompetenten Menschen heranzuwachsen, müssen wir verstehen, wie Kinder mit ihren eigenen Gefühlen umgehen. Gefühle mit Gedanken zu verbinden ist ein Entwicklungsprozess, den ein jedes Kind durchläuft. Dieser Prozess braucht Zeit. Die Fähigkeit zu erlangen, mit Emotionen zurechtzukommen, spielt eine wichtige Rolle für das wachsende Selbstwertgefühl eines Kindes. Diese Fähigkeit verstärkt die Chance, positive Wege zu finden, um in unserer Welt dazuzugehören.

Bei unserer Arbeit mit Kindern ist es wichtig, dass wir die Emotionen der Kinder wahrnehmen und einfühlsam darauf reagieren. Das ist nicht immer leicht. Manchmal haben Erwachsene das Gefühl, dass Kinder durch ihre Emotionen in ihrer Entwicklung gehemmt werden. Wenn ein Kind schnell anfängt, zu weinen oder zu schreien, lassen Erwachsene sich davon leicht abschrecken und hoffen, dass das Kind aus dieser Phase »herauswächst«. Wenn ein Kind schnell wütend wird und das physisch an anderen auslässt, hoffen wir, dass das aggressive Verhalten irgendwann nachlässt. Aber Hoffen und Warten sind nicht immer hilfreich. Als Erzieherin ist es unsere Aufgabe, den Kindern beizubringen, ihre Emotionen selbst zu regulieren, so dass sie sich auch sozial erfolgreich entwickeln. Zuallererst ist es jedoch wichtig, zu verstehen, welche Rolle Emotionen im Leben der Kinder spielen.

Von Geburt an interagieren Kinder auf emotionaler Ebene mit der Welt – lange bevor sie lernen, zu sprechen oder logisch zu denken. Emotionen sind eine rudimentäre Form von Energie. Sie resultieren unmittelbar aus Gefühlszuständen wie Schmerz, Wohlgefühl, Unbehagen – Zustände, die Babys vom ersten Tag ihres Lebens an immer wieder empfinden.

Jedes Kind entwickelt sich emotional und sozial in seiner eigenen Geschwindigkeit und in seinem eigenen Stil – dazu gehören der Anfang und der Stillstand und manchmal auch die Rückschläge. Immer wieder spielen Gefühle auch beim Fehlverhalten der Kinder eine Rolle. Diese Art Verhalten ist häufig ein Zeichen dafür, dass Kinder Wege erforschen, um ihren Platz in der Gemeinschaft zu finden. All das gehört zum Lernprozess, den jedes Kind durchläuft – genau wie beim Laufen- oder Sprechenlernen.

Die frühe emotionale und soziale Entwicklung der Kinder zu verstehen macht es einer Erzieherin leichter, die Lernprozesse der Kinder effektiv anzuregen und zu begleiten. Dieses Verständnis hilft uns, die Kinder während ihrer Entwicklung positiv zu unterstützen und sie zu ermutigen.

Stanley Greenspan[1] unterscheidet vier Phasen, die Kinder im Rahmen eines normalen emotionalen und intellektuellen Entwicklungsprozesses durchlaufen.

Phasen der emotionalen und kognitiven Entwicklung

1. Bindungsphase
2. Wechselseitige Kommunikation
3. Gemeinsamer Bedeutungscode
4. Emotionales Denken

Bindungsphase. In den ersten vier Monaten seines Lebens lernt ein Baby, seine Aufmerksamkeit zu fokussieren, sich auf Erwachsene einzulassen, die für ihn sorgen, Aufmerksamkeit zu teilen und sich in die Welt zu verlieben. Zwischen dem vierten und achten Monat entwickelt sich der Bindungsprozess dahingehend, dass Erwachsene und Baby sich abwechselnd über Gestik und Mimik austauschen. Beispielsweise macht das Baby den Anfang, der Erwachsene reagiert und das Baby reagiert wiederum auf die Reaktion des Erwachsenen. Lächeln, Greifen, Körpersprache, Lautbildung, Schreien und Weinen – all das sind Bemühungen des Babys, Erwachsene für sich einzunehmen.

> BEISPIEL
> Die sechs Monate alte Laetitia lernt, unterschiedliche Geräusche zu machen. Sie schürzt ihre Lippen und produziert einen Ton. Ihr Erzieher lacht und wiederholt den Ton für Laetitia. Sie lächeln einander zu und lachen miteinander.

In dieser Phase unbeschwerter Beziehung ist es wichtig, dass wir bewusst alle Gelegenheiten nutzen, um die Bindung aufzubauen: Wir initiieren und reagieren auf die ersten Bemühungen des Babys, uns seine Wahrnehmungen und Gefühle mitzuteilen. Wir behalten im Hinterkopf, dass wir als Erwachsene sowohl durch unsere verbalen als auch durch unsere nonverbalen Reaktionen das Kind wissen lassen können: »Ich höre (oder sehe) dich und ich verstehe deine Gefühle.« Eine sichere Bindung ist die notwendige Voraussetzung für die Entfaltung der Anlagen des Kindes[2].

Wechselseitige Kommunikation. Vom 6. bis zum 18. Monat kann das Kind durch Gestik und Mimik mit Erwachsenen kommunizieren. Lächeln, Winken und Greifen – all das sind Wege, zu kommunizieren.

---

1 Greenspan, S. I. [26]

2 Bensel, J. et al. [18], S. 10ff

BEISPIELE

Der einjährige Kilian spielt gerne ›Du siehst mich – du siehst mich nicht‹. Die Erzieherin, Nina, hält sich die Augen zu und sagt: »Kilian, wo ist die Nina?« Kilian zieht ihre Hände weg und lacht sie an. Als Nächstes zieht er sich die Decke über den Kopf. Die Erzieherin sagt: »Wo ist der Kilian?«, und zieht dann die Decke weg.

Der fünfzehn Monate alte Linus trinkt seinen Becher leer. Er hält den Becher der Erzieherin hin und macht ein Geräusch, das ähnlich klingt wie »mehr«. Die Erzieherin fragt ihn: »Willst du mehr Tee, Linus?« Sie füllt den Becher wieder auf und gibt ihn dem Kind zurück.

Gemeinsamer Bedeutungscode. Die nächste Phase der Entwicklung beginnt im Kleinkindalter – zwischen 18 und 36 Monaten. Kind und Erwachsene entwickeln in dieser Zeit einen eigenen »Bedeutungscode«. Ein Kind macht vielleicht Geräusche oder erfindet ›Wörter‹, um Freude, Angst oder andere Emotionen auszudrücken. Erwachsene haben vielleicht Kosenamen oder Geräusche für das Kleinkind, die das Kind zum Lachen oder Lächeln bringen.

BEISPIEL

Die zwei Jahre alte Anna-Lena sieht bei einem Besuch im Zoo zum ersten Mal einen echten Elefanten. Als das Tier in ihr Blickfeld kommt, klammert sie sich an das Bein der Erzieherin und sagt: »Bumm-bumm!« Die Erzieherin nimmt Anna-Lenas Hand und gibt ihr damit ein Gefühl der Sicherheit. Sie weiß, dass Anna-Lena »Bumm-bumm!« sagt, wenn sie Angst hat. Anna-Lena hat diesen Ausdruck gelernt, als sie ein Gewitter erlebt hat. Sie benutzt ihn jetzt, um ihre Angst auch in anderem Kontext auszudrücken.

Als Erzieherin für viele Kinder empfinden wir die Vorstellung, all diese individuellen Ausdrücke und ihre Bedeutungen im Kopf zu behalten, vielleicht als Herausforderung. Glücklicherweise gibt es aber häufig Ausdrücke, die von vielen Kindern benutzt werden. Wenn wir uns nicht sicher sind, was ein Kleinkind ausdrücken möchte, versuchen wir es mit aktivem Zuhören in fragendem Ton: »Bist du jetzt traurig?« oder »Könnte es sein, dass du wütend bist, weil du den Saft verschüttet hast?«.

Eine vorsichtige Reaktion regt die Kleinkinder an, sich ihrer eigenen Gefühle bewusst zu werden, und bringt ihnen Wörter für ihre Gefühle bei.

Emotionales Denken. Die vierte Phase im Prozess des emotionalen und intellektuellen Entwicklungsprozesses beginnt, wenn Kinder anfangen, bewusst über ihre Gefühle nachzudenken. An diesem Punkt beginnen Kleinkinder, ihre Gedanken mit ihren Erfahrungen in Verbindung zu bringen. Zum Beispiel: »Ich möchte nicht mit Maik spielen, weil er gemein ist.« Kinder fangen an, Gedanken bzw. Ideen miteinander zu verknüpfen und Realität und Phantasie voneinander zu unterscheiden. Sie fangen auch an, Problemlösungsfähigkeiten zu entwickeln.

Wir schaffen in der Einrichtung den sozialen Raum, um Selbstbildungsprozesse zu ermöglichen[3].

BEISPIEL

Der sechsjährige Justus möchte am PC ein Lernspiel machen. Zwei andere Kinder warten auch darauf, an die Reihe zu kommen. Justus weiß, dass man sich abwechseln muss, er fürchtet jedoch, dass er nicht drankommen könnte, und das macht ihn ungehalten. Er geht zum Erzieher und sagt: »Können wir eine Liste mit den Namen der Kinder schreiben, die den PC benutzen wollen?« Der Erzieher unterstützt Justus, indem er sagt: »Das ist eine tolle Idee. Mit einer Liste wissen wir alle, wer wann an der Reihe ist. Jeder, der mit dem Spiel fertig ist, kann seinen Namen von der Liste streichen.«

Emotionen und Fehlverhalten

Denken und Fühlen sind eng miteinander verknüpft. Wir sind uns vielleicht nicht immer darüber im Klaren, dass wir uns aufgrund unserer Gedanken für unsere Gefühle *entscheiden*. Überlegen wir einmal, wie unterschiedlich unsere emotionale Reaktion auf ein störrisches Kind ausfallen kann, je nachdem, ob wir denken: »So kann er nicht mit mir reden!«, oder ob wir denken: »Er muss sich sehr gestresst fühlen. Es ist spät abends und er ist müde.«

Gedanken und Gefühle gehen auch bei Kindern Hand in Hand. Aber Kinder sind sich dieser Verbindung noch weniger bewusst als Erwachsene – das gilt besonders für kleine Kinder:

- Der beste Freund eines Kindes wird früher aus dem Kindergarten abgeholt. Das Kind fängt an, aus Enttäuschung zu weinen.
- Aus Versehen halten wir ein Bild verkehrt herum hoch. Die Kinder kichern.
- Ein Kind kann etwas nicht haben, das es gerne möchte, und bekommt einen Wutausbruch; es schreit, schlägt um sich und weint.

In jedem der Beispiele führt der jeweilige Gedanke der Kinder: »Ich möchte, dass mein Freund bleibt«, »Das sieht lustig aus«, »Ich will das jetzt sofort haben«, unmittelbar zu einer entsprechenden Emotion.

Wenn Kinder reifer werden, fangen sie an, ihr Verhalten und die Reaktion der anderen auf ihr Verhalten zu verknüpfen. Es wird ihnen bewusst, dass sie Emotionen einsetzen können, um etwas zu erreichen. Kinder probieren aus, wie sie ihre Emotionen in ihren Beziehungen nutzen können. Schauen wir uns zum Beispiel die dreijährige Stephanie in drei verschiedenen Situationen an:

---

3   Bensel, J. et al. [18], S. 54ff.

Beispiel

1. Körperlich gesehen, ist Stephanie klein für ihr Alter. Auf dem Außengelände kompensiert sie ihre Körpergröße häufig dadurch, dass sie laut und bestimmt spricht. Aber wenn andere Kinder sie wegschubsen oder wegschieben, fängt sie sofort an zu weinen und die Praktikantin kommt angelaufen.

2. Zur Mittagszeit nimmt Stephanie sich einen Keks von Lisa-Maries Teller. Als das Mädchen anfängt zu protestieren, sagt die Erzieherin: »Stephanie, du weißt, dass es nicht nett ist, Lisa-Maries Keks zu nehmen.« Stephanie fängt an zu weinen. Die Erzieherin sagt: »Ich weiß, dass du jetzt traurig bist, das ist in Ordnung. Aber es ist nicht in Ordnung, noch mehr Kekse von Lisa-Maries Teller zu nehmen.«

3. Beim Abendessen zu Hause fragt Stephanie nach einem Nachtisch, bekommt aber die Antwort, dass es heute keinen gibt. Sie fängt an zu weinen. Damit sie aufhört zu weinen, geht ihre Mutter an den Schrank, um etwas zu suchen, das Stephanie als Nachtisch essen kann.

Bei diesen drei Vorfällen, bei denen Stephanie weint, verfolgt sie mit demselben emotionalen Mittel – Tränen – drei unterschiedliche Absichten. Stephanie hat herausgefunden, dass »Wasserkraft« eine effektive Strategie ist, um ihren Willen durchzusetzen. Emotionen, wie Stephanies Tränen, entstehen nicht zufällig – sie können eingesetzt werden, um Ergebnisse zu erzielen. In Stephanies Fall können wir ihr Verhalten besser nachvollziehen, wenn wir verstehen, welches *Ziel* sie mit ihrer Emotion verfolgt. Wenn Kinder älter werden, ist es oft hilfreich, auf Emotionen zu achten, die sie als Werkzeug benutzen, um die Ziele des Fehlverhaltens zu erreichen. (Siehe Kapitel 1 zum Thema Ziele des Fehlverhaltens bei älteren Kindern).

Manche Kinder lernen schon früh, wie effektiv »Wasserkraft« ist.

Strategien zum Umgang mit Emotionen und Fehlverhalten

Eine Umgebung, in der Erwachsene Verständnis zeigen und ermutigen, unterstützt die emotionale Entwicklung eines Kindes sehr. Als Erzieherin können wir gezielt Schritte unternehmen, um Kindern zu helfen, ihre eigenen Emotionen wahrzunehmen und mit ihnen angemessen umzugehen. Folgende Fertigkeiten sind hilfreich für den Umgang mit Emotionen, die oft zu Fehlverhalten führen.

Wir hören aktiv zu, um Kindern zu helfen, ihre Gefühle wahrzunehmen und auszudrücken: »Mir scheint, du bist unglücklich?«, »Du siehst aus, als wärst du ganz durcheinander. Ist das so?«, »Ich höre die Sirene auch, das klingt wirklich beängstigend.«

Wir ermutigen. Ermutigung ist eine der wichtigsten Strategien im Umgang mit emotionalem Fehlverhalten. Da Fehlverhalten Ausdruck für die *Ent*mutigung eines Kindes ist, stellt *Er*mutigung eine effektive Reaktion darauf dar.

Wir vermeiden Schubladendenken. Die Reaktionen eines Erwachsenen auf die Worte oder Handlung eines Kindes kann wertend sein. Diese Bewertung kann, selbst wenn sie positiv ist, eine entmutigende Wirkung haben, weil das Kind vielleicht dadurch von unserer Beurteilung abhängig wird. (Siehe Kapitel 2 zum Thema Ermutigung.) Wenn möglich, vermeiden wir plakative Ausdrücke wie *gut, schlecht, eigensinnig* oder *bockig*.

Wir respektieren die Einzigartigkeit eines jeden Kindes. Dadurch stärken wir sein Selbstwertgefühl und geben der Beziehung zwischen dem Kind und dem Erwachsenen einen persönlichen Charakter: »Du singst gerne, während du mit den Bauklötzen spielst, nicht wahr?«

Wir helfen Kindern, zu begreifen, dass es möglich ist, verwirrende oder widersprüchliche Gefühle zu haben – jemanden gerne zu haben und gleichzeitig auf sie oder ihn wütend zu sein: »Manchmal spielst du gerne mit Jamal, aber wenn er dir dein Spielzeug wegnimmt, ärgerst du dich.«

Wir schaffen eine Balance zwischen Verständniszeigen und Grenzensetzen: »Ich sehe, du bist wütend, weil Mirjam der Puppe den Arm gebrochen hat. Aber Menschen schlagen wir nicht. Komm und spiele hier, bis du auf Mirjam nicht mehr so wütend bist.«

Wir sind uns der Bedeutung von Schmuseobjekten bewusst. Babys und kleine Kinder brauchen vielleicht ihren Daumen, ihren Schnuller oder ihre Schmusedecke, um sich zu beruhigen und mit ihren Emotionen zurechtzukommen.

In der Zeit, in der Kinder sich vom Baby zum Kleinkind und dann zum Kindergartenkind entwickeln, lernen sie ständig etwas über Emotionen dazu. In den ersten Jahren können wir den Kindern helfen, indem wir ihre Emotionen verstehen. Wenn Kinder älter werden, können sie – mit unserer Hilfe und durch unser Vorbild – lernen, mit ihren Emotionen immer besser umzugehen.

BEISPIEL
Die zehn Monate alte Eva Marie schreit und schlägt auf dem Wickeltisch um sich. Ihre Erzieherin sagt ruhig: »Ich weiß, du lässt dir nicht gerne die Windel wechseln. Es wird nicht lange dauern. Ich singe dir etwas vor, während ich dich wickle.« Sie singt Eva Marie ein Lied, um ihr die schwierige Zeit zu erleichtern.

Babys schreien, um ihre physischen und emotionalen Bedürfnisse zu kommunizieren. Wenn sie schreien, sagen sie Ihnen damit vielleicht, dass ihnen etwas weh tut, dass sie hungrig oder müde sind. Vielleicht sind sie auch traurig, wütend, verängstigt, fühlen sich einsam – oder sie hatten einfach zu viel Aufregung.

Herausforderungen bei der emotionalen Entwicklung

Viele Herausforderungen entstehen, wenn Erzieherinnen und Kinder mit Emotionen konfrontiert werden. Da wir nicht alle Situationen betrachten können, beschäftigen wir uns mit denen, die in Einrichtungen mit kleinen Kindern häufig vorkommen.

Wie Sie auf emotionale Herausforderungen reagieren

Drei grundsätzliche Fragen sind nützlich, um zu entscheiden, wie Sie mit einer emotionalen Herausforderung umgehen möchten:
- Was ist der Sinn und Zweck des Verhaltens?
- Gibt es eine angemessene Reaktion (z.B. Aufmerksamkeit geben durch aktives Zuhören), oder ist es besser, die Emotion zu ignorieren?
- Dieses Kind ist entmutigt. Wie kann ich das Kind jetzt – und später am Tag wieder – ermutigen?

Weinen und Schreien

Das Schreien eines Babys ist sein erstes verbales Kommunikationsmittel. Babys schreien, um ihre physischen und emotionalen Bedürfnisse zu kommunizieren. Wenn sie schreien, sagen sie uns damit vielleicht, dass ihnen etwas weh tut, dass sie hungrig oder müde sind. Vielleicht sind sie auch traurig, wütend, verängstigt, sie fühlen sich einsam – oder sie hatten einfach zu viel Aufregung.

BEISPIEL
Der sechs Monate alte Ali hatte häufig Ohrentzündungen. Er konnte schlecht einschlafen, wachte oft auf und schrie, wenn er sich im Schlaf auf die Seite gedreht hatte. Seine Erzieherin lernte, ihn zu beruhigen, indem sie ihn in seinem Bett in den Schlaf wiegte und ihm dabei den Rücken rieb. Nachdem Alis Ohrinfektionen ausgeheilt waren, hatte er noch immer Schwierigkeiten, zur Ruhe zu kommen und einzuschlafen. Obwohl die Erzieherin ihn noch immer wiegte und ihm den Rücken rieb, schrie Ali, sobald sie ihn in sein Bett legte. Schritt für Schritt beendete die Erzieherin den gewohnten Ablauf nach dem Hinlegen – zuerst hörte sie auf, den Rücken zu reiben, dann ließ sie das Wiegen sein –, um Ali langsam zu entwöhnen. Es dauerte eine ganze Woche, bis Ali wieder in die Routine eines normalen Mittagsschlafs zurückgefunden hatte. Aber seine Erzieherin wusste, dass Ali lernen muss, sich selbst zu beruhigen und zu entspannen.

Auch Klein- und Kindergartenkinder kommunizieren durch Weinen und Schreien, weil sie Schwierigkeiten haben, Gefühle in Worte zu fassen. Es scheint eine natürliche Reaktion zu sein, ein weinendes oder schreiendes Kind auf den Arm zu nehmen und ihm mit einer Umarmung und ein paar netten Worten Sicherheit zu geben. Manchmal ist das eine kluge Entscheidung. Aber wir müssen uns darüber im Klaren sein, dass Tränen zu einem mächtigen emotionalen Hebel werden können. Kinder lernen, dass sie durch das Zeigen von Emotionen – Weinen, Schreien, Um-sich-Schlagen – Aufmerksamkeit bekommen oder einen Machtkampf auslösen können.

BEISPIEL
Der vierjährige Elias spricht gerne mit der Erzieherin. Er ist stolz auf seine neuen Schuhe und möchte ihr alles über diese Schuhe erzählen. Nachdem die Erzieherin eine Weile zugehört hat, geht sie weiter, aber Elias hält sie am Bein fest. Die Erzieherin löst sich sanft von ihm, ohne etwas zu sagen, und er fängt leise an zu weinen. Als die Erzieherin sich weiter wegbewegt, fängt Elias an, laut zu schreien.

Abhängig davon, welches Ziel das Kind unserer Meinung nach mit seinem Verhalten, dem Weinen bzw. Schreien, verfolgt, können wir eine der folgenden Reaktionen auswählen:
- Wir ignorieren das Schreien, weil es um das Ziel Aufmerksamkeit geht.

- Wir hören aktiv zu: »Mir scheint, du bist aufgebracht, weil ich gehen muss, hab ich Recht?«
- Wir lenken das Kind ab, z.B. mit einer Bitte um seine Hilfe.

> BEISPIEL
> Der drei Jahre alte Patrick liebt es, in der Bücherecke im Schaukelstuhl zu sitzen. Der Schaukelstuhl ist für ihn ein sicherer Platz, von dem aus er den Raum überblicken und die anderen Kinder beobachten kann. Eines Tages kommt Patrick am Morgen in den Raum und findet ein anderes Kind in »seinem« Schaukelstuhl. Patrick bricht in Tränen aus und schluchzt: »Mein Stuhl!« Die Erzieherin erklärt, dass der Stuhl für alle Kinder da ist, aber Patrick fängt an, lauter zu weinen.

Die Erzieherin könnte sich dafür entscheiden, das Weinen zu ignorieren. Aber ihr ist klar, dass Patrick einen ruhigen Platz braucht, wenn er am Morgen in der Einrichtung ankommt. Sie sagt deshalb: »Patrick, möchtest du dich eine Weile auf meinen Schoß setzen und den anderen Kindern zuschauen? Du kannst später im Stuhl schaukeln.«

Weinen ist nicht immer Fehlverhalten. Ein sorgfältiger Blick auf die Situation sowie auf unsere eigenen Gefühle und Reaktionen wird uns helfen, zu verhindern, dass Kinder Schreien und Weinen benutzen, um negative Ziele zu erreichen.

Traurigkeit

Traurigkeit kann ein Hilfeschrei sein. Wir müssen herausfinden, was uns das Kind mit seiner Traurigkeit sagen will. Sie könnte eine direkte Reaktion auf den Verlust eines Freundes oder eines Haustieres sein oder auch auf eine große Enttäuschung. Wir können dem Kind helfen, indem wir ihm die Möglichkeit geben, darüber zu sprechen, und indem wir seine Gefühle durch aktives Zuhören widerspiegeln.

Manchmal zeigen ältere Klein- und Kindergartenkinder Traurigkeit, um Aufmerksamkeit zu bekommen.

> BEISPIEL
> Die vier Jahre alte Katharina fährt Dreirad. Ihr Erzieher sagt, dass ihre Zeit mit dem Dreirad jetzt um sei. Katharina bricht in Tränen aus. Der Erzieher sagt: »Ich sehe, dass du traurig bist, aber du bist jetzt lange mit dem Dreirad gefahren, jetzt ist Antonia an der Reihe.« Wenn Katharina nicht aufhört zu weinen, kann der Erzieher freundlich und entschieden zu ihr sagen: »Wenn du aufgehört hast zu weinen, komm zu mir und sage mir, was du als Nächstes tun möchtest.«

Wie bei jedem Fehlverhalten, das Aufmerksamkeit zum Ziel hat, müssen wir Wege finden, dem Kind Aufmerksamkeit zu geben, wenn es sie nicht einfordert.

Traurigkeit kann auch eine Strategie sein, die ein Kind gelernt hat, um mit seinen anderen Gefühlen zurechtzukommen. Gefühle der Einsamkeit, Unfähigkeit, Wut oder eine Depression können sich hinter Traurigkeit verbergen. Es ist wichtig, die zugrundeliegende Ursache und das Ziel, das das Kind mit seiner Traurigkeit verfolgt, zu verstehen. Wenn wir es mit einem traurigen Kind zu tun haben,

- helfen wir dem Kind, über seine Gefühle zu sprechen.
- nehmen wir seine Gefühle ernst – wir trivialisieren sie nicht. Wir behandeln das Anliegen des Kindes mit Respekt.
- informieren wir die Eltern über unsere Beobachtung, wenn die Traurigkeit über einen längeren Zeitraum anhält. Die Eltern möchten vielleicht den Rat eines Kinderarztes oder eines professionellen Beraters in Anspruch nehmen.

> BEISPIEL
> Die fünf Jahre alte Celine scheint seit Tagen traurig und ohne Energie zu sein. Wenn die Erzieherin sie fragt, ob sie bei einer Aktivität mitmachen möchte, sagt sie häufig, dass sie dazu zu müde ist. Eines Tages sitzt die Erzieherin neben Celine und sagt. »Celine, mir ist aufgefallen, dass du oft sehr traurig aussiehst. Kannst du mir sagen, was dich bedrückt?« Celine treten Tränen in die Augen, und sie flüstert: »Meine Mutter und mein Vater haben sich ganz arg gestritten. Papa ist weggegangen. Ich weiß nicht, wo er ist.« Die Erzieherin nimmt Celine in die Arme und sagt: »Ich bin froh, das du mir das gesagt hast. Es ist beängstigend, wenn die Eltern sich streiten. Ich spreche mit deiner Mutter und frage sie, ob sie dir sagen kann, wo dein Vater ist.«

Traurigkeit kann ein Hilfeschrei sein. Finden Sie heraus, was das Kind Ihnen mit seiner Traurigkeit sagen will.

Angst und Ängstlichkeit

Angst und Ängstlichkeit der Kinder verraten uns etwas über ihre emotionalen Herausforderungen.

> BEISPIEL
> Der erste Tag der vier Jahre alten Ann-Kathrin im Kindergarten beginnt damit, dass ihre Mutter sie hinter sich her in den Raum zieht. Ann-Kathrin schreit aus vollem Hals: »Nein, nein, nein. Ich bleibe nicht hier!«

Der beste Grundsatz im Umgang mit Angst und Ängstlichkeit ist es, einfühlsam zu sein und das Kind dadurch zu unterstützen. Zwar rät dies auch der gesunde Menschenverstand, aber wie ist das in einer Gruppe mit vielen Kindern umsetzbar? Wenn wir unsere gesamte Zeit mit einem ängstlichen Kind verbringen, vernachlässigen wir dann nicht die anderen? Oder noch schlimmer: Zeigt es den anderen nicht, dass Angst zu haben oder ängstlich zu sein die beste Strategie ist, um die Aufmerksamkeit der Erzieherin zu bekommen?

BEIPSIEL
Wenn der drei Jahre alte Mika eine Hausfliege im Zimmer sieht, fängt er an zu schreien. Die Erzieherin versichert ihm, dass die Fliege ihm nicht weh tun wird, aber Mika schreit weiter und läuft weg. Als die Erzieherin diesen Vorfall Mikas Mutter erzählt, erklärt diese, dass er erst kürzlich von einer Biene gestochen wurde.

Mikas Erzieherin hat jetzt ein klareres Bild von Mikas eigentlichem Problem. Sie kann Mika helfen, seine Angst zu überwinden, indem sie mit allen Kindern über Insekten spricht.

Wir bewegen uns auf einem schmalen Grat zwischen der Einfühlsamkeit gegenüber einem einzelnen Kind und der Wahrnehmung der Bedürfnisse der gesamten Gruppe. Auf die Arbeit mit der Gruppe kommen wir später zurück. Zunächst konzentrieren wir uns auf T. Berry Brazeltons[4] Vorschläge für den Umgang mit den Ängsten eines einzelnen Kindes.

Wir lassen die Kinder wissen: »Es ist in Ordnung, Angst zu haben.« Wenn unsere Reaktion dem ängstlichen Kind zeigt, dass wir seine Angst mit Ruhe und Gelassenheit akzeptieren, kann es schon ausreichen, ihm aktiv zuzuhören und die Situation widerzuspiegeln. »Ich weiß, dass du Angst hast, wenn der Hund bellt. Das ist in Ordnung.« Eine plakative Antwort wie »Mach dir keine Sorgen« oder »Du brauchst keine Angst zu haben« entspricht vielleicht unserer Realität, das Kind aber hat gerade gezeigt, dass es besorgt ist und Angst hat! Mit sachlicher Stimme mit dem Kind zu sprechen hilft in dieser Situation.

BEISPIEL
Wenn die Sirene für den Feueralarm ertönt, schreien einige Kleinkinder und halten sich die Ohren zu. Die Erzieherin sagt: »Ich weiß, dass das laut ist, aber wir müssen üben, schnell das Gebäude zu verlassen. Wir üben, was wir tun würden, wenn wirklich ein Feuer ausbräche.« Weil die Erzieherin weiß, dass die zweieinhalb Jahre alte Michelle besonders große Angst vor der Sirene hat, erkundigt sie sich vorher, wann die Sirene ertönt, so dass sie neben Michelle stehen kann, um sie zu beruhigen, wenn es so weit ist.

Wir verstehen die Gründe für die Ängste der Kinder. Welches Ziel kann ein Kind mit seiner Ängstlichkeit verfolgen? Seine Ängste erlauben ihm, entweder eine Situation zu kontrollieren oder sich zurückzuziehen und nicht teilzunehmen. Angst kann manchmal von Kindergartenkindern eingesetzt werden, um Aufmerksamkeit zu erlangen oder Macht auszuüben. Angst kann auch aggressives Verhalten auslösen. Wir versichern dem Kind, dass es andere, positive Wege

---

4   Brazelton, T. B. [20]

gibt, den eigenen Standpunkt selbstbewusst zu vertreten, zum Beispiel, indem es lernt, Gefühle und Wünsche direkt auszudrücken.

> BEISPIEL
> Der fünf Jahre alte Dominik und die vier Jahre alte Nora spielen zusammen in der Bauecke, aber Dominik nimmt alle Bausteine. Nora fängt an zu jammern. Eine Erzieherin kommt zu ihr und sagt: »Du möchtest gerne mit Dominik spielen. Du kannst ihm sagen, dass du gerne mit ihm spielen möchtest und dass ihr dazu die Bausteine zusammen benutzen müsst.« Sollte Dominik wider Erwarten nicht kooperieren, schlägt die Erzieherin Nora vor, mit einem anderen Kind zu spielen.

Wir halten uns an Regeln und setzen Grenzen, die einfach zu akzeptieren sind. Bei unserer Entscheidung, zu welcher Aktivität wir ein Kind ermutigen, spielt das Ziel, das das Kind mit seiner Angst oder Ängstlichkeit verfolgt, eine wichtige Rolle. Es ist deshalb wichtig, dieses Ziel zu kennen. Ein Beispiel: Stellen wir uns vor, ein Kind hat Angst davor, draußen zu spielen. Dennoch würden wir an der Regel festhalten, dass alle Kinder nach draußen gehen, wenn es an der Zeit ist. In einer anderen Situation möchte ein Kind nicht in das Planschbecken gehen. Wir würden das Kind nicht zwingen, ins Wasser zu gehen, aber wir können es dazu ermutigen, *in der Nähe* des Planschbeckens zu spielen.

> BEISPIEL
> Der zweieinhalbjährige Miguel fürchtet sich vor verkleideten Menschen. Heute kommt ein Clown in die Einrichtung, um den Kindern zu zeigen, wie er sich schminkt und verkleidet. Miguels Erzieherin entscheidet, dass es wichtig für ihn ist, das zu erleben. Sie erklärt Miguel, dass er in dem Raum mit dem Clown bleiben muss, aber dass es in Ordnung ist, wenn er ganz hinten auf dem Schoß der Praktikantin sitzen möchte. Miguel protestiert zwar, entscheidet sich jedoch, auf dem Schoß zu sitzen, und beobachtet fasziniert, wie der Clown sein Make-up aufträgt.

Es ist notwendig, den Kindern gegenüber einfühlsam zu sein, gleichzeitig aber auch das Ziel des jeweiligen Verhaltens zu erkennen.

Wir schaffen Möglichkeiten für Kinder, ihre Gefühle in Aktivitäten zum Ausdruck zu bringen. Wir können Hand- oder Fingerpuppen oder Geschichten einsetzen, durch die sich die Kinder ihrer Gefühle bewusst werden und wodurch sie sie ausdrücken können.

Sie bewegen sich auf einem schmalen Grat zwischen der Einfühlsamkeit gegenüber einem einzelnen Kind und der Wahrnehmung der Bedürfnisse der gesamten Gruppe.

Helfen Sie Kindern und deren Eltern, mit Trennungsängsten umzugehen

Für viele Kinder ist der Kindergarten die erste längere Phase der Trennung von ihren Eltern. Auch wenn die Kinder behutsam eingewöhnt worden sind, sind hin und wieder auftretende Trennungsängste normal. Von Zeit zu Zeit müssen Sie bei Kindern mit Gefühlsausbrüchen rechnen, die darauf zurückzuführen sind. Begegnen Sie den Kindern mit Respekt, wenn Sie ihnen helfen, ihre Ängste zu überwinden.

Um die Auswirkungen der Trennungsangst zu mindern:

- Bitten Sie die Eltern (durch einen Brief oder bei einem vorherigen Gespräch), morgens – nachdem sie die Kinder gebracht haben – sofort zu gehen, aber beim Abschied den Kindern zu versichern, dass sie wiederkommen.
- Begrüßen Sie am Morgen jedes Kind mit seinem Namen und sprechen Sie ruhig und freundlich mit ihm. Hören Sie dem Kind aktiv zu und zeigen Sie Respekt und Verständnis für seine Angst: »*Ich sehe, du bist traurig, weil dein Vater jetzt geht, nicht wahr? Er kommt später wieder, um dich abzuholen.*«
- Reichen Sie dem Kind Ihre Hand oder bieten Sie ihm an, auf dem Schoß zu sitzen, bis es seine emotionale Balance wiedererlangt hat. Manche Kinder sind bereits nach wenigen Minuten in der Lage, sich einer Aktivität zu widmen. Andere brauchen vielleicht eine ruhige Zeit für sich selbst. Respektieren Sie den persönlichen Stil eines Kindes. Es hilft sowohl dem Kind als auch den Eltern, wenn Sie in der Situation Ruhe, Vertrauen und eine wohlwollende Entschlossenheit ausstrahlen.
- Führen Sie das Kind so bald wie möglich in Richtung seiner Freunde, des Spielzeugs oder seiner Lieblingstätigkeiten.
- Vielleicht möchten Sie vorschlagen, dass die Eltern, bevor sie weggehen, etwas, das ihnen gehört, wie beispielsweise einen Schal, in der Einrichtung lassen. Wenn das Kind im Laufe des Tages noch mal ängstlich wird, kann es wieder Sicherheit gewinnen, indem es den Schal sieht oder für eine Weile herumträgt.
- Betonen Sie in der Gruppe, dass es in Ordnung ist, Angst zu haben, wenn die Eltern am Morgen weggehen. Erklären Sie den Kindern, dass jeder manchmal diese Gefühle hat und dass sie vorbeigehen.

Auch Eltern leiden oft unter Trennungsängsten. Eltern möchten nicht die Ursache für den Schmerz ihres Kindes sein. Sie fühlen sich vielleicht schuldig, es tut ihnen leid oder es ist ihnen peinlich, dass sie ihr Kind in der Kinderbetreuung zurücklassen. Kinder spüren die Haltung ihrer Eltern – und das kann die Trennungsängste für beide vergrößern. Deshalb ist es für unsere Arbeit wichtig, dass wir auch den Eltern helfen, mit ihren ängstlichen Gefühlen umzugehen.

Sie und Ihre Arbeitskolleg/innen

Als Erwachsener tragen Sie die Ergebnisse all Ihrer frühen emotionalen und sozialen Entwicklungsprozesse in sich. Wenn Sie emotionalem oder sozialem Stress mit Kollegen bzw. Kolleginnen oder anderen Erwachsenen ausgesetzt sind, stellen Sie folgende Überlegungen an – genau wie Sie es bei Herausforderungen mit Kindern tun:

- Wie fühlen Sie sich?
- Um welches Ziel geht es? Aufmerksamkeit? Macht? Rache? Beweis der Unfähigkeit?
- Was würden Sie gewöhnlich tun? Wie würde Ihr/e Kolleg/in dann reagieren?
- Wie können Sie die Situation aus einem anderen Blickwinkel sehen und anders als gewohnt reagieren?

Das Ziel dieser Vorgehensweise ist es, ein besseres Arbeitsklima zu schaffen bzw. eine auf Kooperation basierende Beziehung aufzubauen – nicht zu belehren!

Wutanfälle

Wutanfälle brauchen ein Publikum. In einem Kindergarten gibt es immer ein Publikum! Der Wutausbruch ist eine der erschütterndsten Verhaltensweisen eines Kindes. Als Erzieherin sind wir in dieser Situation möglicherweise wütend, verlegen, peinlich berührt und/oder machtlos.

Es gibt zwei Arten von Wutausbrüchen. Jede Art bedarf einer adäquaten Vorgehensweise. Als Erstes müssen wir deshalb feststellen, um welche Art von Wutausbruch es sich handelt.

Wutanfälle brauchen ein Publikum.

Typ 1: Der Wutanfall aus »Frustration«. Dieser Wutausbruch tritt dann auf, wenn etwas nicht so läuft, wie das Kind es möchte: zum Beispiel, ein sorgfältig konstruierter Turm aus Bauklötzen wird versehentlich umgeworfen; gestern konnte das Kind seine Schuhe noch binden, aber heute rutschen die Schnürsenkel dauernd weg. Das Gefühl des Versagens schafft sich in einem Wutausbruch

Luft. *Wenn es möglich ist*, lassen wir das Kind sich aus dem Wutausbruch wieder ›herausweinen‹ oder ›herausschreien‹. Wenn das Kind den Wutanfall überwunden hat, können wir es halten und beruhigen: »Es nimmt uns mit, wenn solche Unfälle passieren«, »Es ist frustrierend, wenn sich die Schnürsenkel einfach nicht binden lassen«.

Der Versuch, genau dann helfen zu wollen, wenn etwas schiefgeht oder das Kind etwas nicht schafft, kann fehlschlagen, weil das Kind zu stark in seinen Gefühlen befangen ist. Wir erinnern uns wahrscheinlich alle an Situationen, in denen wir so wütend waren, dass wir nicht auf beruhigende Worte anderer hören wollten. Auch Erwachsene müssen manchmal ›Dampf ablassen‹, bevor sie anderen wieder zuhören können. Das gilt ebenso für Kinder.

Wenn wir ein Kind so starke Gefühle ausleben lassen, erhalten dann die anderen Kinder nicht die Botschaft, dass Wutausbrüche in Ordnung sind? Kinder sind eifrige Beobachter. Solange sich die Erzieherin durch den Emotionsausbruch nicht alarmiert, aufgebracht oder beeindruckt zeigt, sind es die Kinder in der Regel auch nicht. Sie beobachten unsere Reaktion und kommen zu der Erkenntnis, dass solche außer Kontrolle geratenen Gefühle manchmal vorkommen können. Aber sie lernen auch, dass es andere Wege gibt, mit Wut umzugehen. Wir ermutigen die Kinder außerdem, indem wir ihnen unsere Anerkennung geben, wenn sie positive Verhaltensweisen zeigen.

Typ 2: Der Wutanfall als »Waffe«. Zu anderen Gelegenheiten bekommt ein Kind vielleicht einen Wutanfall, um *Macht* zu demonstrieren oder Rache zu nehmen. Mögliche Ziele des Kindes sind, uns dazu zu bewegen, seiner Forderung nachzugeben oder es uns für eine empfundene Ungerechtigkeit heimzuzahlen. Richtlinien für den Fall, dass Wutanfälle als »Waffe« eingesetzt werden:

- Wir ignorieren das Verhalten, sofern das möglich ist.
- Wir ignorieren möglichst nicht nur das Verhalten, sondern schenken unsere Aufmerksamkeit sofort einem anderen Kind, das sich positiv verhält.
- Wenn der Wutausbruch länger andauert, sagen wir dem Kind, dass es die Wahl hat, aufzuhören zu schreien und hierzubleiben oder in die Ruhezone zu gehen (STOP Regel): »Du kannst dich beruhigen und hierbleiben oder in die Ruhezone gehen und dich dort beruhigen. Du entscheidest.«
- Wir bringen das Kind in die Ruhezone. Entweder ohne Worte oder wir sagen dem Kind kurz, dass es die Chance hat, zur Gruppe zurückzukehren, wenn es sich beruhigt hat.

BEISPIEL

Die drei Jahre alte Fiona ist es gewohnt, dass sie zu Hause bekommt, was sie will. In der Einrichtung muss Fiona dafür oft verhandeln. Heute ist der Kaufladen aufgebaut und Fiona möchte an der Kasse stehen. Sie sagt: »Ich will die Kasse haben.« Dana drückt die Kasse fest an sich und sagt: »Ich hatte sie zuerst.« Fiona wirft sich auf den Boden und fängt an zu schreien und um sich zu schlagen. Die Erzieherin geht dazwischen und sagt: »Fiona, Dana hat jetzt die Kasse. Du kannst einkaufen oder die Regale mit Büchsen und Schachteln auffüllen. Was möchtest du tun?«

Wenn Fiona sich beruhigt und zustimmt, kann die Erzieherin vorschlagen, dass Fiona mit der Kasse dran ist, wenn Dana fertig ist. Wenn Fiona jedoch weiterhin schreit und nach der Kasse greift, kann die Erzieherin sich dazu entschließen, sie aus der kritischen Situation herauszunehmen und ihr eine andere Aktivität anzubieten.

Die wirkungsvollste Strategie, mit Wutausbrüchen umzugehen, ist, von vornherein zu verhindern, dass sie auftreten. Das ist nicht immer möglich, aber wir können auf Situationen achten, in denen wir möglicherweise Wutausbrüche – unabsichtlich – fördern, indem wir eine Situation zu lange laufen lassen oder nicht erkennen, wie sehr ein Kind unter Stress steht oder wie müde es ist. Wenn der Wutausbruch nicht zu heftig ausfällt, kann Ablenkung eine Möglichkeit sein, mit der Situation umzugehen. Wenn es sich aber um einen Wutausbruch vom Typ 2 handelt, können wir ihn erst ignorieren, und wenn das nicht funktioniert, das Kind aus der Gruppe entfernen.

Stress und die physischen Symptome

Jedes kleine Kind erfährt in seinem Leben Stress. Einige Kinder reagieren auf Stress mit körperlichen Symptomen wie Kopfschmerzen, Bauchschmerzen oder nervösem Zucken. Wir können nicht alle Ursachen für Stress kontrollieren, aber wir können die Abläufe in der Einrichtung überprüfen, um zu sehen, ob wir zum Stress der Kinder beitragen. Einige Möglichkeiten, Stress zu reduzieren, sind:

- Wir reduzieren Vergleiche und Wettstreit, besonders bei Spielen. Ein Gewinner bedeutet in der Regel viele Verlierer.
- Wir erkennen und benennen (ermutigen!) jede Bemühung und jedes Zeichen von Fortschritt.
- Wir schaffen eine Atmosphäre, in der Kinder sich bedingungslos akzeptiert fühlen.
- Wir helfen Kindern, realistisch zu sein bezüglich Erwartungen und Ergebnissen.
- Wir bieten Kindern Gelegenheit, zu kooperieren.
- Wir vermitteln Entspannungstechniken.
- Wir lassen den Kindern Zeit, zur Ruhe zu kommen. Zum Beispiel, wenn Kinder vom Spielplatz zurückkommen, lassen wir die Kinder sich langsam hin und her bewegen oder sich strecken, um ihnen zu helfen, zur Ruhe zu kommen.

Zu wissen, dass wir es verstehen, wenn sie sich nicht wohl fühlen, hilft den Kindern. Wenn wir die Symptome eines Kindes für stressbedingt halten, helfen wir ihm am besten, indem wir Wege finden, wie das Kind seinen Stress ausdrücken oder reduzieren kann.

Symptome, die über einen längeren Zeitraum auftreten, müssen den Eltern mitgeteilt werden. Es kann hilfreich sein, mit den Eltern zusammen an Möglichkeiten zu arbeiten, den Stress sowohl zu Hause als auch in der Einrichtung zu reduzieren. Nicht alle körperlichen Symptome werden durch Stress verursacht. Wenn Beschwerden und Schmerzen stechend sind, schlimmer werden, häufiger auftreten und von Erbrechen und Sehstörungen begleitet werden, müssen sie als medizinisches Problem behandelt werden. (Siehe Kapitel 6 zum Thema Erziehungspartnerschaft mit den Eltern, einschließlich Elterngespräche.)

Die soziale Entwicklung eines Kindes verstehen

Die soziale Entwicklung findet zeitgleich mit der emotionalen Entwicklung statt. Während Kinder reifer werden, bauen sie Beziehungen mit Gleichaltrigen und Erwachsenen auf. Der Kindergarten wird für mindestens drei Jahre (in den meisten Fällen vom 3. bis zum 6. Lebensjahr) zum wichtigsten Sozialisationsraum neben der Familie[5].

In diesem Abschnitt stellen wir Möglichkeiten vor, Kinder bei der Entwicklung sozialer Kompetenz zu unterstützen.

Die Entwicklung sozialer Beziehungen beginnt bereits in frühen Jahren.

---

5   Bensel, J. et al. [18], S. 36ff.

Ein wesentlicher Faktor in der sozialen Entwicklung eines Kindes ist sein Bedürfnis nach Selbstständigkeit. Wenn eine Zweijährige unser Angebot, ihr zu helfen, mit einem entschlossenen »Ich mach› das!« zur Seite schiebt, verleiht sie diesem Wunsch Nachdruck. Der Wunsch nach Selbstständigkeit ist sehr stark, ist aber nicht das einzige Ziel des Kindes. Ein paar Minuten später kommt vielleicht dasselbe Kind angelaufen, um umarmt zu werden und emotionale Unterstützung zu bekommen. Die schnell wechselnden Bedürfnisse und Gefühle eines Kindes führen dazu, dass die Entwicklung sozialer Beziehungen für alle zu einer Herausforderung wird – besonders für andere Kinder, die ebenfalls mit ihren Gefühlen kämpfen.

Stufen der sozialen Entwicklung

Bindung ist existenziell für die gesunde psychische und soziale Entwicklung eines Menschen: So dient die Mutter-Bindung eher der Sicherheit, die Vater-Bindung mehr der Exploration, die Bindung zur Erzieherin dem Vertrauen in weitere Sozialangebote[6]. Der Aufbau der primären Bindung beginnt in den ersten Lebensmonaten und dauert etwa bis zum Ende des zweiten Lebensjahres.

Babys strecken sich nach vertrauten Erwachsenen und Kindern und begrüßen sie mit freudigen Lauten. Sie entwickeln ein Vertrauensverhältnis zu den Eltern und anderen Erwachsenen, die für sie Sorge tragen. Zwischen acht und zehn Monaten fangen sie vielleicht an, sich zu weigern, wenn sie von den ihnen vertrauten Erwachsenen getrennt werden sollen.

Zwischen 12 und 24 Monaten entwickeln Kinder Interesse an Beziehungen mit Gleichaltrigen. Am Anfang beobachten sie die anderen beim Spielen oder imitieren ihr Spiel, später spielen sie als Gefährten Seite an Seite miteinander.

Mit drei Jahren lernen Kinder, miteinander zu teilen – sich abzuwechseln, etwas gemeinsam zu benutzen –, obwohl sie vielleicht immer noch alleine spielen wollen.

Mit vier Jahren sind sie bereits besser in der Lage, zu kooperieren, miteinander zu spielen und an Gruppenaktivitäten teilzunehmen. Sie fangen an, enge Freundschaften einzugehen und »beste Freunde« zu haben. Mit ihrer lebhaften Vorstellungskraft erfinden Vierjährige oft imaginäre Freunde und Haustiere.

Mit fünf Jahren haben Kinder Spaß an Beziehungen. Sie können besser kooperieren und haben ein stärker ausgeprägtes Gemeinschaftsgefühl. Sie sind besonders aufmerksam kleineren Kindern gegenüber.

---

6 Bensel, J. et al. [18], S. 12

Wir fördern das Gemeinschaftsgefühl

Es ist wichtig, Kinder darin zu bestärken, die Fähigkeit und Bereitschaft zur Kooperation mit anderen Kindern und auch mit Erwachsenen zu entwickeln. Es geht dabei um die Fähigkeit, ein Gemeinschaftsgefühl aufzubauen. Ein Kind, das sich um andere kümmert und mit ihnen kooperiert, ist auf dem richtigen Weg. Wie können wir Kinder bei der Entwicklung einer Beitragshaltung und der Kooperationsfähigkeit unterstützen?

Wir ermutigen Kinder bereits sehr früh, anderen zu helfen:

- »Wer möchte mir helfen, die Pflanzen zu gießen?«
- »Möchtest du diese Toilettenpapierrolle dem Hamster in den Käfig legen?«
- »Hilf mir bitte, Tassen und Servietten auszuteilen. Vielen Dank.«

Wir lassen Kinder eigene Fehler wiedergutmachen. Zu kleckern und etwas zu zerbrechen sind normale Vorkommnisse und es macht Sinn, Kinder aufzufordern, beim Saubermachen zu helfen.
- »Hoppla. Der Saft ist verschüttet. Hole bitte den Schwamm und wisch' ihn auf.«
- »Es tut mir leid, dass dein Bild zerrissen ist. Möchtest du Tesafilm haben, um es wieder zusammenzukleben?«

Wir erwarten keine Perfektion. Wir erkennen Bemühungen und Fortschritte an:

BEISPIEL
Die beiden vierjährigen Mark und Sonja spielen seit zehn Minuten gemeinsam mit einem Puzzle, dann fangen sie an, sich zu streiten. Die Erzieherin sagt: »Ihr habt heute so schön miteinander gespielt. Lasst uns jetzt das Puzzle wegpacken und uns für das Mittagessen fertig machen.«

Wir verbessern nicht die ersten Ergebnisse der Bemühungen eines Kindes:

BEISPIEL
Die vier Jahre alte Paula lernt, ihre Jacke zuzuknöpfen. Nachdem sie eine ganze Weile herumgefummelt hat, hat sie es geschafft. Die Jacke ist zu, aber schief geknöpft. Ihre Erzieherin macht ihr ein Kompliment für ihre Bemühungen, indem sie sagt: »Schau mal an, Sonja, du hast deine Jacke selbst zugeknöpft!« Sie verliert kein Wort darüber, dass die Jacke schief geknöpft ist.

Wir schaffen Gelegenheiten für gemeinsames Spielen:

BEISPIEL
Die Bärengruppe hat die Schmetterlingsgruppe zu einer besonderen Feier ein-

geladen. Die Bärengruppe singt einige Lieder für die ›Schmetterlinge‹. Alle setzen sich dann an den Tisch, um gemeinsam die Muffins zu essen, die die ›Bären‹ für alle gebacken haben.

Wir bemerken die Versuche der Kinder, kooperativ zu spielen, und ermutigen sie dabei:

BEISPIEL
Der zwei Jahre alte Kevin krabbelt in den Bollerwagen. Sein Freund Shiro versucht ihn zu ziehen, aber der Wagen ist zu schwer und bewegt sich nicht. Die Erzieherin sagt: »Shiro, ich sehe, du bemühst dich sehr, Kevin spazieren zu fahren; der Wagen ist wirklich schwer.«

Weitere Anregungen zu diesem Thema in Kapitel 4.

Herausforderungen bei der sozialen Entwicklung

Wenn wir folgende STEP Fertigkeiten im Umgang mit Verhaltensproblemen, die während der sozialen Entwicklung auftreten, konsequent einsetzen, arbeiten wir mit einer erfolgversprechenden Strategie, zu der folgende Schritte gehören:
- die Entwicklungsphase des Kindes berücksichtigen,
- die Ziele des Fehlverhaltens des Kindes erkennen,
- die Bemühungen, die Fortschritte und das positive Verhalten des Kindes ermutigen,
- mit dem Kind respektvoll kommunizieren:
  - aktiv zuhören und
  - Ich-Aussagen benutzen,
- die Kooperationsbereitschaft und Konfliktfähigkeit des Kindes fördern durch
  - Zuordnung der Verantwortlichkeit (Wessen Problem ist es?) und
  - gemeinsame Lösungsfindung in Konfliktsituationen (Alternativen erforschen),
- die sinnvolle Ausübung von Disziplin.

Lügen

Wenn wir mit einer Situation konfrontiert werden, in der Lügen eine Rolle spielt, fragen wir uns selbst: Geht es hier um Lügen oder um Übertreibung?

Geschichten zu erfinden und zu übertreiben sind typische Verhaltensweisen – besonders für ältere Kindergartenkinder.

Kinder lügen manchmal, um Aufmerksamkeit zu bekommen oder um den Konsequenzen ihres Verhaltens zu entgehen. Sofern das möglich ist, reagieren wir nicht über und lassen uns nicht von den Lügen der Kinder beeindrucken. Manchmal können wir das Verhalten sogar ignorieren.

BEISPIELE
Der fünf Jahre alte Timo dreht sich schwungvoll herum und wirft dabei aus Versehen eine Pflanze vom Tisch. Als der Erzieher den Knall hört, fragt er: »Was ist passiert?« Timo antwortet schnell: »Das war ich nicht!«, und rennt weg. Der Erzieher folgt ihm und sagt: »Timo, ich bin nicht böse auf dich, weil du die Pflanze heruntergeschmissen hast. Unfälle passieren nun mal. Bitte hilf mir jetzt beim Saubermachen.«

Die Mutter der vier Jahre alten Josefine hat kürzlich ihren Job verloren. Die finanzielle Situation ist sehr angespannt. Eines Tages kommt Josefine in die Einrichtung und sagt: »Wir fahren ins Fantasialand!« Die Erzieherin weiß, dass das nicht wahr ist, aber sie versteht Josefines Wunsch und sagt deshalb: »Fantasialand macht Spaß! Ich weiß, da wolltest du schon immer mal hin.«

Miteinander teilen: etwas gemeinsam oder abwechselnd benutzen

Wenn Kinder nicht teilen wollen, sind sie vielleicht müde oder wütend oder einfach noch nicht reif dazu. Jeder möchte gerne, dass Kinder teilen, etwas gemeinsam oder auch abwechselnd benutzen. Wenn das nicht passiert, stellen wir uns folgende Frage: »Ist es realistisch, zu erwarten, dass sie jetzt teilen? Wäre es besser, eines der Kinder aus der Situation herauszunehmen, oder können die Kinder das Spielzeug gemeinsam benutzen?«

BEISPIEL
Die Erzieherin hat zwei neue Taschenrechner in den Kaufladen gestellt. Eine Gruppe von Kindern schwirrt um sie herum und die Kinder fragen, wann sie dran sind. Der Erzieherin wird klar, dass jedes Kind drankommen möchte, um die neuen Rechner auszuprobieren. Sie sagt: »Ich mache eine Liste mit den Namen aller Kinder, die die Taschenrechner ausprobieren möchten. Dann stelle ich diese Küchenuhr auf fünf Minuten ein. Jedes Kind bekommt fünf Minuten, um mit dem Rechner zu spielen. Wenn die Küchenuhr klingelt, kommt das nächste Kind an die Reihe.«

Eifersucht

Eifersucht ist eine andere Art, zu sagen: »Ich will ...!« Eifersucht ist ein Gefühl, das in den ersten Jahren häufig auftritt. Für Kinder im Alter von 18 Monaten bis dreieinhalb Jahren ist es eine besonders starke Emotion. In dieser Zeit muss das Kind zu Hause vielleicht die Aufmerksamkeit seiner Eltern mit einem neuen

Baby teilen. Oft machen Kinder ihre ersten Erfahrungen mit anderen Kindern und werden so mit den Herausforderungen des Teilens und der Kooperation zur gleichen Zeit konfrontiert.

Wir können die Eifersucht eines Kindes nicht völlig aus dem Weg räumen und es ist auch nicht notwendig. Eifersucht zu erfahren hilft Kindern, sich den Herausforderungen des Lebens zu stellen, was ihnen wiederum dabei hilft, reifer zu werden. Wir können dazu beitragen, die Intensität des Gefühls abzuschwächen, indem wir den Kindern durch aktives Zuhören helfen, ihre eifersüchtigen Gefühle zu verstehen.

- »Bist du jetzt verärgert, weil Frau Wagner Simon beim Essen hilft?«
- »Kann es sein, dass du traurig bist, weil Annabel zuerst angekommen ist?«

Miteinander teilen müssen und Eifersucht empfinden gehen Hand in Hand:

BEISPIEL
Die zwölf Monate alte Sheila hängt sehr an ihrer Erzieherin. Wann immer sich ein anderes Kind auf den Schoß der Erzieherin setzen will oder darum bittet, hochgenommen zu werden, fängt sie an zu schreien. Sheilas Erzieherin sagt: »Ich weiß, dass es schwierig ist, zu teilen, aber jeder möchte gerne umarmt werden. Ich werde dich auch bald wieder auf den Schoß nehmen, Sheila.«

Übergangszeiten

> Bei älteren Kindern liegt der Schlüssel zu reibungslosen Übergangszeiten darin, die Kinder wissen zu lassen, was passieren wird und was Sie von ihnen erwarten.

In den Übergangszeiten – wenn Kinder sich zwischen Aktivitäten oder Orten hin- und herbewegen – treten oft Verhaltensprobleme auf. Das liegt daran, dass es für Kinder schwierig ist, ›den Gang‹ zu wechseln während sich ihr Fokus ändert. Sie benötigen unsere Hilfe, um zu lernen, Übergänge bzw. Übergangszeiten ohne unnötige Unruhe zu bewältigen.

> Für kleinere Kinder sind klare Erwartungen und eine zuverlässige tägliche Routine hilfreich, um mit den Übergängen beim Aktivitätenwechsel zurechtzukommen.

Aktivitätenwechsel. Dieser Wechsel erfordert besondere Zuwendung für die Kinder und Kooperation von allen Teammitgliedern. Oft ist es hilfreich, wenn eine Erzieherin bei den Kindern bleibt, während diese eine Aktivität beenden. In dieser Zeit kann eine andere Erzieherin alles für die nächste Aktivität vorbereiten.

BEISPIEL

Der Erzieher und die Praktikantin Tina haben mit den Kleinkindern ein Kunst-projekt durchgeführt. Jetzt ist es an der Zeit, die Musikinstrumente auszupac-ken und den Bereich für das Musizieren in der Gruppe vorzubereiten. Erzie-her und Praktikantin fangen auf der anderen Seite des Raums an, Tische und Stühle herumzuschieben. Schon bald kommen einige Kinder herübergelaufen und verstreuen überall Papier und Stifte. Unruhe bricht aus und die fröhliche Atmosphäre beginnt zu bröckeln.

Der Erzieher geht zurück zur Gruppe und sagt: »In fünf Minuten ist es an der Zeit, mit dem Malen aufzuhören. Wenn die Zeit um ist, komme ich zu euch, dann hört ihr bitte auf und wir räumen alles gemeinsam weg. Danach lesen wir eine Geschichte. Währenddessen baut Tina alles auf, damit wir nachher zusammen Musik machen können.«

Es ist jedoch nicht immer möglich, die Aufgaben in dieser Form zwischen den Erzieherinnen aufzuteilen. Es ist auch wichtig für Kinder, zu lernen, dass sie den Aktivitätenwechsel auch ohne das direkte Eingreifen einer Erzieherin bewälti-gen können. Der Schlüssel liegt darin, die Kinder wissen zu lassen, was passieren wird und was wir von ihnen erwarten.

BEISPIEL

Einige Vierjährige haben in der Rollenspielecke gespielt. Für die nächste Ak-tivität werden Bodenmatten und ein Fallschirm benötigt. Der Erzieherin steht kein weiteres Teammitglied zur Verfügung, das ihr helfen könnte, den Übergang vorzubereiten und durchzuführen. Deshalb sagt sie zur Gruppe: »In Kürze werden wir etwas Lustiges mit dem Fallschirm machen, und ich muss das jetzt vorbereiten. Ihr könnt hier noch zehn Minuten weiterspielen, bis die Küchenuhr klingelt. Dann fangt bitte an, wie gewohnt wegzuräumen. Bitte seid geduldig, bis ich mit den Vorbereitungen fertig bin. Ich komme dann dazu und wir können mit dem Fallschirmspiel beginnen.«

Kinder können abgelenkt werden, wenn eine Erzieherin anfängt, eine neue Ak-tivität vorzubereiten, während die Kinder noch im freien Spiel sind. Deshalb ist es hilfreich, die Kinder in dieser Zeit des Wechsels mit einer speziellen Grup-penaufgabe zu beschäftigen. Indem wir die Kinder wissen lassen, dass sie in ei-nigen Minuten für einen Wechsel bereit sein sollen und dass wir möchten, dass sie Geduld bewahren, während wir alles für die nächste Aktivität vorbereiten, schaffen wir die Voraussetzung für den reibungsloseren Übergang.

Mit Hilfe von Signalen (bzw. ›Ankern‹) können Aktivitätenwechsel angekün-digt werden[7]. Zum Beispiel kann ein bestimmtes Lied auf dem Klavier gespielt werden, um zu signalisieren, dass es Zeit ist, aufzuräumen. Eine Glocke, ein Schild, ein Handzeichen oder ein Lichtsignal können den Zeitpunkt kennzeich-nen, um sich zum Vorlesen einer Geschichte zu versammeln. Diese Signale oder

---

7   Crosser, S. [43]

Übergangszeiten können schwierig sein für Kinder **und** Erzieherin.
Es ist wichtig, den Übergang nicht plötzlich stattfinden zu lassen.

Anker sollen nicht aufdringlich sein, so dass sie die Kinder weder erschrecken noch verängstigen.

Fingerspiele, Reime oder Bewegungslieder[8] können eine sehr nützliche Strategie sein, um Kinder, die unaufmerksam geworden sind oder für eine neue Aktivität in einer Gruppe zusammengeführt werden sollen, neugierig zu machen. Kinder lieben den Spaß und die Herausforderung des Fingerspiels. Wenn das Fingerspiel vorüber ist, sind die Kinder wieder konzentriert und bereit zuzuhören. Kurze Bewegungslieder können auf dieselbe Weise genutzt werden. Sowohl Fingerspiele als auch Bewegungslieder finden wir in der einschlägigen Fachliteratur.

Ortswechsel. In Übergangszeiten gehört es häufig dazu, Gruppen von einem Ort zum anderen zu bewegen. Bei älteren Kindern liegt der Schlüssel zu einem guten Übergang darin, sie wissen zu lassen, was passiert und was wir von ihnen erwarten. Wir vergessen dabei auch nicht, unseren Humor einzusetzen.

BEISPIEL
Eine Gruppe von Vier- und Fünfjährigen will zur Turnhalle gehen, um dort eine Bewegungsbaustelle aufzubauen. Die Erzieherin ruft die Kinder zusammen und sagt ihnen, wohin sie gehen, wie sie dorthin kommen und was sie

---

8 Grüger, C. [64]; Singerhoff, L. et al. [66]

tun werden, wenn sie dort ankommen. Die Erzieherin sagt zu den Kindern: »Wir spielen jetzt ›Sandwich‹. Jedes Sandwich besteht aus vier Teilen, also brauche ich vier Kinder. Ihr entscheidet, wer die Toastscheiben spielt und was bzw. wer dazwischen liegt. Ein Kind kann die Butter sein und ein anderes die Marmelade oder eine Wurstscheibe. Die Erzieherin stellt die Gruppen zusammen, dann sagt sie: »Ich möchte, dass jedes Sandwich zusammenbleibt. Die Toastscheiben gehen auf dem Weg zur Halle außen. Auf dem Weg bitte ich die erste Gruppe, die anführt, nur so weit zu gehen, bis ich ›Stop‹ sage, und dann anzuhalten. Sobald alle zusammen sind, gehen wir bis zum nächsten Stop. Alles klar? Großartig. Gut, wenn wir an der Turnhalle angekommen sind, erkläre ich euch, wie es weitergeht.«

Für kleinere Kinder sind klare Erwartungen und eine zuverlässige tägliche Routine hilfreich, um mit den Übergängen beim Aktivitäten- bzw. Ortswechsel zurechtzukommen.

Beispiel
Die Kindergartenkinder wissen, dass jeden Tag vor der Mittagspause eine Geschichte vorgelesen wird. Wenn die Erzieherin mit der Geschichte fertig ist, legt jedes Kind das Teppichstück bzw. Kissen weg, auf dem es gesessen hat, geht zum Waschbecken und wäscht sich die Hände vor dem Mittagessen. Die Erzieherin muss die Kinder nicht mehr an die Reihenfolge erinnern, weil sie es schon so oft gemacht haben.

Mittagsschlaf. Ein weiterer hilfreicher Vorschlag für Übergänge mit kleineren Kindern ist, jedem Kind ein Buch oder ein Spielzeug zum Mittagsschlaf mit ins Bett zu geben. Ein paar Minuten ruhiges Spielen ganz alleine kann Kindern dabei helfen, ruhiger zu werden.

Am Ende des Tages

Auch das Ende des Tages kann für Kinder eine stressige Zeit sein. Kinder, deren Eltern später als die der anderen kommen, machen sich vielleicht Sorgen, dass sie zurückgelassen werden. Weil sie müde sind, reagieren sie ängstlicher und deshalb gereizter. Erzieherinnen können einiges tun, um zu helfen:

- Sie hören dem Kind aktiv zu: »Du möchtest gerne nach Hause gehen, so wie David, nicht wahr?«
- Sie versichern den Kindern, dass ihre Eltern kommen werden: »Du freust dich darauf, deine Mama wieder zu sehen, sie wird bald hier sein.«
- Sie beschäftigen die Kinder, indem sie zum Beispiel eine Geschichte auf einer CD hören dürfen, so dass die Zeit schnell vergeht.

Aggression – Beißen, Schlagen, Schubsen, Stoßen

Aggressives Verhalten kann durch den Einsatz folgender STEP Fertigkeiten verringert werden:

- ignorieren,
- ablenken,
- aktives Zuhören und Wahlmöglichkeiten anbieten,
- STOP Regel anwenden, nachdem die zuvor genannten Maßnahmen nicht funktioniert haben und das Kind weiterhin unangemessenes Verhalten zeigt.

Es ist unrealistisch, zu erwarten, dass Kinder nie aggressiv sein werden. Es ist jedoch hilfreich, zu wissen, dass dieses Fehlverhalten ein Ziel hat.

> BEISPIEL
> Die fünf Jahre alte Valerie und der vier Jahre alte Amado zanken sich den ganzen Morgen. Valerie stößt Amado von der Schaukel und klettert selbst drauf. Amado reagiert darauf, indem er Valerie tritt. Es dauert keine Minute, bis die beiden sich im Gras wälzen, einander schlagen und beschimpfen. Die Erzieherin kommt dazu, trennt die beiden und sagt: »Ihr kommt heute nicht gut miteinander aus. Es ist deshalb notwendig, dass ihr in unterschiedlichen Bereichen spielt – getrennt voneinander.«

Der Umgang mit Aggression am Beispiel von Beißen. Beißen kann besonders bei kleineren Kindern ein Problem sein. Wenn es passiert, ist es beängstigend für die anderen Kinder und die Erwachsenen sind entrüstet. In Übergangszeiten kommt Beißen häufig vor, weil diese Zeit für die Kinder am schwierigsten ist. Beißen ist eine Herausforderung, die von der Erzieherin die Fähigkeit verlangt, gut zu strukturieren. Wenn wir ein Kind in der Gruppe haben, das häufig beißt, beobachten wir, in welcher Situation es beißt. Was ist typisch für solche Situationen? Der Schlüssel liegt darin, das Kind von solchen Situationen fernzuhalten oder die Situation so zu strukturieren, dass das Kind dabei unterstützt wird, sein Verhalten zu modifizieren.

> BEISPIEL
> Der zweieinhalb Jahre alte Tom beißt häufig, wenn er vom Außengelände, das er sehr liebt, hereinkommt und sich für den Mittagsschlaf fertig machen soll, den er überhaupt nicht mag. Die anderen Kinder fürchten sich vor ihm und möchten nicht mit ihm spielen oder neben ihm schlafen. Das wirkt sich negativ auf Toms Selbstwertgefühl aus, was wiederum sein unsoziales Beißverhalten verstärkt.

Die Erzieherin möchte Tom helfen, aus dem Kreislauf des Fehlverhaltens auszubrechen. Jeden Tag gibt sie ihm am Ende der Spielzeit draußen einen Ball oder ein anderes Spielzeug, das er mit hereinnehmen darf. Das hilft Tom, sich mit etwas zu beschäftigen und sich darauf zu konzentrieren. Er bekommt zusätzliche Aufmerksamkeit von einem Erwachsenen zu einem Zeitpunkt, zu dem er Ermutigung braucht.

BEISPIEL
Wenn es Zeit für den Mittagsschlaf ist, hilft ihm eine Praktikantin, seinen Platz nach dem Essen abzuräumen. Während die anderen Kinder sich für den Mittagsschlaf fertig machen, sitzt sie dann für ein paar Minuten still bei ihm (wenn er möchte, kann er auf ihrem Schoß sitzen). Wenn die anderen Kinder dann ruhig mit ihren Spielsachen in ihren Betten spielen, hilft die Praktikantin Tom, sich auf seinem Bett niederzulassen. Sie bleibt noch eine Weile in der Nähe, bis klar ist, dass die Kinder sich entspannt haben und ruhen.

Ein älteres Kind, das beißt, muss möglicherweise lernen, seine Gefühle in Stresssituationen in andere Bahnen zu lenken, indem es sie in Worte fasst. Wir sprechen das Kind an einem ruhigen Tag direkt auf das Thema an und sagen ihm, dass wir beobachtet haben, dass es beißt, wenn es wütend ist oder sich Sorgen um etwas macht. Wir bitten das Kind, sich zu erinnern, wie es sich beim letzten Mal in einer solchen Situation gefühlt hat. Wir zeigen Verständnis für seine Gefühle und sprechen über Möglichkeiten, das nächste Mal mit seinen Gefühlen anders umzugehen, z.B. seine Gefühle durch eine Ich-Aussage zum Ausdruck zu bringen (»Ich bin wütend, weil ich das Spiel verloren habe.«), auf den Sandsack zu hauen oder bis zehn zu zählen. Das Kind entscheidet, was es tun möchte. Wir bieten dem Kind an, ihm beim nächsten Mal zur Seite zu stehen, damit es ihm leichter fällt, auf die abgesprochene Art und Weise mit der Situation umzugehen. Wir vereinbaren, dass die STOP Regel in Kraft tritt, wenn es trotzdem wieder beißt.

Erziehungspartnerschaft mit den Eltern

Wenn ein Kind wiederholt andere beißt, können Sie die Eltern zu einem Gespräch bitten. Die Eltern haben zu Hause möglicherweise dasselbe Problem. Sprechen Sie mit den Eltern über die häusliche Situation des Kindes: zum Beispiel darüber, ob es ein neues Baby in der Familie gibt. Indem Sie sich zusammen mit den Eltern auf einen konsequenten Umgang mit dieser Form von Aggression einigen, erreichen Sie wahrscheinlich, dass es seltener zu Beißzwischenfällen kommt. Sie helfen dem Kind damit auch, neue Verhaltensmuster im Umgang mit Gefühlen zu lernen.

Sauberkeitserziehung

Beim Thema Sauberkeitserziehung ist die Zusammenarbeit mit den Eltern wichtig, weil es dem Kind hilft, wenn sich die Erwachsenen, die für das Kind Sorge tragen, bzgl. ihrer Erwartungen einig sind. Gelegentlicher Austausch mit den Eltern und dem Kind über seine Erfolge zu Hause oder in der Einrichtung ist eine Möglichkeit, dem Kind Aufmerksamkeit zu schenken und das Kind dadurch bei seinen Bemühungen zu ermutigen.

Wenn es um Sauberkeitserziehung geht, ist es sehr wichtig, die Entwicklungsstufe eines Kindes zu berücksichtigen. Kinder sind normalerweise physisch erst mit zwei Jahren oder sogar noch später in der Lage, Blasen- und Darmfunktion zu kontrollieren[9]. Das bedeutet, dass die Sauberkeitserziehung irgendwann im Alter zwischen zwei und drei Jahren abgeschlossen werden kann. Wir achten auf die individuelle Bereitschaft eines jeden Kindes. Es ist wichtig, die Kinder in den unterschiedlichen Stadien der Sauberkeitserziehung nicht unter Druck zu setzen.

> BEISPIEL
> In der Tagesstätte schaut der zwei Jahre alte Marco anderen Kindern zu, wie sie auf der Toilette sitzen. Er beginnt Interesse daran zu zeigen, selbst die Toilette zu benutzen. Sein Erzieher zieht ihm die Windel aus und sagt: »Marco, deine Windel ist trocken. Möchtest du versuchen, auf die Toilette zu gehen?« Nachdem Marco dies bejaht hat, setzt er ihn eine Minute auf die Toilette. Als Marco anfängt, unruhig zu werden, lässt er ihn aufstehen, zieht ihm seine Windel wieder an und sagt: »Sag mir, wenn deine Windel nass ist. Später können wir es noch einmal probieren.« Marcos Erzieher ermutigt ihn, ohne die Sauberkeitserziehung in einen Machtkampf zu verwandeln.

Die meisten Kinder sind bis zu ihrem dritten Geburtstag trocken. Jungs brauchen meist mehr Zeit als Mädchen, um die Kontrolle zu erlangen. Vorübergehende Rückschläge behandeln wir nicht als große Fehler, sondern als etwas, das eben passiert. Wir helfen dem Kind, wieder trocken und sauber zu werden, zeigen Einfühlsamkeit und Interesse: »Du fühlst dich bestimmt unwohl. Möchtest du eine trockene Hose anziehen?«

**Behandeln Sie vorübergehende Rückschläge
bei der Sauberkeitserziehung als etwas,
das eben passiert – nicht als große Fehler.**

---

9 Brazelton, T. B. [20]

Familiäre Probleme

Probleme in der Familie sind ein Teil des Lebens des Kindes, den das Kind mit in die Kindertagesstätte bringt. Tod, Scheidung, Streit und andere Vorfälle können und werden in unsere Einrichtung hineingetragen. Wir können diese Probleme nicht lösen, aber es gibt einiges, das wir tun können, um zu helfen. Wenn ein Kind ein erhöhtes Maß an destruktiver Sprache oder Fehlverhalten zeigt, entscheiden wir uns für eine oder mehrere der folgenden Vorgehensweisen:

- Wir erkennen, dass diese Verhaltensweise für das Kind eine Möglichkeit darstellt, zusätzlich Aufmerksamkeit zu bekommen. Wie können wir dem Kind auf positive Weise Aufmerksamkeit zukommen lassen?
- Wir achten darauf, nicht überzureagieren, wenn ein Kind gelegentlich darüber spricht, sich selbst oder anderen weh zu tun. Das Kind macht vielleicht nur seiner Wut Luft oder möchte genau zu diesem Zeitpunkt Aufmerksamkeit erlangen. Wenn solche Aussagen über Tage oder gar Wochen hinweg wiederholt vorkommen, gibt dies jedoch Anlass zur Sorge. Aber die Aussage eines Kindes: »Ich bringe dich um!«, ist nicht per se Grund für ein psychiatrisches Gutachten.
- Wir konzentrieren uns darauf, positive Aspekte im Verhalten des Kindes zu entdecken und anzuerkennen, um sein Selbstwertgefühl aufzubauen.
- Wir sorgen dafür, dass das Kind mit Kindern zusammenkommt, die positivere Gefühle haben.

Kinder, die während des Jahres dazukommen

Kinder kommen in unsere Einrichtung und verlassen sie wieder. Wir machen es zu unserer Aufgabe, jedes Kind zu unterstützen, dazuzugehören und zu einem Teil unserer Gruppe zu werden. Folgende Maßnahmen können einem neuen Kind helfen, sich willkommen zu fühlen:

- ein Foto machen und dieses, mit seinem Namen versehen, an das schwarze Brett hängen.
- dem Kind Aufmerksamkeit schenken, indem wir ein »Willkommensinterview« führen und das Kind bitten, der Gruppe etwas über seine Lieblingsfarben, seine Lieblingstiere, sein Lieblingsessen und über seine Familie zu erzählen.
- dem Kind eine/n »Partner/in« für diesen Tag an die Seite stellen, der/die das neue Kind durch den Tag begleitet.

Kinder sind, wie Erwachsene auch, soziale Wesen. Als Erzieherin gehört es zu unserer Aufgabe, Gruppenerfahrungen zu ermöglichen, die allen Kindern helfen, Sicherheit durch das Gefühl der Dazugehörigkeit zu empfinden.

Herausforderungen im Alltag

Baby: Die vierzehn Monate alte Stella ist in einer Einrichtung für Babys und Kleinkinder. Herr Grün, der Hausmeister, saugt jeden Nachmittag den Flur. Stella hat Angst vor dem lauten Geräusch des Staubsaugers. Sie rennt schreiend zu ihrem Erzieher. Einige der anderen Kinder fangen ebenfalls an zu schreien.

1. Was könnte der Erzieher tun, um Stella zu helfen?
2. Was könnte der Erzieher tun, um die anderen Kinder zu beruhigen?

Denken Sie dabei an die Fertigkeiten, die Sie gelernt haben!

Kleinkind: Die zweieinhalbjährige Rebecca ist laut und stört in der Vorlesezeit. Ihre Erzieherin, Frau Konrad, bittet sie, ruhig zu sein. Rebecca schreit »Nein!« und streckt der Erzieherin die Zunge heraus. Frau Konrad ignoriert diese Reaktion zunächst, aber dann fängt Rebecca wieder an, laut zu sein und zu stören, so dass niemand die Geschichte hören kann.

1. Welches Ziel verfolgt Rebecca möglicherweise mit dem Fehlverhalten?
2. Was könnte Frau Konrad tun, um mit dieser Herausforderung effektiv umzugehen?

Denken Sie dabei an die Fertigkeiten, die Sie gelernt haben!

Kindergartenkind: Die Erzieherin, Frau Lambert, hat die Kinder gebeten, das Sandspielzeug aufzuräumen und dann geduldig zu warten, bis sie die Farben für die Malstunde bereitgestellt hat. Der vier Jahre alte Jamal wirft die Schaufel weg, mit der er gegraben hat, und rennt hinter Frau Lambert her. Er ›klebt‹ an ihr, stellt Fragen und verlangt Hilfe beim Hochkrempeln der Ärmel seines Pullovers, während Frau Lambert versucht, die Töpfchen mit den Farben neben den Staffeleien aufzustellen.

1. Welches Ziel verfolgt Jamal?
2. Wie könnte Frau Lambert in ermutigender Weise auf Jamals Verhalten reagieren?

Denken Sie dabei an die Fertigkeiten, die Sie gelernt haben!

STEP in der Praxis

Üben Sie, die gerade erlernten Fertigkeiten bei emotionalen und sozialen Herausforderungen anzuwenden. Sie können beispielsweise mit einem oder zwei Kindern beginnen und sich auf Wutanfälle oder Ängste in Übergangszeiten konzentrieren.

Bitte beachten Sie

Die Fertigkeiten, die wir in diesem Buch präsentieren, zeigen unserer Erfahrung nach in den meisten Fällen Wirkung. Wenn Sie STEP (Fertigkeiten und Haltung) im Alltag umsetzen, stellen Sie folgende Überlegungen an:

- Inwiefern trägt die Umgebung des Kindes in der Einrichtung – Aktivitäten, Ausstattung, Material und Tagesablauf – zum störenden Verhalten bei?
- Welche Ihrer persönlichen Ressourcen tragen zur Lösung von Problemen bei? Dazu gehören Eigenschaften oder Stärken wie ein Sinn für Humor, die Fähigkeit, Abstand zu nehmen und die Perspektive zu wechseln, Erfahrung oder Geschick in der Lösung von Problemen, Geduld, Achtsamkeit oder eine gute Wahrnehmung.
- Inwiefern tragen Sie selbst zu Konflikten bei, beispielsweise indem Sie leicht zu ärgern sind, zu viel reden, zu viel fordern, ständig die Kontrolle haben müssen, perfekt sein oder gefallen wollen?

Zusammenfassung

1. Emotionen lassen Wünsche und Absichten eines Kindes sichtbar werden. Sie spiegeln die Wertvorstellungen, Überzeugungen und Ziele eines Kindes wider.

2. Indem Sie sofort negativ auf Emotionen reagieren, die ein Kind zeigt, kann das emotionale Problem verstärkt werden. Hören Sie stattdessen aktiv zu und lassen Sie das Kind wissen, dass Sie sein Gefühl verstehen und akzeptieren. Das kann dem Kind einen Anstoß geben, über neue Wege nachzudenken, wie es mit seinen Emotionen umgehen kann.

3. Wenn Sie wütend werden, nörgeln, herumkommandieren oder unwirsch Forderungen stellen, lernen Kinder mehr aus Ihrer negativen Haltung und Ihrem Verhalten, als aus Ihren gut gemeinten Regeln und Anweisungen.

4. Grenzen sind wichtig für das Kind: Sie helfen ihm, Respekt und Vertrauen zu entwickeln. Wenn das Kind durch die Orientierung an Regeln Halt und Sicherheit bekommt, lernt es, sich selbst zu akzeptieren und bereit zu sein, mit anderen zusammenzuarbeiten.

5. Die Ängste der Kinder sind oft Hilferufe. Hören Sie genau zu, um herauszufinden, welchem Zweck die Angst dient, und helfen Sie dem Kind, effektivere Wege zu finden, damit umzugehen. Indem Sie das Kind unterstützen, sich der Herausforderung zu stellen, helfen Sie ihm auch, Mut zu entwickeln.

6. Trennungsangst tritt häufig auf. Sie können dem Kind aktiv zuhören, seine Gefühle akzeptieren und ihm freundlich und bestimmt helfen, Wege zu finden, die Übergangszeit zu bewältigen.

7. Jedes Kind entwickelt seine sozialen Fähigkeiten in seiner eigenen Geschwindigkeit. Sie können seine soziale Entwicklung unterstützen und störendem Verhalten vorbeugen, indem Sie sich die individuellen Eigenschaften eines Kindes bewusst machen – einschließlich seiner Wertvorstellungen, Überzeugungen, Gefühle und seiner Entwicklungsstufe.

8. Durch natürliche und logische Konsequenzen lernen Kinder Selbstdisziplin. Kinder zu bestrafen und sie als Person zu kontrollieren führt zu Widerstand und Angst.

9. Das gesunde Gemeinschaftsgefühl eines Kindes erkennen Sie daran, dass es kooperiert, gut zuhört und seine Gefühle auf angemessene Weise auszudrücken vermag. Die Entwicklung des Gemeinschaftsgefühls ist ein Maßstab für die emotionale Gesundheit und die soziale Reife eines Kindes.

10. Sie stärken das Gemeinschaftsgefühl, indem Sie kooperatives Verhalten ermutigen und es so anerkennen. Es ist viel wichtiger, dem Verhalten unsere Aufmerksamkeit zu schenken, das wir verstärken wollen, als Verhaltensweisen zu bemerken, die wir korrigieren wollen.

Der Mut, nicht perfekt zu sein[10]

Emotionale Not wird oft durch negative und deshalb entmutigende Denkprozesse, Wertvorstellungen und Überzeugungen verursacht. Emotionen sind sehr eng mit dem Denken verbunden. Sie können sich selbst helfen, indem Sie Ihre Gedanken benutzen, um Ihre Emotionen positiv zu beeinflussen.

»Ich muss perfekt sein« oder »Ich darf keinen Fehler machen« sind Gedanken, die zu Stress, emotionaler Not und Burn-out führen. Wenn Sie solche Wertvorstellungen und Überzeugungen hegen, kann das leicht dazu führen, dass Sie negative Ereignisse als Katastrophe oder als unverhältnismäßig schlimm wahrnehmen.

Überlegen Sie, wie Sie gewöhnlich Herausforderungen angehen. Prüfen Sie, ob die folgenden Aussagen für Sie hilfreich sind, wenn Sie über Herausforderungen in Ihrem Alltag nachdenken:
- »Ich habe den Mut, nicht perfekt zu sein, neue Verhaltensweisen zu riskieren und neue Ideen auszuprobieren.«
- »Fehler sind Gelegenheiten, Lernerfahrungen zu sammeln.«

Anregungen

- In welchen Situationen ist es für Sie heute in Ordnung, nicht perfekt zu sein?
- Welche Fehler haben Sie heute gemacht, von denen Sie lernen können?

---

10 Das Konzept »Der Mut, nicht perfekt zu sein« wurde ursprünglich von Dr. Rudolf Dreikurs entwickelt.

Mit Eltern in einer Erziehungspartnerschaft zusammenarbeiten

In Kapitel 6 lernen wir:

- Regelmäßige Kommunikation zwischen Eltern und Erzieherin ist wichtig.

- Erwachsene handeln auf der Basis ihrer Prioritäten, Wertvorstellungen und Überzeugungen.

- Es ist wichtig, mit den Eltern gemeinsame Ziele und Erwartungen zu erarbeiten.

- Es ist wichtig für Eltern, Positives über ihre Kinder zu hören, auch wenn es Probleme gibt.

Mit den Eltern zum Wohle des Kindes an einem Strang ziehen

Bei unserer Arbeit mit kleinen Kindern teilen wir die große Verantwortung für die Erziehung der Kinder mit ihren Eltern und anderen wichtigen Bezugspersonen. Die Kinder bewegen sich zwischen zwei Welten: einer zu Hause und einer anderen in der Kindertageseinrichtung.

Douglas Powell[1] nennt drei Grundsätze, die die Bedeutung einer engen Zusammenarbeit zwischen Familie und Kindertageseinrichtung unterstreichen:

1. Wir müssen uns darüber im Klaren sein, dass es Unterschiede zwischen dem Leben eines Kindes in der Familie und seinem Leben in einer Einrichtung gibt.
    Jede Familie hat ihre eigenen Wertvorstellungen und Überzeugungen und ihre eigene Art, etwas zu tun. Die Atmosphäre zu Hause ist die erste soziale Erfahrung eines Kindes. In eine Kindertageseinrichtung zu kommen – mit anderen Erwartungen, Regeln und Arten der Interaktion zwischen Erwachsenen und Kind – bedeutet eine große Veränderung im Leben des Kindes. Diese Veränderung findet in einer Zeit statt, in der die Kinder Grundlegendes darüber lernen, wie die Welt funktioniert und wie sie dazugehören können.

2. Es ist sehr hilfreich, wenn Kinder zu Hause und in der Einrichtung einer ähnlichen Haltung und ähnlichen Erwartungen bezüglich ihres Verhaltens begegnen. Wenn sich die Erwartungen signifikant unterscheiden, haben die Kinder möglicherweise Schwierigkeiten, mit den verschiedenen Wertvorstellungen, Überzeugungen und Erwartungen in diesen beiden Lebensbereichen zurechtzukommen.

3. Die Kommunikation zwischen den Eltern und dem Personal in der Einrichtung ist sehr wichtig. Sie kann dazu beitragen, mehr Verständnis und Kooperation zwischen Erziehungsberechtigten und Erzieherinnen in der Einrichtung zu schaffen.
    Es ist wichtig für das Wohlbefinden der Kinder, dass unsere Kommunikation mit den Eltern informativ, positiv, wertschätzend und kompetent ist.
    Es ist notwendig, dass Erzieherinnen und Ergänzungskräfte Fähigkeiten und Fertigkeiten besitzen, sowohl mit den Eltern als auch mit den Kindern gut zu kommunizieren. Aufgrund unserer Ausbildung neigen wir manchmal dazu, an unsere Beziehung mit den Eltern mit dem Glauben heranzugehen, dass wir die Expertin sind, die weiß, was das Beste für ein Kind ist, und dass es zu unserer Aufgabe gehört, den Eltern zu sagen, wie sie effektiver erziehen können. Diese Haltung trägt nicht dazu bei, die für die Entwick-

---

1   Powell, D. [73] Band 3, S. 23-51

lung einer Erziehungspartnerschaft wichtige Atmosphäre der Kooperation zu entwickeln.

Unsere Haltung wirkt sich stark auf die Zusammenarbeit mit den Eltern aus. Manche Erzieherinnen gehen davon aus, dass sie alleine für das Geschehen in ihrer Gruppe verantwortlich sind, und sie möchten deshalb nicht, dass die Eltern sich dort in irgendeiner Form einmischen. Diese Überzeugung kann unterschiedliche Formen annehmen:

- »Ich habe die Kontrolle. Andere sollen das respektieren und mir den Vortritt lassen.«
- »Ich bin alleine verantwortlich und ich möchte nicht, dass jemand das in Frage stellt.«
- »Die Kinder nehmen mich so in Anspruch, ich kann mich nicht auch noch um die Forderungen der Eltern kümmern.«

Auch Eltern können Wertvorstellungen haben, die Probleme verursachen, wie zum Beispiel:

- »Ich bin die Mutter/der Vater und Sie sind die Erzieherin. Sie arbeiten für mich.«
- »Es steht mir zu, Ihnen klar und deutlich zu sagen, wie Sie mit meinem Kind umzugehen haben.«

Solche Wertvorstellungen und Überzeugungen und diese Haltung können es manchmal schwer machen, eine starke, auf gegenseitigem Respekt basierende Beziehung zwischen Eltern und Erzieherin entstehen zu lassen. Dennoch ist es im Interesse des Kindes, die Beziehung zwischen Eltern und Erzieherin kooperativ zu gestalten, frei von Versuchen, sich gegenseitig kontrollieren zu wollen.

**Für das Wohlbefinden der Kinder ist es wichtig,
dass Ihre Kommunikation mit den Eltern informativ,
positiv, wertschätzend und kompetent ist.**

BEISPIEL

Die Mutter des vier Jahre alten Jan-Philip glaubt, dass der Junge eine strenge Disziplin braucht, damit er gehorcht. Sie sagt der Erzieherin: »Sie können Jan-Philip ruhig bestrafen, wenn er Ihnen nicht gehorcht und Unsinn macht.« Jan-Philips Erzieherin erklärt, dass sie den Kindern gegenüber niemals Strafen anwendet, um Disziplin auszuüben. Sie sagt der Mutter, dass sie versucht, Fehlverhalten zu vermeiden, indem sie ihre Erwartungen klar ausdrückt und von den Kindern erwartet, einander Respekt zu zeigen. Jan-Philips Mutter ist nicht überzeugt, dass diese Methode funktioniert, aber sie findet es gut, dass die Erzieherin ihr die Grundsätze ihrer Art, Disziplin auszuüben, deutlich gemacht hat.

Es ist ein wichtiger Teil unserer Aufgabe als Erzieherin, den Anfang zu machen und den Weg für Verständnis und Kooperation zwischen Erzieherin und Eltern zu ebnen. Eine gute Übung besteht darin, regelmäßig über unsere persönlichen Wertvorstellungen, Überzeugungen oder Gefühle nachzudenken und herauszufinden, ob irgendwelche darunter sind, die unsere Beziehung zu Eltern und anderen möglicherweise blockieren. Das finden wir am besten heraus, wenn wir offen und empfänglich für Feedback von Kolleginnen und Eltern sind. Wenn wir wirklich zuhören, sagen uns die Menschen um uns herum, was wir wissen müssen.

Es ist außerdem wichtig, dass die Erzieherin den Eltern genau zuhört und versteht, was die Eltern ihr über Erziehung kommunizieren, über ihr Kind und darüber, wie *sie* die Beziehung zwischen ihrem Kind und der Erzieherin sehen. Aktives Zuhören ist oft hilfreich, denn dadurch wissen Eltern, dass wir ihr spezielles Anliegen bewusst aufgenommen haben. (Siehe Kapitel 2 für eine detaillierte Beschreibung von aktivem Zuhören).

BEISPIEL
Die Mutter der drei Jahre alten Alana macht sich Sorgen um ihre Tochter, die häufig Asthmaattacken hat. Sie bittet die Erzieherin, Alana nicht am Sport teilnehmen zu lassen und dafür Sorge zu tragen, dass ihre Tochter sich nicht anstrengt.

Alanas Erzieherin spiegelt die Sorge der Mutter wider: »Ich verstehe, Sie haben Angst, dass Alana draußen herumrennt und deshalb eine Asthmaattacke bekommen könnte.« Dann gibt die Erzieherin ihre eigene Meinung dazu ab. Sie erklärt, dass es für Alanas soziale Entwicklung wichtig ist, dass sie Teil der Gruppe ist. Sie bittet die Mutter, mit dem Kinderarzt zu reden und dem Team eine medizinische Anleitung zu geben, wie viel sportliche Aktivität gut für Alana ist und was im Falle einer Asthmaattacke in der Einrichtung getan werden soll. Sie versichert der Mutter außerdem, dass sie auf ihre Tochter besonders Acht geben wird, um sicherzugehen, dass sie sich nicht zu sehr verausgabt.

Sobald Alanas Mutter weiß, dass die Erzieherin Alana beobachten wird, gibt sie nach und nach ihre überbeschützende Haltung auf.

Es ist entscheidend, die Beziehung zwischen Eltern und Erzieherin kooperativ zu gestalten – frei von Versuchen, sich gegenseitig kontrollieren zu wollen.

Die Eltern verstehen

Es ist wichtig, sich in Erinnerung zu rufen, dass die meisten Eltern ihre Kinder sehr lieben und gute Eltern sein wollen. Das gilt für alle unabhängig davon, wie beschäftigt sie sind oder wie sehr sich ihr Erziehungsstil von unserem unterscheiden mag. In folgendem Abschnitt behandeln wir einige Persönlichkeitsmerkmale, die zu Kommunikationsproblemen zwischen Erzieherin und Eltern führen können. (In dem Abschnitt »Nur für Sie« in Kapitel 2 haben Sie Ihre Persönlichkeitsmerkmale überprüft.) Genau wie alle Menschen haben auch Eltern Persönlichkeitsmerkmale oder *Prioritäten*, die ihren Lebensstil ausmachen und ihr Verhalten und ihre Interaktion mit anderen Menschen beeinflussen.

Prioritäten verstehen

Viele Wertvorstellungen und Überzeugungen – sowohl der Eltern als auch der Erzieherinnen – sind auf deren grundlegende Prioritäten (Persönlichkeitsmerkmale) zurückzuführen. Prioritäten werden durch die Art und Weise geformt, wie Menschen die Welt sehen und wie sie glauben, sich verhalten zu müssen, um dazuzugehören und von anderen akzeptiert zu werden. Es geht dabei um die gleichen grundlegenden Wertvorstellungen und Überzeugungen, die kleine Kinder – auch mit Hilfe unserer förderlichen Anleitung – entwickeln. Bei Erwachsenen sind diese Wertvorstellungen, Überzeugungen und Prioritäten bereits vorhanden.

Die Prioritäten zu verstehen hilft uns, Verhaltensmuster zu erkennen, nach denen sowohl Eltern als auch Erzieherin agieren. Sobald wir die Tendenz einer Priorität erkannt haben, verstehen wir besser, wie eine Person an eine Situation herangeht, um dazuzugehören und mit anderen zu kooperieren.
Zu den Prioritäten gehören Tendenzen wie:

- Kontrolle,
- Perfektionismus,
- gefallen wollen,
- Opfer sein,
- Märtyrer sein.

Obwohl uns diese Kategorien nicht alles über einen Menschen verraten, geben sie uns doch hilfreiche Hinweise darüber, wie wir und andere viele Aspekte des Lebens möglicherweise angehen.

Kontrolle. Eine Person mit dieser Priorität hat ein starkes Bedürfnis nach Kontrolle und glaubt, dass sie das Sagen haben und es nach ihrem Kopf gehen muss, damit etwas richtig funktioniert. Das kann effektiv sein, wenn die Person problemorientiert und gut organisiert ist. Menschen mit der Priorität Kontrolle sind in der Lage, effektiv Entscheidungen zu treffen – eine Wahl zu treffen und etwas zu planen liegt ihnen im Blut. Andererseits kann aber zu viel Kontrolle Beziehungen in einen einzigen Machtkampf verwandeln. Es ist wahrscheinlich, dass sich Menschen im Umgang mit einer Erzieherin oder einem Elternteil mit der Priorität Kontrolle schnell herausgefordert fühlen. Das kann dazu führen, dass sie sich dem ›Kontrollierer‹ widersetzen oder dass sie Ressentiments empfinden. Schließlich gehen die betroffenen Menschen möglicherweise dem Kontrollierer aus dem Weg, um diese negativen Gefühle zu vermeiden. Dadurch wird eine produktive Beziehung zwischen der Erzieherin und den Eltern blockiert.

> BEISPIEL
> Die Erzieherin hält es für wichtig, dass die Kinder unterschiedliches Essen kennenlernen. Sie möchte, dass das Essen gegessen wird, das auf den Tisch kommt. Einige Kinder haben Probleme mit dem Essen und werden deshalb nicht satt. Die Erzieherin weigert sich, auf den Vorschlag der Eltern einzugehen, dass die Kinder zwar von allem probieren sollen, aber dann etwas von dem Essen auswählen sollen, was sie mögen, damit sie nicht hungrig nach Hause kommen. Die Antwort der Erzieherin ist: »Wenn sie hungrig sind, werden sie essen. Ich will keine Ausnahmen machen.«

Ein ähnliches Problem könnte auch zu Hause auftreten, wenn ein Elternteil mit einer Tendenz zur Kontrolle mit dem Essen zu Hause auf dieselbe Weise umgeht. Das Ergebnis davon könnte sein, dass das Kind tagsüber in der Einrichtung hungrig und launisch ist.

Wenn wir uns dieser Priorität – die Kontrolle zu haben – bei uns selbst oder bei Eltern bewusst sind, können wir uns auf die positiven Eigenschaften dieser Priorität – wie zum Beispiel *Entscheidungen treffen* und *gut organisieren* – konzentrieren.

Perfektionismus. Eine Person mit dieser Priorität glaubt, dass sie sich selbst und andere unter Kontrolle haben kann, wenn sie perfekt ist.

> BEISPIEL
> Robert, der Erzieher der ›Löwengruppe‹, hat immer das ordentlichste schwarze Brett in der ganzen Einrichtung. Sorgfältig ausgesuchte Herbstblätter machen Platz für aufwändig bemalte Masken an Halloween, die wiederum rechtzeitig durch eine vorbildliche Weihnachtsdekoration ersetzt werden. Allerdings sehen alle Arbeiten der Kinder gleich aus. Als der Leiter der Einrichtung Robert danach fragt, sagt dieser: »Ich helfe den Kindern bei ihren Arbeiten, damit sie ordentlich aussehen. Es ist wichtig, einen guten Eindruck auf die Eltern zu machen.«

Robert kann als Erzieher nur wertschätzend und kompetenter werden, wenn er lernt, die individuellen Bemühungen der Kinder zu ermutigen und auch die Ergebnisse zu akzeptieren, die nicht perfekt sind.

Menschen mit der Priorität Perfektionismus haben das Gefühl, dass es wichtig ist, immer ihr Bestes zu geben. Sie sind häufig effektive und fähige Menschen. Sie sind erfolgsorientiert, zwingen sich selbst und andere zu hohen Standards, legen großen Wert auf Details und streben immer nach Verbesserung. Das können positive Attribute sein, solange die Person auf erreichbare Ziele hinarbeitet, ohne Perfektion zu verlangen.

Aber Eltern und Erzieherinnen mit der Priorität Perfektionismus üben möglicherweise Druck auf die Kinder, sich selbst oder andere aus, weil sie möchten, dass jede Fertigkeit und jede Situation ihren Erwartungen des Perfektseins gerecht werden. Diese Haltung kann dazu führen, dass andere Leute Distanz halten. Ein Mensch mit der Priorität Perfektionismus hat oft große Angst davor, Fehler zu machen, und neigt dazu, sich und anderen unerreichbare Ziele zu setzen. Das führt schnell zu einem Gefühl der Unfähigkeit, weil die Erwartungen nicht erfüllt und der hohe Grad an Perfektion nicht erreicht werden kann. Diese Gefühle wirken sich vielleicht störend auf Beziehungen aus und verursachen Angst sowohl bei Kindern als auch bei Erwachsenen.

In einem Gespräch mit perfektionistischen Eltern kann es hilfreich sein, sich *auf die Erfolge ihrer Kinder zu konzentrieren*. Erzieherinnen und Eltern mit der Priorität Perfektionismus müssen sich zum Wohl der Kinder daran erinnern, dass alle Kinder sich schritt- bzw. schubweise entwickeln, Fehler machen und in diesem Prozess auch Rückschläge erleiden.

Anderen gefallen wollen bzw. es allen recht machen wollen. Eine Person mit der Priorität Gefallen wollen glaubt, dass sie nur dann gut mit anderen zusammenarbeiten kann, wenn sie es anderen recht macht – um jeden Preis. Wenn wir einer solch fürsorglichen und engagierten Person zum ersten Mal begegnen, reagieren wir in der Regel positiv. Es kann jedoch sein, dass wir dieses ständigen Bedürfnisses nach Bestätigung müde werden. Am Ende wird jemand mit dieser Tendenz häufig das Gefühl leid, dass er – wie er glaubt – ständig versuchen muss, die Ansprüche anderer zu erfüllen.

> BEISPIEL
> Melita versucht, allen Wünschen der Eltern gerecht zu werden. Als die Mutter des vierjährigen Felipe sie darum bittet, dem Jungen zu erlauben, dass er am Nachmittag nur ruht anstatt zu schlafen, bietet sie der Mutter an, Felipe in der Zeit in der Kuschelecke etwas vorzulesen. Mit der Zeit bereut sie, dass sie diese Sonderregelung genehmigt hat. Aber sie weiß nicht, wie sie es Felipes Mutter sagen soll, weil sie den Vorschlag selbst eingebracht hat.

Erzieherinnen oder Eltern mit der Priorität Gefallen wollen bringen sich möglicherweise selbst zur Erschöpfung, indem sie versuchen, es allen – Kindern, (anderen) Erzieherinnen, Partner/innen und der eigenen Erwartung – ständig recht zu machen. Außerdem halten diese Menschen häufig ihre eigenen Anliegen, Zweifel oder Fragen zurück, so dass ihre eigenen Bedürfnisse oft unbefriedigt bleiben. Eltern, die es anderen recht machen wollen, zögern vielleicht, eigene Sorgen mitzuteilen. Erzieherinnen, die mit Eltern zusammenarbeiten, die diese Priorität haben, werden *viele offene Fragen* stellen müssen, um die Anliegen der Eltern herauszukitzeln.

Opfer sein. Menschen, die zu dieser Priorität neigen, glauben, dass andere für ihre Situation verantwortlich sind. Wenn etwas nicht gut läuft, denkt das Opfer immer, jemand anders trage die Schuld dafür. Solche Menschen versuchen, von anderen bedient zu werden und von ihnen Mitleid zu bekommen. Menschen mit dieser Priorität werden von anderen oft gemieden, weil sie gewöhnlich ein geringes Selbstwertgefühl und wenig Respekt vor sich selbst haben.

> BEISPIEL
> Zu Anfang des Jahres sagt Nora auf einem Elterntreffen, dass sie es nett fände, wenn eine Gruppe von Eltern zusammenkommen würde, um zu den unterschiedlichen Jahreszeiten Feste mit den Kindern zu organisieren. Anfang Dezember fragt eine andere Mutter Nora, ob es Pläne für eine Weihnachtsfeier gibt. Nora antwortet: »Niemand hat etwas organisiert. Ich habe den Eltern gleich zu Beginn des Jahres gesagt, dass sie zusammenkommen müssen, um eine Feier zu planen. Jetzt sieht es so aus, als ob ich alles machen soll. Aber ich alleine kann keine Feier organisieren.«

Erwachsene können, genau wie Kinder, ihre Unfähigkeit unter Beweis stellen. Wenn Erzieherinnen auf Eltern mit einer Tendenz zum ›Opfer sein‹ treffen, ist es hilfreich, zu erkennen, dass die Eltern entmutigt sind. Erwachsene, die zu dieser Priorität neigen, setzen ihre Entmutigung und den Beweis der Unfähigkeit möglicherweise ein, um sich so bei anderen dafür zu entschuldigen, dass sie nicht tun, was notwendig wäre, oder um sich von anderen bedienen zu lassen. Wenn wir mit solchen Eltern zusammenarbeiten, ist es wichtig, *ihr Selbstwertgefühl zu stärken* und sie *auf positive Weise zu Beiträgen zu ermutigen.* Erzieherinnen müssen darauf achten, dass sie ihre Bemühungen um kooperative Beziehungen mit entmutigten Eltern aufrechterhalten.

Märtyrer sein. Ein Mensch, der sich als Opfer fühlt, macht andere für seine Situation verantwortlich. Ein Mensch mit der Priorität, ein Märtyrer zu sein, fühlt sich überlastet und glaubt, dass andere zu viel von ihm erwarten. Menschen mit dieser Priorität werden häufig als sehr verantwortungsbewusst wahrgenommen – und sind es in der Regel auch. Aber die ewigen Klagen der Märtyrer darüber, was sie alles tun und wie sehr sie darunter leiden, führen leicht dazu, dass andere ihrer überdrüssig werden.

> BEISPIEL
> Rainers Gruppe ist lauter und unordentlicher als alle anderen in der Einrichtung. Als Eltern höflich ihre Sorge über den Lautstärkepegel vorbringen, sagt Rainer: »Es tut mir leid, aber ich habe auf zu viele Kinder aufzupassen und nicht genug Unterstützung. Ich kann nicht überall gleichzeitig sein.«

Ein Vater oder eine Mutter mit der Priorität zum Märtyrer beklagen oder entschuldigen sich möglicherweise, wenn sie gebeten werden, bei einem Ausflug zu helfen, Essen vorzubereiten oder bei anderen Aktivitäten mitzuwirken, die Eltern und Erzieherin gemeinsam vorbereiten. Solche Eltern können nie eine

Aufgabe übernehmen, weil es ihnen nicht gut geht, sie überarbeitet sind oder weil ihr Partner oder ihre Partnerin zu Hause nicht mithilft. Gleichzeitig sind Menschen mit einer Tendenz zum Märtyrer sich oft dessen bewusst, was sie tun, und spüren gewöhnlich auch Verantwortungsgefühl hinter all ihren Entschuldigungen.

Wenn wir vermuten, dass Eltern, mit denen wir arbeiten, eine Opfer- oder eine Märtyrer-Priorität haben, behalten wir den *Fokus auf den Bedürfnissen der Kinder*. Wir hören aktiv zu, um zu *zeigen, dass wir die Schwierigkeiten der Eltern nachvollziehen* können. *Bezüglich unseres Anliegens äußern wir uns trotzdem sehr deutlich*: »Ich weiß, dass es sehr schwierig ist, wenn man so stark eingebunden ist. Deshalb bitten wir alle Eltern um Hilfe, damit keiner zu viel machen muss.«

Gleichgültig, ob wir an unser eigenes oder an das Verhalten der Eltern denken, der Versuch Prioritäten (Persönlichkeitsmerkmale) zu verstehen, kann uns helfen, wertschätzend und kompetent mit Eltern und Kolleg/innen auf unser gemeinsames Ziel – das Wohlergehen der Kinder – hinzuarbeiten.[2]

Sie und Ihre Beziehungen

Möglicherweise ist es etwas beunruhigend für Sie, über Ihre Prioritäten im Leben – so wie sie in Kapitel 6 vorgestellt werden – nachzudenken. Auf den ersten Blick passt vielleicht keine zu Ihnen. Aber es kann nützlich sein, Tendenzen zu erkennen. Achten Sie auf die Momente in Ihren Beziehungen, in denen Ihre Prioritäten durch Gefühle widergespiegelt werden, die Sie gerade empfinden, oder durch die Art, wie Sie am wahrscheinlichsten mit Situationen umgehen. Seien Sie sich dabei darüber im Klaren, dass keine Priorität einen Menschen vollständig beschreiben kann. Es kann jedoch extrem wertvoll sein, Ihre Priorität (bzw. die Tendenzen zu einer oder mehreren Prioritäten) zu kennen, wenn Sie Ihre Haltung gegenüber anderen Menschen, Ihre Beziehungen und Ihre Erfahrungen mit anderen überprüfen.

Die Interaktion mit den Eltern

Die Haltung eines Kindes in der Einrichtung ist stark von den Wertvorstellungen und der Haltung beeinflusst, die beim jeweiligen Kind zu Hause herrschen. Als Erzieherin müssen wir jedes einzelne Kind als Teil eines einzigartigen Beziehungsgeflechts sehen, zu dem die Familie des Kindes, die Erzieherin in der Einrichtung sowie andere wichtige Menschen im Leben des Kindes gehören.

---

2 Für weitere Informationen zum Thema Persönlichkeitsprioritäten siehe Dinkmeyer, D. [8]

Erste Kontakte mit den Eltern

Unser erster Kontakt mit Eltern und Kindern kann einen starken Einfluss auf unsere spätere Beziehung zu ihnen haben. Innerhalb der ersten Minuten einer Begegnung entstehen lange währende Eindrücke und werden gegenseitige Einschätzungen vorgenommen.

Bei einem ersten Kontakt mit Eltern tun wir gut daran, ihnen zuzuhören und ihre Ansichten zu verstehen. Wir halten uns mit unserer Sicht der Dinge vorerst zurück. Zu diesem Zeitpunkt kommunizieren wir, indem wir zuhören und die Wertvorstellungen und Überzeugungen, Gefühle und Ziele der Eltern aufnehmen. Wenn Eltern erst einmal Vertrauen in uns als Zuhörer gefasst haben, sind sie später eher offen für unsere Sichtweise.

> BEISPIEL
> Donata ist Erzieherin in der kleinen, altersgemischten Gruppe. Wenn neue Kinder in ihre Gruppe kommen, trifft sie sich mit den Eltern eines jeden Kindes. Sie eröffnet das Treffen, indem sie sagt: »Ich möchte so viel wie möglich über Ihr Kind wissen, so dass ich ihm den Übergang in die Gruppe so leicht wie möglich machen kann. Sie kennen Ihr Kind. Darf ich Ihnen ein paar Fragen über Johann stellen?«
>
> »Was gehört zu Johanns Lieblingsaktivitäten?«
>
> »Womit spielt er zu Hause gerne?«
>
> »Gibt es irgendetwas, wovor er Angst hat?«
>
> »Hat Johann schon angefangen zu lernen, sich selbst anzuziehen?«
>
> »Haben Sie schon mit der Sauberkeitserziehung begonnen?«
>
> »Was möchten Sie mir gerne sonst noch über Johann mitteilen?«
>
> Donata ermutigt die Eltern, über Johann zu sprechen. Sie macht sich Notizen und stellt weitere Fragen. Am Ende des Treffens dankt sie den Eltern für ihre Hilfe und sagt ihnen, dass sie ihnen Rückmeldung darüber geben wird, wie ihr Sohn sich in der Gruppe zurechtfindet.

Nachdem wir sorgfältig zugehört haben, nutzen wir die Gelegenheit, Transparenz in der Zusammenarbeit zu schaffen, indem wir den Eltern die Regeln mitteilen, die in unserer Einrichtung und in unserem Umgang mit Eltern und Kindern gelten. Es ist hilfreich, eine kurze Liste mit Regeln gemeinsam durchzugehen, so dass die Eltern unsere Erwartungen verstehen können und wissen, wie sie am besten mit uns in Kontakt treten können. Es kann sein, dass zu einem späteren Zeitpunkt, wenn sich besondere Situationen mit einem Kind ergeben haben, Erinnerungen an die Regeln der Einrichtung notwendig werden.

> BEISPIEL
> Der fünfjährige Emilio bringt in seinem Rucksack eine Wasserpistole mit in die Einrichtung. Die Erzieherin erklärt, dass sie es den Kindern nicht erlaubt, hier

in der Einrichtung mit Gewehren oder Pistolen zu spielen. Am nächsten Tag ist die Pistole wieder im Rucksack. Als Emilios Vater kommt, um ihn abzuholen, erwähnt die Erzieherin im Gespräch die Regel: keine Pistolen in der Einrichtung. Emilios Vater sagt: »Ich habe mit Spielzeugpistolen gespielt, als ich klein war und es hat mir nicht geschadet.« Emilios Erzieherin lächelt und sagt: »Ich weiß, ich habe das auch getan. Aber wir waren eine kleine Gruppe und haben draußen gespielt. Hier habe ich es mit 20 Kindern zu tun, die drinnen spielen. Das Spiel mit Gewehren wird heftig und laut. Ich möchte, dass Emilio seine Wasserpistole zu Hause lässt. Würden Sie ihn bitte daran erinnern.«

Bei unseren ersten Kontakten mit Eltern ist es wichtig, ihnen unsere Empathie zu vermitteln: dass wir ihre Gefühle verstehen, dass wir für ihre Kinder Sorge tragen und sie bei uns gut aufgehoben sind. Unsere Werte und unsere Grenzen zu kommunizieren ist für die Transparenz genauso wichtig.

Sehen Sie jedes einzelne Kind als Teil eines einzigartigen Beziehungsgeflechts, zu dem die Familie des Kindes, die Erzieherin in der Einrichtung sowie andere wichtige Menschen im Leben des Kindes gehören.

Die Kommunikation mit den Eltern hilft uns, die Kinder in unserer Obhut besser zu verstehen

Informelle Kontakte mit den Eltern

Im Laufe eines Jahres hat eine Erzieherin viele informelle Kontakte mit Eltern. Solche Gespräche können sehr kurz sein – oft dauern sie nur ein oder zwei Minuten. Dennoch ist es wichtig, sich bewusst zu machen, dass in diesen kurzen Kontakten starke und manchmal bleibende Eindrücke entstehen. Eine stets gehetzte Erzieherin, fehlender Augenkontakt oder mangelndes Zuhören einem Elternteil gegenüber, können den Eltern einen Eindruck mangelnder Fürsorge oder fehlenden Verständnisses vermitteln. Aufgrund eines solchen Eindrucks bilden Eltern sich möglicherweise ein generelles Urteil über unsere grundsätzliche Haltung gegenüber Eltern und Kindern.

Im Idealfall ist unsere Beziehung mit den Eltern offen und warm – sie fördert gegenseitiges Vertrauen. Um eine solche Beziehung aufzubauen, sind folgende Maßnahmen hilfreich:
- die Namen der Eltern kennen und sie namentlich begrüßen,
- etwas Positives über das Kind zu Beginn eines Gesprächs austauschen,
- ihnen Aufmerksamkeit schenken, indem wir Augenkontakt halten und aktiv zuhören,
- sich die Zeit nehmen, auf Rundbriefe kurze persönliche Kommentare zu schreiben,
- von Zeit zu Zeit den Eltern etwas Positives über ihr Kind erzählen[3].

Für die Interaktion mit den Eltern ist es wichtig, dass wir ein Gefühl für Diskretion haben. Wenn es um ein Thema geht, das uns Sorgen bereitet, vermeiden wir es, vor anderen Eltern oder vor dem Kind darüber zu sprechen. Wir können Diskretion zeigen, indem wir sagen, dass wir uns gerne zu einem späteren Zeitpunkt mit den Eltern zu einem Gespräch treffen möchten. Wir können den Eltern anbieten, sie anzurufen, und das Problem – falls es nicht so gravierend ist – am Telefon besprechen oder wir können den Anruf nutzen, um einen Gesprächstermin in der Einrichtung zu vereinbaren.

Wir beginnen regelmäßig mit dem Positiven. Eltern brauchen das Gefühl, dass sie immer mit uns im Austausch über ihr Kind stehen. Wenn wir es uns zur Gewohnheit machen, uns regelmäßig mit den Eltern über typisches und positives Verhalten des Kindes auszutauschen, wird es uns leichter fallen, wenn wir irgendwann über ein Problem sprechen müssen.

Diese Art regelmäßiger positiver Kommunikation kann beim schnellen Austausch zwischendurch, morgens bzw. nachmittags, oder durch kurze schriftliche Mitteilungen stattfinden.

---

3 Morgan, E. [71]

Eltern wissen es zu schätzen, wenn Erzieherinnen die positiven Fähigkeiten
und Fertigkeiten ihrer Kinder würdigen.

- »Carolin und Andrea haben fast den ganzen Tag miteinander gespielt. Es hat
  ihnen Spaß gemacht, gemeinsam zu bauen. Sie sind dabei, gute Freundinnen
  zu werden.«
- »Ari ist heute auf die Rutsche hochgeklettert und hat gesagt: ›Ich bin so groß
  wie die Bäume! Ich kann schon fast die Wolken anfassen!‹«

Eine solche positive Kommunikation ist die Basis für eine kooperative, wertschätzende Beziehung zwischen Eltern und Erzieherin.

Wir gehen mit Problemen sachlich um. Eltern investieren emotional sehr viel
in ihre Kinder. Es ist verständlich, dass sie möglicherweise aufgebracht reagieren, wenn wir andeuten, dass ihr Kind ein Problem hat. In solchen Situationen
ist es wichtig, sich auf das Problem zu konzentrieren, ohne auf das Kind oder
wegen der Situation wütend zu werden. Die Frage: »Können wir uns jetzt oder
in Kürze darüber unterhalten, wie wir Joana unterstützen können zu kooperieren?«, klingt ganz anders als: »Ich muss mit Ihnen über Joanas Dickköpfigkeit
reden. Ihr Verhalten verursacht wirklich Probleme.«

Wenn wir mit Eltern über die Probleme ihrer Kinder sprechen, machen wir
deutlich, dass *alle* Kinder während des Reifeprozesses hin und wieder Probleme

haben[4]. Viele Probleme sind entwicklungsbedingt und können relativiert werden. Wenn Eltern auf unterschiedliche Art und Weise fragen: »Bin ich eine gute Mutter, ein guter Vater?«, können wir ihnen zuerst sagen, dass ihre Liebe und ihre Fürsorge wichtige Faktoren für das Wohlbefinden ihres Kindes sind. Wir können sie unterstützen und anerkennen, dass sie erkannt haben, dass sie mehr Informationen brauchen. Danach helfen wir ihnen, alternative Erziehungsmethoden auszuprobieren. Sofern wir einen Elternkurs in der Einrichtung anbieten, können wir sie ermutigen, daran teilzunehmen. (Siehe mehr darüber im Abschnitt »Elternbildung und Erziehungspartnerschaft«)

Es wird uns nicht möglich sein, alle Fragen, die Eltern möglicherweise an uns richten, zu beantworten. Es wird oft vorkommen, dass wir Fragen zu hören bekommen, die jenseits unseres derzeitigen Wissensstandes bzgl. Kindererziehung liegen. Wenn das passiert, versuchen wir nicht, diese Fragen selbst zu beantworten. Es kann hilfreich sein, den Eltern einige gute Lesetipps zu geben. Wir können sie an eine Kinderärztin verweisen oder ihnen vorschlagen, sich Rat bei Spezialisten zu holen, z.B. in einem Sozialpädiatrischen Zentrum (SPZ), einem Familienzentrum oder in einer Erziehungsberatungsstelle.

Wir kommunizieren wertschätzend, respektvoll und kompetent. Eltern und Erzieherin müssen aufeinander eingehen, um an einem Strang ziehen zu können. Als Erzieherin möchten wir, dass Eltern unser Verständnis von wertschätzender und kompetenter Erziehung nachvollziehen können: wie wir mit dem Kind in der Einrichtung arbeiten – und warum (Transparenz). Deshalb versorgen wir als Erzieherin Eltern mit Informationen über Fertigkeiten, die sie zu Hause ausprobieren können. Auf diese Weise können Eltern das, was das Kind in der Einrichtung lernt, zu Hause verfestigen und dadurch die Arbeit der Erzieherin unterstützen.

Umgekehrt kann die Erzieherin auf Themen eingehen, die den Eltern zu Hause wichtig sind.

> BEISPIELE
> Der dreijährige Till und seine Mutter kommen in den Kindergarten. Tills Erzieherin hat beobachtet, dass seine Mutter oft Dinge für ihn erledigt und ihn wie ein Baby behandelt. Die Erzieherin möchte Till dazu ermutigen, selbstständiger zu werden, also sagt sie: »Hallo Till, zeige bitte deiner Mutter, wie du den Reißverschluss aufmachst und die Jacke an den Haken hängst.« Till macht den Reißverschluss seiner Jacke auf, zieht sie aus und hängt sie auf. Er dreht sich zu seiner Mutter um und strahlt. Seine Mutter lobt ihn dafür: »Till, ich bin stolz auf dich, du bist jetzt schon ein großer Junge.«

---

4   Morgan, E. [71]

Die zehn Monate alte Carlotta hat einen Ausschlag im Gesicht. Carlottas Mutter spricht die Erzieherin wegen des Ausschlags an und sagt, sie wisse nicht, wo er herkommt. Die Erzieherin meint dazu: »Ein Ausschlag kann viele Ursachen haben. Er kann vom Zahnen kommen, oder vielleicht reagiert Carlotta allergisch auf ein Lebensmittel oder möglicherweise sogar auf das Waschmittel, mit dem die Bettwäsche gewaschen wird. Was halten Sie davon, die Kinderärztin einen Blick darauf werfen zu lassen? Wenn sie dies empfiehlt, können wir experimentieren und bestimmte Lebensmittel aus Carlottas Essen herauslassen.«

Kinder entwickeln sich gut, wenn ihre Erfahrungen zu Hause und in der Einrichtung so ineinandergreifen, dass ihr Wachstum an beiden Orten positiv verstärkt wird. Wir können Kindern helfen, indem wir uns ihrer häuslichen Situation bewusst sind und mit den Eltern zusammenarbeiten, um so weit wie möglich eine Übereinstimmung zwischen den Erfahrungen zu Hause und in der Tageseinrichtung zu gewährleisten. Wir können unsere informellen Kontakte mit den Eltern als Gelegenheiten nutzen, um Respekt, Ermutigung, klare Kommunikation und Problemlösungsstrategien vorzuleben und so Vorbild zu sein.

> Wenn Sie mit Eltern über die Probleme ihrer Kinder sprechen,
> machen Sie ihnen klar, dass alle Kinder während des
> Reifeprozesses hin und wieder Schwierigkeiten haben.

Wir geben den Eltern ermutigende Rückmeldungen. Wir wissen, dass Ermutigung eine der wirkungsvollsten Strategien ist, die wir als Erzieherin ebenso wie die Eltern beim Umgang mit einem Kind anwenden können[5]. Ermutigung hilft außerdem, das Selbstvertrauen der Eltern und ihre aktive Beteiligung bei der Förderung des Reifeprozesses des Kindes zu vergrößern.

Als Erzieherin können wir am besten ermutigen, wenn wir Wertvorstellungen, Überzeugungen, die Denkweise eines Kindes und was ihm wichtig ist, sowie die Ansichten seiner Eltern verstehen. Gute Kommunikation mit den Eltern kann uns helfen, einen Einblick in die familiäre Welt des Kindes zu erhalten. Diese Welt zu Hause beeinflusst die Überzeugungen eines Kindes davon, wie es anerkannt und akzeptiert werden kann. Die Kommunikation mit den Eltern und anderen Erziehungsberechtigten hilft uns außerdem, die Beziehungsmuster zwischen Erwachsenen und Kindern zu Hause zu erkennen. Sie kann uns Aufschluss geben über charakteristische Verhaltensmuster des Kindes.

In allem was wir tun, achten wir auf Stärken und positive Anlagen oder suchen nach Gelegenheiten, um einem Kind Anerkennung für sein Verhalten zu geben. Die Anerkennung für Fortschritte und Bemühungen eines Kindes ist gleichzu-

---

5 Dinkmeyer, D. et al. [36]

setzen mit einem zweifachen Gewinn, weil dadurch beide – sowohl die Eltern als auch das Kind – ermutigt werden.

Um eine gute Grundlage für eine gelungene Kommunikation zwischen Erziehe-rin und Eltern zu schaffen, können wir den Eltern zum Beispiel regelmäßig er-mutigende Rückmeldungen zu ihren Kindern geben: kleine, ermutigende Nach-richten über die Fortschritte und die Kooperation ihres Kindes. Die Botschaften können mündlich erfolgen oder in schriftlicher Form, wenn der Kontakt zu den Eltern nur sporadisch ist. Nach einer Weile erwarten Eltern, dass wir sowohl positive Dinge über ihr Kind wissen und sagen als auch Dinge, die der Verbes-serung bedürfen. Sie fangen an, uns als wichtige Person im Leben ihres Kindes zu sehen, respektieren unsere Vorschläge eher und heißen sie als Anregungen willkommen.

»Ermutigende Rückmeldungen«

Wenn folgende Fortschritte der Kinder von der Erzieherin wahrgenommen und anerkannt werden, sind sie für Eltern willkommene Botschaften:
- eine Verbesserung der grob- bzw. feinmotorischen Fähigkeiten,
- ein Schritt in Richtung Selbstständigkeit beim Essen oder bei der Selbst-versorgung,
- wachsende sprachliche Fähigkeiten bzw. Deutschkenntnisse,
- wachsende soziale Kompetenz.

Es ist wichtig, ermutigende Nachrichten in unseren eigenen Worten mitzutei-len: ein paar freundliche Worte, die reflektieren, wie wir das Kind, die Eltern und uns selbst sehen. Ermutigende Worte regen die Eltern zu Kooperation und Rückmeldung ihrerseits an. Beispiele sind: »verbessert«, »kooperativer«, »pro-biert aus«, »bereit, etwas zu versuchen«, »ich bin froh« und »vielen Dank«.

Wenn wir ermutigende Worte an die Eltern richten, beschreiben wir Bereiche, in denen das Kind Fortschritte macht. Dabei sind wir sehr konkret, detailliert und vermeiden übertriebenes Lob. Stattdessen ermutigen wir Verbesserungen und Bemühungen. Es folgen einige Beispiele:

> Anna und Leonie werden meistens von der Kinderfrau bzw. Nachbarin ge-bracht und abgeholt. Deshalb gibt die Erzieherin folgende Nachrichten für die Eltern mit nach Hause:
>
> Liebe Frau Wolf,
>
> heute hat sich Anna lange sehr engagiert und konzentriert mit Wasserexperi-menten beschäftigt. Sie wird immer ausdauernder in ihrer Konzentration. Es freut mich, ihre Fortschritte zu sehen.

Liebe Familie Schmitt,

ich habe versprochen, mich bald zu melden. Jetzt freue ich mich, eine gute Nachricht für Sie zu haben: Leonie kann mittlerweile, auch wenn sie wütend ist, mit Worten klar ausdrücken, was sie möchte, anstatt andere Kinder zu treten. Gerade heute habe ich dies bemerkt und sie darauf angesprochen. Als ein anderes Kind Leonies Puppe haben wollte, sagte sie mit fester Stimme: »Das ist meine!«, hat aber nicht nach dem Kind getreten. Sie können stolz auf Leonie sein.

Frau Barmer holt ihre Tochter Dana vom Kindergarten ab. Die Erzieherin berichtet Frau Barmer erfreut: »Dana hat heute ganz oft versucht, ihre Jacke allein anzuziehen. Es scheint ihr sehr wichtig zu sein, das zu können. Sie ist viel geschickter darin geworden. Wenn Sie ihr zu Hause die Möglichkeit gäben, sich häufig selbst anzuziehen, wäre dies sicher von Nutzen.«

Teilen Sie Ihre Ideen auf einfühlsame und respektvolle Weise mit. Schaffen Sie eine Atmosphäre des gegenseitigen Respekts, in der Sie und die Eltern gemeinsam Alternativen erforschen.

Mit Eltern über ein Problem oder ein Anliegen sprechen

Es ist wichtig, Probleme anzusprechen. Indem wir folgende einfache Richtlinien befolgen, lernen wir, den Prozess zu vereinfachen und effektiver zu gestalten.

Wir sind Vorbild für den Aufbau von funktionierenden Beziehungen. Vorbild zu sein ist eine wirkungsvolle Art der Kommunikation. Als Erzieherin kleiner Kinder sind wir besonders gut dafür ausgebildet, Kinder zu verstehen und effektiv – wertschätzend und kompetent – mit ihnen in Beziehung zu treten. Wenn Eltern gut mit uns kommunizieren und sehen, wie wir vorbildlich mit den Kindern in Beziehung stehen, können sie ein besseres Verständnis für ihre Kinder entwickeln und darüber, wie unsere Art der Erziehung funktioniert.

Wir drücken uns klar und positiv aus. Wenn wir mit Eltern kommunizieren, verwenden wir eine klare, leicht verständliche Sprache. Es ist zum Beispiel wichtiger, Eltern zu sagen, warum bestimmte Aktivitäten im Freien wertvoll sind, als mit ihnen ganz allgemein oder in abstrakter Terminologie über »Möglichkeiten, zum Wohlbefinden eines Kindes beizutragen« zu sprechen.

Wenn wir mit Eltern über Probleme sprechen, gehen wir wie folgt vor:

1. Wir eröffnen das Gespräch, indem wir über etwas sprechen, das mit dem Kind gut geklappt hat, oder wir berichten über positives Verhalten, das wir beobachtet haben.
2. Wir sprechen über das Problem, das uns Sorgen bereitet.

3. Wir beschreiben das Problem so, dass die Eltern *genau* verstehen, was passiert ist, und wir lassen sie wissen, welche Vermutungen und Ahnungen wir bzgl. der Ursachen haben.

4. Wir beschreiben einige Lösungen, die wir ausprobiert haben, und fragen nach möglichen Lösungsvorschlägen der Eltern.

BEISPIEL

Lenas Mutter zieht der dreieinhalbjährigen Lena oft schöne Kleider für den Tag in der Einrichtung an. Lena hat Angst, dass sie ihre Kleider beim Malen oder beim Spielen draußen schmutzig macht. Die Erzieherin schreibt der Mutter eine Nachricht. »Lena malt besonders gerne mit Kreide. Mir ist aufgefallen, dass sie sich manchmal zurückhält und nicht an anderen Kunstprojekten teilnimmt, die mehr Dreck verursachen, weil sie Angst hat, dass ihre Kleider schmutzig werden. Ich habe ihr einen großen Kittel angeboten und das scheint zu helfen. Können wir in den nächsten Tagen darüber sprechen?«

Am nächsten Tag spricht Lenas Mutter mit der Erzieherin in der Einrichtung und sagt: »Ich wusste nicht, dass sie Angst hat, sich schmutzig zu machen. Denken Sie, ich soll ihr Hosen anziehen?« Die Erzieherin antwortet: »Die meisten Mädchen tragen Hosen und T-Shirts. Möchten Sie das ausprobieren? Dann sehen wir, ob sie sich darin freier fühlt, zu experimentieren.«

In der Elternarbeit brauchen wir ein Gefühl für die respektvollste und effektivste Art und Weise, Vorschläge zu machen. Wenn wir den Eltern gegenüber als Autorität auftreten, die mehr weiß als sie, werden wir höchstwahrscheinlich auf Widerstand stoßen. Wenn wir einen Vorschlag machen möchten, der sich auf das Verhalten des Kindes bezieht oder wenn uns in der Eltern-Kind-Beziehung etwas aufgefallen ist, dann können wir versuchen, herauszufinden, ob die Eltern Interesse daran haben, von uns etwas zu diesem Thema zu hören.

Wir teilen unsere Ideen auf einfühlsame und respektvolle Weise mit. Zum Beispiel können wir sagen: »Ich habe eine Vermutung, was beim … passiert sein könnte. Möchten Sie darüber sprechen?« Das gibt den Eltern die Möglichkeit, darauf einzugehen oder nicht. Wenn sie darüber sprechen möchten, können wir den nächsten Schritt gehen, indem wir sagen: »Ich habe einige Vorschläge. … Möchten Sie sie hören?« Oder: »Ich habe den Eindruck, dass …« So entsteht eine Atmosphäre des gegenseitigen Respekts, in der wir und die Eltern gemeinsam Alternativen erforschen. Sobald sich diese Vertrauensbasis etabliert hat, können wir über den Effekt einiger von uns beobachteter Interaktionen zwischen Eltern und Kind sprechen. Wir stellen den Eltern die STEP Strategien vor und wie sie diese erfolgreich mit dem Kind umsetzen können.

BEISPIEL

Die Erzieherin der vier Jahre alten Johanna hat bemerkt, dass das Mädchen viel Zeit damit verbringt, eine Babypuppe auszuziehen und zu kichern, weil die Puppe nackt ist. Johanna versucht auch, die Jungs heimlich zu beobachten, wenn sie zur Toilette gehen.

Die Erzieherin ruft Johannas Mutter an und fragt sie, wann sie am nächsten Tag kurz Zeit hätte, mit ihr zu sprechen. Johannas Mutter schlägt den nächsten Morgen vor, wenn sie Johanna in die Einrichtung bringt. Am nächsten Morgen ziehen sich die Erzieherin und die Mutter kurz zurück. Die Erzieherin eröffnet das Gespräch mit den Worten: »Vielen Dank, dass Sie sich die Zeit für das Gespräch nehmen. Johanna ist freundlich und lebhaft –, es macht viel Spaß, sie in der Gruppe zu haben.« »Das höre ich gerne«, antwortet die Mutter. Johannas Erzieherin fährt fort: »In letzter Zeit scheint Johanna sehr an den Unterschieden zwischen Jungs und Mädchen interessiert zu sein.«

Johannas Mutter fragt: »Wie kommen Sie darauf?« Die Erzieherin beschreibt, was sie beobachtet hat und sagt: »Ich denke, sie sucht nach Antworten und weiß nicht, wo sie sie finden kann. Ich habe ein gutes Kinderbuch über den menschlichen Körper. Ich könnte es Ihnen ausleihen, so dass Sie es mit Johanna lesen können.«

Johannas Mutter sagt: »Ich bin sehr froh, dass Sie mich angesprochen haben. Mir ist auch schon aufgefallen, dass sie neugierig ist, aber ich wusste nicht, was ich sagen sollte. Das Buch würde ich mir sehr gerne ausleihen. Vielen Dank.«

Wenn die Eltern eines Kindes nicht bereit sind, das Problem oder das Anliegen zu hören, ist es möglicherweise besser zu warten, bis die Eltern so weit sind. Wirkungsvolle Gespräche basieren darauf, dass beide, Eltern und Erzieherin, das Problem lösen möchten, ohne Schuld zuzuweisen.

Erziehungspartnerschaft mit den Eltern

Es ist hilfreich, vor einem Elternabend eine kurze persönliche Einladung an die Eltern nach Hause zu schicken. Lassen Sie die Eltern wissen, was Sie besprechen möchten (Agenda), lassen Sie Platz auf der Einladung, damit die Eltern Fragen aufschreiben können, die sie gerne mit Ihnen besprechen wollen, und bitten Sie um eine Rückantwort. Zu wissen, was sie erwartet, hilft den Eltern, sich wohl zu fühlen,  und ermutigt sie, über Fragen nachzudenken, die sie vorbringen möchten. Indem Sie sich die von den Eltern gestellten Fragen vorher anschauen, haben Sie wiederum die Möglichkeit, sich auf die für die Eltern interessanten Themen vorzubereiten und möglicherweise Anliegen, die viele betreffen, in die Agenda aufzunehmen.

Sprechzeiten für Eltern

Regelmäßig, mehrmals im Jahr Elternsprechtage einzuplanen ist sicher hilfreich. Sprechtage ermöglichen es, uns mit den Eltern zu treffen, um über die Bedürfnisse und Entwicklungen eines jeden Kindes zu sprechen. Sie sorgen für eine gute Kommunikation zwischen den Eltern und der Einrichtung und bieten Gelegenheit, kleinere Anliegen zu klären, bevor sie zu großen geworden sind.

Sofern möglich, laden wir beide Elternteile – oder andere betroffene Erwachsene – zu den Sprechtagen ein. Da viele Eltern tagsüber arbeiten, kann es notwendig sein, auch Termine am Abend anzubieten. Wenn Eltern geschieden sind, fragen wir sie, ob es in Ordnung ist, wenn beide teilnehmen. Wenn das nicht in Ordnung ist, müssen wir getrennte Termine in Betracht ziehen.

Wenn wir es mit Eltern zu tun haben, deren Kinder kooperativ sind und gut in der Gruppe zurechtkommen, sind Elterngespräche normalerweise kein Problem. Treffen mit Eltern, deren Kinder problematisches Verhalten zeigen, werden jedoch häufig mit großer Sorge – sowohl von Seiten der Erzieherin als auch von Seiten der Eltern – angegangen. Es ist wichtig, dass wir alle Elterngespräche – vor allem Letztere – als Teil eines wohlmeinenden Plans der Einrichtung betrachten, die Eltern einzubinden.

Wir bereiten Elterngespräche vor

Es gibt eine Reihe von Möglichkeiten, eine gute Atmosphäre für ein Elterngespräch zu erzeugen. Eine besteht darin, die Basis bereits vorher, durch die beschriebenen informellen Nachrichten und Elternkontakte zu legen.

Wir halten unsere Beobachtungen fest

Wir nehmen uns die Zeit, die Kinder regelmäßig zu beobachten, und nehmen dabei die Entwicklung, die Interessen, die Bildungsprozesse, die Teilnahme an Aktivitäten, soziale Fähigkeiten und Veränderungen der Kinder in den Blick.
    Diese Beobachtungen halten wir schriftlich fest. Dies kann geschehen in Form von
- freien Beobachtungen
- Entwicklungsbögen
- Bildungsbeobachtungen und Bildungsdokumentationen
- Portfolioarbeit
- Lerngeschichten nach Margarete Carr[6] u.a.m.

---

6 Neuß, N. [72]

So haben wir schriftliche Informationen, auf die wir uns beziehen können, wenn wir uns auf das Elterngespräch vorbereiten. Bei Gesprächen mit den Eltern geben wir ihnen Gelegenheit, Einsicht in den Entwicklungsbogen und in die Portfolioarbeit ihres Kindes zu nehmen.

Wir formulieren das Ziel des Gesprächs. Wenn wir Eltern darum bitten, sich mit uns zu einem Gespräch zu treffen, ist es wichtig, dass wir gründlich vorbereitet sind. Wir haben ein klares Ziel, was wir mit dem Treffen erreichen wollen. Wir sind natürlich daran interessiert, die Kooperation der Eltern zu gewinnen, aber was genau möchten wir erreichen? Ist es uns ein Anliegen, eine entspanntere Atmosphäre zu Hause zu erzeugen? Möchten wir, dass die Eltern weniger Druck auf das Kind ausüben? Was möchten wir? Was liegt uns am Herzen?

Elterngespräche sorgen für eine gute Kommunikation zwischen den Eltern und der Einrichtung und bieten Gelegenheit, kleine Anliegen zu klären, bevor sie zu großen geworden sind.

Das Elterngespräch

Zur Vorbereitung auf das Gespräch mit den Eltern stimmen wir uns positiv ein (siehe dazu z.B. »Nur für Sie« am Ende dieses Kapitels.) Nachdem es sich alle in einer freundlichen Umgebung bei einer Tasse Kaffee/Tee oder einem Saft gemütlich gemacht haben, berichten wir den Eltern über ermutigendes, positives Verhalten und die Fortschritte ihres Kindes. Wir sprechen auch mögliche Bedenken und Probleme an, die uns bei unseren Beobachtungen aufgefallen sind. Dann bitten wir die Eltern um Rückmeldung und um Themen, die sie genauer besprechen möchten. Wenn Eltern aufgebracht sind, hören wir aktiv zu und spiegeln ihre Gefühle und Wertvorstellungen wider. Wir erklären alles, was nicht verstanden wurde. Wir stellen klar, wie wir die Leistung des Kindes sehen und welche *positiven Ergebnisse* wir uns von diesem Treffen erhoffen.

BEISPIEL
Michiko ist ein aktiver, lebendiger Fünfjähriger, der im August sechs wird. Seine Eltern planen, dass er ab Herbst in die Schule gehen soll, aber seiner Erzieherin ist aufgefallen, dass seine Feinmotorik noch nicht sehr gut entwickelt ist. Sie beschließt, einige Beispiele seiner Arbeit zu sammeln und sie den Eltern zu zeigen. In einem Zeitraum von zwei Wochen bittet sie Michiko, einen Menschen zu zeichnen, seinen Namen zu schreiben, eine gerade Linie und eine Kurve auszuschneiden und Papierfetzen in einem Kreis aufzukleben. Sie hebt alle Arbeiten auf und organisiert ein Gespräch mit den Eltern.

Die Erzieherin eröffnet das Gespräch, indem sie Michikos Stärken hervorhebt. Er ist enthusiastisch beim Spielen mit Bauklötzen, er liebt es, zu singen, er klettert gerne und rennt gerne draußen. Dann erzählt sie, dass Michiko es normalerweise vermeidet, bei den Kunstprojekten und bei Tischspielen mitzumachen, es sei denn sie ermutigt ihn, es zu versuchen. Sie erwähnt, dass er schnell frustriert ist, wenn er die Schere benutzt oder mit einem Puzzle spielt, und dass er oft aufgibt. Sie zeigt den Eltern die Beispiele, die sie gesammelt hat, und lässt sie wissen, wie sie im Vergleich zu anderen Kindern im selben Alter zu beurteilen sind.

Michikos Eltern fragen, was sie tun können. Die Erzieherin erklärt ihnen, dass es mehrere Möglichkeiten gibt. Sie können sich dafür entscheiden, mit Michiko zu Hause ausschneiden und zeichnen zu üben. Wenn sie das möchten, macht sie ihnen gerne Vorschläge für solche Aktivitäten. Sie sagt ihnen auch, dass Michiko eines der jüngsten Kinder in der Gruppe ist und dass er vielleicht einfach noch etwas mehr Zeit braucht, um reifer zu werden. Sie schlägt vor, über die Möglichkeit nachzudenken, Michikos Eintritt in die Schule zu verschieben.

Manchmal kommt es vor, *dass Eltern um einen Gesprächstermin bitten.* In einem solchen Fall überlassen wir den Eltern die Führung und diskutieren die Themen, denen die Sorge der Eltern gilt. Wir hören aktiv zu – ganz besonders, wenn Eltern aufgebracht sind.

In allen Elterngesprächen fassen wir die Ergebnisse zusammen und vertreten *unsere Position mit klaren Ich-Aussagen.* Bei unklaren Situationen können wir mit den Eltern Ideen sammeln.

Beispiel

Der dreieinhalbjährige Daniel ist schwer zu verstehen. Sein Erzieher muss ihn häufig bitten, zu wiederholen, was er gesagt hat, und das scheint Daniel zu frustrieren. Als der Erzieher nach zwei Monaten keine Verbesserung bei der Aussprache feststellen kann, ruft er Daniels Vater an und bittet ihn um ein Gespräch.

Daniels Vater macht ein besorgtes Gesicht, als der Erzieher ihm erzählt, dass Daniels Aussprache schwer zu verstehen ist. Er fährt den Erzieher an: »Wollen Sie mir etwa sagen, dass Daniel langsam oder dumm ist?«

Der Erzieher antwortet: »Überhaupt nicht. Ich sage Ihnen nur, dass Daniel Schwierigkeiten damit hat, einige Laute auszusprechen. Wären Sie dazu bereit, einen Sprachtherapeuten für eine Beurteilung zu konsultieren? Eine ganze Reihe von Kindern, mit denen ich gearbeitet habe, waren bei einem Sprachtherapeuten und es ist bemerkenswert, wie schnell ihre Aussprache sich verbessert, wenn sie Übung und Hilfe dabei bekommen, bestimmte Laute zu formen. Wenn Sie möchten, können wir arrangieren, dass der Therapeut vorbeikommt und Daniel beobachtet, wenn er mit den anderen Kindern spricht.«

Daniels Vater entspannt sich ein bisschen und gesteht: »Als ich klein war, wurde ich wegen meiner Aussprache gehänselt. Die anderen Kinder haben mich dumm genannt. Ich möchte nicht, dass das Daniel auch passiert. Können Sie mir einen Sprachtherapeuten empfehlen?«

In einigen Gesprächen können wir deutlich erkennen, dass wir und die Eltern miteinander *konkurrierende Ziele* verfolgen. Ein Beispiel: Uns ist möglicherweise bewusst, dass das Kind einen Machtkampf führt, und zwar sowohl in der Einrichtung als auch zu Hause. Vielleicht möchten wir, dass die Eltern sich aus dem Machtkampf zurückziehen, so wie wir es in der Einrichtung tun. Die Eltern dagegen möchten das Kind möglicherweise dazu zwingen, etwas so zu tun, wie sie es möchten. Innerhalb kürzester Zeit befinden wir uns möglicherweise in einem weiteren Machtkampf – dem mit den Eltern. Wir müssen deutlich machen, was unser Ziel ist, wenn wir möchten, dass das Kind aus den Konsequenzen seines Verhaltens lernt. Eltern verstehen das Verhalten der Kinder nicht immer so wie wir das tun. Sie glauben vielleicht, dass das Kind nicht selbstständiger werden, sondern weiterhin von ihnen abhängig bleiben soll. Unsere Vorgehensweise und unsere Einschätzung des Kindes lehnen sie möglicherweise ab.

Wir können von Eltern nicht erwarten, dass sie sich in einem Gespräch immer unserem Standpunkt anschließen. Wenn wir aber unser Anliegen auf respektvolle Art und Weise vortragen mit dem Ziel, dem Kind zu helfen, dann ist es wahrscheinlich, dass die Eltern über das, was wir sagen, nachdenken. Trotz anfänglichen Widerstands, sehen wir dann vielleicht später Erfolge.

Wenn ein Kind *Fehlverhalten* gezeigt hat, schaffen wir Transparenz bzgl. unserer Vorgehensweise, indem wir im Gespräch mit den Eltern immer folgende Schritte befolgen:
1. Wir beschreiben kurz die Situation.
2. Wir legen dar, welches Ziel des Fehlverhaltens des Kindes wir wahrgenommen haben.
3. Wir informieren die Eltern über unsere Reaktion auf das Fehlverhalten und unsere Versuche, uns auf die Stärken des Kindes zu konzentrieren.
4. Wir finden heraus, wie die Beziehung zwischen Eltern und Kind funktioniert.
5. Wir erfragen die Geschwisterkonstellation. Zu wissen, ob ein Kind das älteste, das mittlere, das jüngste oder das einzige Kind ist, gibt uns Hinweise, um das Verhalten besser zu verstehen[7].
6. Wir suchen Alternativen, die dem Kind helfen können, in der Einrichtung (und falls notwendig zu Hause) besser zurechtzukommen.
7. Wir vereinbaren eine Lösung, an der Eltern und Erzieherin gemeinsam arbeiten können, und setzen eine Zeitspanne für die Auswertung fest.

BEISPIEL
Der drei Jahre alte Lukas ist physisch aggressiv. Er wird schnell wütend und schlägt andere Kinder. Die Versuche der Erzieherin, Lukas' aggressives Verhal-

---

7 Dinkmeyer, D. et al. [5]

ten mit Hilfe der ›STOP Regel‹ und dem Entzug von Privilegien zu beeinflussen, haben nur begrenzt Erfolg gezeigt. Lukas' Erzieherin bittet die Mutter zu einem Gespräch. Nachdem sie sich über die Bereiche ausgetauscht haben, in denen Lukas Fortschritte gemacht hat, bringt die Erzieherin seine körperliche Aggression zur Sprache. Sie erzählt Lukas' Mutter, welche Strategien sie ausprobiert hat, und bittet sie um Vorschläge und Ideen.

Lukas' Mutter kennt ihn als burschikoses Kind. Er ringt und kämpft häufig mit seinen älteren Brüdern. Sie berichtet, dass sie ihn manchmal schlägt, weil sie von seinem Fehlverhalten so sehr frustriert ist. Lukas' Erzieherin spricht mit der Mutter darüber, warum es wichtig für Lukas ist, zu erfahren, wie andere Menschen ihre Probleme durch Verhandeln anstatt durch Kämpfen lösen. Sie schlägt vor, Lukas' ältere Brüder als Helfer einzubeziehen, die Lukas positive Anerkennung geben, wenn er Worte statt Fäuste einsetzt.

Am Ende des Gesprächs verspricht die Erzieherin Lukas' Mutter, sie in den nächsten beiden Wochen zu kontaktieren, um zu besprechen, wie der Plan funktioniert und um – falls notwendig – Anpassungen vorzunehmen. Lukas' Mutter dankt der Erzieherin für ihre Unterstützung.

Elternbildung und Erziehungspartnerschaft

Die rechtliche Grundlage für Eltern- und Familienbildung in Deutschland bildet §16 des Kinder- und Jugendhilfegesetzes (KJHG) – auch SGB VIII. Die Elternbildung soll »auf Bedürfnisse und Interessen sowie auf Erfahrungen von Familien in unterschiedlichen Lebenslagen und Erziehungssituationen eingehen« und »die Familie zur Mitarbeit in Erziehungseinrichtungen« befähigen.

Zum Stand der Elternbildung in der Schweiz bzw. der Elternbildungspartnerschaften in Österreich am Beispiel der Steiermark sind Informationen unter www.elternbildung.ch und www.elternbildung.at zu finden.

Die ersten Jahre der frühen Kindheit sind ausschlaggebend für die Entwicklung des Selbstwertgefühls, des Selbstvertrauens, der emotionalen Intelligenz, der sozialen Kompetenz und des Verantwortungsbewusstseins eines Kindes. Die Stärkung der Familie, der elterlichen Erziehungskompetenz durch Elternbildung, ist eine wichtige Präventionsmaßnahme für die Erreichung der Erziehungsziele, die Erzieherinnen und Eltern zum Wohl des Kindes gemeinsam haben. Aus diesem Verständnis resultiert die Aufgabe einer jeden Einrichtung, Elternbildung in unterschiedlicher Form anzubieten. Insbesondere Eltern von kleinen Kindern sind sehr motiviert, diverse Bildungsangebote in Anspruch zu nehmen.

Weit verbreitet ist die Meinung, dass Eltern von Natur aus wissen, wie sie ihre Kinder erziehen. Immer mehr sind aber auch Stimmen zu hören, die darauf hinweisen, dass für alles eine Ausbildung notwendig ist, nur Kinder zu erziehen lernen wir nicht. Sicher ist, dass alle Eltern für ihre Kinder das Beste wollen, allerdings oft nicht wissen, wie sie das im Alltag erreichen können. Professor Klaus Hurrelmann schätzt, dass »... etwa ein Drittel der Eltern eine Elternschule nicht braucht. Das sind Naturtalente, die mit Kindern ausgezeichnet zurechtkommen. Ein weiteres Drittel kommt einigermaßen zurecht, macht keine schlimmen Fehler. Das letzte Drittel aber ist restlos überfordert« (WDR Interview 3.5.03).

Professor Hurrelmann sagt aber auch, dass Kinder Orientierung brauchen und Eltern das ›Beziehungshandwerk‹ erlernen können (Westfälische Rundschau 12. Mai 2003)

Es gibt unterschiedliche Ansätze und verschiedene Formen der Elternbildung[8]. Zum Beispiel:

- Themenabende / Elternabende,
- Gesprächsrunden / Gesprächskreise / Elternstammtisch,
- Elterncafés / Mütter-Kaffees,
- Leseecken,
- Elternbriefe,
- Beratungsgespräche mit einzelnen Eltern im Rahmen der Elternsprechtage,
- Hospitation,
- Deutschkurse für Eltern mit Migrationshintergrund,
- Elterntraining / Elternkurse etc.

Mit solchen Angeboten öffnet sich die Einrichtung: Durch die Transparenz, die damit für die Eltern geschaffen wird, wächst das Vertrauen der Eltern in die Einrichtung und zugleich auch ihre Motivation, ihre Kompetenz einzubringen und sich stärker zu integrieren. Auf diese Weise sind wir unserem Ziel der Erziehungspartnerschaft – dass Erzieherin und Eltern zum Wohl der Kinder an einem Strang ziehen – einige Schritte näher gekommen.

Die Aufgabe der Leiterin einer Einrichtung besteht darin, regelmäßige Angebote zur Unterstützung der Familien zu schaffen.

Elternbildung ist eine wichtige präventive Maßnahme für die Erreichung der Erziehungsziele, die Erzieherin und Eltern zum Wohl des Kindes gemeinsam verfolgen.

Elternbildung in Gruppen schafft die Möglichkeit, sich über Herausforderungen im Alltag auszutauschen, neue Fertigkeiten zu lernen und so neue Wege bewusst zu beschreiten, einander zu unterstützen und sich zu vernetzen.

---

8 Für ausführliche Informationen bzgl. Elternbildung in Deutschland siehe Welzien, S. [76]

Als besonders effektive Elternbildung hat sich Elterntraining – in Form eines Elternkurses – erwiesen. »STEP Elterntraining – Die ersten 6 Jahre« ermöglicht den Eltern, nicht nur ihr Erziehungsverhalten und ihre Haltung zu reflektieren, einander wertschätzend und ermutigend zu unterstützen, sondern auch systematisch alltagstaugliche Fertigkeiten für ihr individuelles Familienleben zu erwerben. *STEP Das Elternbuch – Die ersten 6 Jahre (Beltz Verlag)* bildet die Basis für diesen Kurs.

In einem »STEP Elternkurs – Die ersten 6 Jahre« befassen sich die Eltern mit folgenden Themen:
- Kleine Kinder und ihr Verhalten verstehen,
- Fehlverhalten erkennen und angemessen darauf reagieren,
- Selbstbewusstsein und Selbstvertrauen aufbauen,
- Kommunikation mit kleinen Kindern,
- Kooperationsbereitschaft stärken,
- Sinnvolle Disziplin ausüben,
- Emotionale und soziale Entwicklung unterstützen.

STEP Elternkurse mit Eltern von Kindern verschiedenen Alters finden auf der Basis des Buches »STEP Das Elternbuch – Kinder ab 6 Jahre« statt.

Sowohl Leiterinnen von Kindertageseinrichtungen als auch erfahrene Erzieherinnen können sich zur STEP Kursleiterin ausbilden lassen und die Kurse in der eigenen Einrichtung anbieten. Selbstverständlich können Elternkurse auch von qualifizierten Kursleiterinnen von außerhalb im Setting Kindergarten, Familienzentrum, Familienbildungsstätte, VHS oder von Jugendämtern oder privaten Bildungsträgern angeboten werden. Eine qualifizierte STEP Kursleiterin hat ein gut entwickeltes theoretisches und praktisches Verständnis des angewandten Elterntrainings. Außerdem verfügt sie über die professionellen Qualitäten einer Gruppenleiterin und Moderatorin.

Zertifizierte STEP Kursleiterinnen – Teilnehmerinnen am Trainernetzwerk – haben sich der Qualitätssicherung verpflichtet. Die Termine der angebotenen STEP Elternkurse finden Sie unter www.instep-online.de (für Deutschland und Südtirol), www.instep-online.ch (für die Schweiz) und www.instep-online.at (für Österreich).

Die Teilnahme an einem STEP Elternkurs ermöglicht es den Eltern, die gleichen Erziehungsprinzipien anzuwenden wie die Erzieherinnen, die die STEP Weiterbildung für Erzieherinnen absolviert haben. Die Basis für die Weiterbildung bildet das vorliegende Buch. Auf diese Weise wird die beste Voraussetzung für eine gelungene Erziehungspartnerschaft in der Einrichtung geschaffen.

Die Rolle der Erzieherin in der Erziehungspartnerschaft

Erzieherinnen kleiner Kinder haben das Privileg, gemeinsam mit den Eltern die Entwicklung der Kinder in einer wichtigen Zeitspanne zu begleiten und zu unterstützen. Eltern bringen ihre Kinder in die Einrichtung und erwarten, dass wir unser Bestes geben. Wir sorgen für eine gute Beziehung zwischen dem Elternhaus und der Einrichtung. Dazu gehören eine gute Kommunikation, effektive Elterngespräche und qualifizierte Elternbildung. Indem wir mit den Eltern an einem Strang ziehen, schaffen wir die bestmöglichen Bedingungen für die Entfaltung der individuellen Persönlichkeit der Kinder in den frühen Jahren.

Eltern und Erzieherinnen haben – zum Wohl der Kinder – gemeinsame Ziele: Sie möchten Kinder erziehen, die aufrichtig, verantwortungsbewusst, kommunikationsfähig, kooperativ, konfliktfähig, respektvoll, lernwillig, selbstbewusst und mutig sind. Indem wir Kinder ermutigen, diese Fähigkeiten zu entwickeln, geben wir Kindern die Werkzeuge mit, die sie brauchen, um glücklich und erfolgreich zu sein, erfüllende, tragfähige Beziehungen eingehen und das Leben genießen zu können.

Herausforderungen im Alltag

Baby: David ist ein aktives Kind; für sein Alter ist er groß. Er ist in Lisas Gruppe seit er 10 Monate alt war. Zu dieser Zeit fing er gerade an zu krabbeln und jetzt mit 15 Monaten zeigt er kein Interesse am Laufen. Wenn Lisa David hochzieht und an den Händen hält, kann er schon stehen. Aber Lisa hat noch nicht gesehen, dass er sich selbst hochgezogen hat. Die anderen Kinder in Lisas Gruppe fingen bereits an, erste Gehversuche zu machen, bevor sie 15 Monate alt waren. Lisa weiß, dass manche Kinder diese Fähigkeit später entwickeln als andere. Sie beschließt, mit Davids Vater zu sprechen, um etwas mehr über Davids Geschichte zu erfahren und zu hören, ob er sich darüber Sorgen macht.

1. Wie kann Lisa das Thema Davids Vater gegenüber ansprechen?
2. Was kann Lisa tun, wenn sie das Gefühl hat, dass Davids Vater sich Sorgen macht?
3. Was kann Lisa tun, wenn Davids Vater scheinbar unbesorgt ist?
4. Was sollte Lisa tun, falls David nicht innerhalb der nächsten drei Monate anfängt zu laufen?

Kleinkind: Die zweieinhalbjährige Sarah ist ein Einzelkind. Ihre Mutter und ihr Stiefvater haben sie vor Kurzem in einem Montessori-Kinderhaus angemeldet. Die Leiterin der Einrichtung, Frau Schwarzkopf, möchte zwar die Kreativität und Neugier der Kinder fördern, aber sie möchte sie nicht überfordern, unter Druck setzen oder in unnatürliche Lernsituationen zwingen. Sarahs Eltern sind stolz auf die Talente und Intelligenz ihrer Tochter. Frau Schwarzkopf ist aufgefallen, dass die Eltern in der Regel wollen, dass Sarah ihnen nach dem Abholen etwas »vorführt«, meist fordern sie sie auf, eine Geschichte »vorzulesen«, die die Kinder am Tag gehört haben, zu singen, zu tanzen oder etwas für sie zu rezitieren. Sarahs Eltern sind sehr liebevoll, aber ihre Anforderungen an das Kind scheinen sehr hoch zu sein. Frau Schwarzkopf beobachtet, dass Sarah, wenn sie beim Abholen von den Eltern unter Druck gesetzt wird, meist anfängt, sich wild und widerspenstig zu gebärden.

1. Wie könnte Frau Schwarzkopf es angehen, mit Sarahs Eltern über dieses Thema zu sprechen?
2. Was kann Frau Schwarzkopf noch tun, wenn die Eltern ihre Meinung nicht teilen?

Kindergartenkind: Der vier Jahre alte Max ist seit einem Jahr in Birgits Gruppe. In dieser Zeit hat sie ihn durchgängig als lebhaftes, energiegeladenes Kind erlebt. In den letzten zwei oder drei Wochen ist Birgit jedoch eine abrupte Veränderung in Max' Stimmung aufgefallen. Er hat angefangen zu weinen und sich an seine Mutter zu hängen, wenn sie ihn in den Kindergarten bringt. Später – wenn die Mutter gegangen ist – hängt er an Birgit. Max scheint außerdem den anderen Kindern gegenüber ungewöhnlich aggressiv zu sein. Während der Woche musste Birgit ihn mehrfach aus Konflikten mit anderen Kindern herausnehmen.

1. Wie könnte Birgit das Gespräch mit der Mutter eröffnen?
2. Was kann Birgit tun, wenn die Mutter erklärt, dass sie sich vor Kurzem von ihrem Mann getrennt hat und Max auch zu Hause ähnliches Verhalten zeigt?

Tabelle 6

Kommunikation mit den Eltern

In der folgenden Tabelle werden effektive und ineffektive Arten der Kommunikation mit den Eltern einander gegenübergestellt:

Effektive Kommunikation	Ineffektive Kommunikation
1. Sie hören zu, wenn Eltern über ihre Wertvorstellungen, Überzeugungen und Gefühle sprechen, damit Sie deren Wertvorstellungen bzgl. ihres Kindes verstehen.	1. Sie teilen Eltern Ihre Meinung über deren Kind mit, nehmen aber die Meinung der Eltern nicht ernst.
2. Sie gehen beim ersten Kontakt mit den Eltern gemeinsam eine kurze Liste Ihrer Regeln und Erwartungen durch.	2. Sie teilen den Eltern die Regeln nicht mit, nach denen Sie in der Einrichtung vorgehen.
3. Sie eröffnen das Gespräch, indem Sie zuerst über positives Verhalten berichten, wenn Sie mit Eltern über ein Problem mit deren Kind sprechen wollen.	3. Sie beginnen das Gespräch, indem Sie direkt das Problem und dessen Lösung ansprechen, wenn Sie ein Elterngespräch über ein Problem mit ihrem Kind anberaumt haben.
4. Sie geben den Eltern ermutigende Rückmeldungen – mündlich oder schriftlich –, in denen Sie die Veränderungen und Fortschritte des Kindes anerkennen.	4. Sie geben nur bei außergewöhnlichen Leistungen positive Rückmeldungen. Sie betonen die Fehler des Kindes, wenn Sie den Eltern Rückmeldung geben.
5. Sie kommunizieren Ihre Gefühle klar, deutlich und ohne Beschuldigung mit Ich-Aussagen.	5. Sie lassen die Eltern wissen, dass Sie über das Verhalten ihres Kindes wütend sind. Sie tun dies auf eine Art, durch die sich die Eltern persönlich angegriffen fühlen.
6. Sie entwickeln gemeinsam mit den Eltern Pläne und entscheiden gemeinsam über die Maßnahmen.	6. Sie machen Pläne ohne Einbeziehung der Eltern.
7. Sie spiegeln die Gefühle der Eltern wider, wenn diese verärgert sind.	7. Sie fällen vorschnell Urteile und entscheiden sich im Alleingang für schnelle Lösungen, ohne die Eltern zu hören.
8. Sie entwickeln eine kooperative Beziehung mit den Eltern.	8. Sie stellen sicher, dass die Eltern wissen, dass Sie das Sagen haben.

Die Basis einer gut funktionierenden Erziehungspartnerschaft bildet eine respektvolle und effektive Kommunikation zwischen Eltern und Erzieherin, die den Ablauf in der Einrichtung und die Regeln und Erziehungsprinzipien für die Eltern transparent werden lässt, so dass sie sich wertgeschätzt, integriert und dazugehörig fühlen können.

STEP in der Praxis

Legen Sie für jedes Ihrer Kinder eine Kartei an. Wählen Sie jeden Tag zwei oder drei Kinder aus und beobachten Sie deren Verhalten, Verbesserungen, Bemühungen, Erfolge und Probleme für 10 bis 15 Minuten. Schreiben Sie die Beobachtungen auf und legen Sie sie in der jeweiligen Kartei ab. Benutzen Sie Ihre Beobachtungen für die Kommunikation mit den Eltern am Anfang bzw. am Ende des Tages. Denken Sie daran, Ihre Kommentare positiv und ermutigend zu formulieren. Wenn Sie Probleme beobachtet haben, über die Sie zu einem anderen Zeitpunkt mit den Eltern sprechen möchten, machen Sie sich Gedanken darüber, wann und wie Sie ein solches Gespräch eröffnen können.

Bitte beachten Sie

Die Fertigkeiten, die wir in diesem Buch präsentieren, zeigen unserer Erfahrung nach in den meisten Fällen Wirkung. Wenn Sie STEP (Fertigkeiten und Haltung) im Alltag umsetzen, stellen Sie folgende Überlegungen an:

- Inwiefern trägt die Umgebung des Kindes in der Einrichtung – Aktivitäten, Ausstattung, Material und Tagesablauf – zum störenden Verhalten bei?
- Welche Ihrer persönlichen Ressourcen tragen zur Lösung von Problemen bei? Dazu gehören Eigenschaften oder Stärken wie ein Sinn für Humor, die Fähigkeit, Abstand zu nehmen und die Perspektive zu wechseln, Erfahrung oder Geschick in der Lösung von Problemen, Geduld, Achtsamkeit oder eine gute Wahrnehmung.
- Inwiefern tragen Sie selbst zu Konflikten bei, beispielsweise indem Sie leicht zu ärgern sind, zu viel reden, zu viel fordern, ständig die Kontrolle haben müssen, perfekt sein oder gefallen wollen?

Zusammenfassung

1. Die Beziehung zwischen Erzieherin und Eltern ist dann am effektivsten, wenn die von der Erzieherin angenommene Haltung auf Respekt, Wertschätzung, Gleichwertigkeit und Zusammenarbeit beruht.

2. Hören Sie genau zu, was Eltern über das Elternsein und über ihre Kinder kommunizieren, um die Wertvorstellungen und Überzeugungen der Eltern zu verstehen. Seien Sie sich außerdem Ihrer eigenen Wertvorstellungen und Ihrer Haltung bewusst, die einer gut funktionierenden Beziehung möglicherweise im Weg stehen.

3. Prioritäten (Persönlichkeitsmerkmale) sind wichtig, um sich selbst und die Eltern, mit denen Sie arbeiten, zu verstehen.

4. Eine starke Tendenz zu einer der Prioritäten – *Kontrolle, Perfektionismus, gefallen wollen, Opfer* oder *Märtyrer sein* – kann Stress oder Spannung verursachen, wenn sie Ihren Umgang mit Kindern bzw. deren Eltern beeinflusst.

5. Konzentrieren Sie sich bei Ihrem ersten Kontakt mit Eltern darauf, zuzuhören und zu verstehen, anstatt selbst zu sprechen und Anweisungen zu geben oder Forderungen zu stellen.

6. Nachdem Sie den Eltern zugehört haben, gehen Sie mit ihnen eine kurze Liste Ihrer Regeln und Erwartungen sowie der Abläufe in der Einrichtung durch, um so Transparenz zu schaffen.

7. Es ist wichtig, gemeinsame Ziele und Erwartungen zwischen Erzieherin und Eltern zu entwickeln, um so eine erfolgversprechende Erziehungspartnerschaft aufzubauen.

8. Ermutigung, die sich auf Stärken und positive Beobachtungen konzentriert, ist eine der effektivsten Vorgehensweisen bei der Arbeit mit kleinen Kindern und deren Eltern.

9. Indem Sie den Eltern regelmäßig »ermutigende Rückmeldungen« – mündlich oder schriftlich – geben, in denen Sie über den Fortschritt, die Bemühungen und die Kooperationsbereitschaft des Kindes berichten, zeigen Sie den Eltern, dass Sie positive Entwicklungen an ihrem Kind bemerken und anerkennen. Das kommuniziert dem Kind, dass es nicht perfekt sein muss – jede Bemühung ist es wert, mitgeteilt zu werden.

10. Seien Sie im Gespräch mit den Eltern immer ermutigend. Diese Haltung kann durch vorsichtige Formulierungen (»Könnte es sein, dass ...?«, »Ist es möglich ...?«) deutlich unterstützt werden, die sich auf das Ziel des kindlichen Verhaltens konzentrieren und auf Möglichkeiten, dem Kind zu helfen, sein Verhalten zu modifizieren.

11. Wenn Sie mit Eltern über ein Problem mit deren Kind sprechen wollen, eröffnen Sie das Gespräch, indem Sie über etwas berichten, das in letzter Zeit gut geklappt hat. Arbeiten Sie daran, eine Atmosphäre der Kooperation, Wertschätzung und des Verständnisses aufzubauen. Um Transparenz zu schaffen, erklären Sie deutlich, wie Sie mit Problemverhalten umgehen –

und wozu. Bewahren Sie eine Atmosphäre des gegenseitigen Respekts und der gemeinsamen Sorge um das Wohlergehen des Kindes.

12. Indem Sie Ich-Aussagen benutzen, kommunizieren Sie Ihre Gefühle klar und respektvoll und wirken als Vorbild für die Eltern.

13. Zur Unterstützung der Integration der Eltern bieten Sie ihnen Bildungsmaßnahmen an, z.B. »STEP Elterntraining – Die ersten 6 Jahre« bzw. »STEP Elterntraining für gemischte Altersgruppen«, um die Zusammenarbeit mit den Eltern in der Erziehungspartnerschaft zu erleichtern.

NUR FÜR SIE

Der positive innere Dialog

Je mehr Sie die Verantwortung für Ihre Wertvorstellungen, Gefühle und Ihr Selbstwertgefühl bzw. Ihre Selbstachtung übernehmen, umso zufriedener, enthusiastischer und energievoller werden Sie sein. Sie spüren häufiger kreative Energie und erleben öfter Freude. Sie werden zu »einem mutigen Menschen, der in allen Lebenslagen mögliche Lösungen sieht anstelle von Gefahren und Bedrohungen«.[9] Um Ihre Sichtweise auf Ihre persönlichen und beruflichen Beziehungen zu ändern, ist es notwendig, Ihre Fähigkeiten dahingehend zu entwickeln, dass Sie den Herausforderungen des Alltags positiver und effektiver begegnen.

Nehmen Sie sich jeden Tag Zeit für Selbstbestätigung. Der positive innere Dialog hilft Ihnen dabei[10]:

- »Ich treffe meine eigenen Entscheidungen.«
- »Ich bin verantwortungsbewusst.«
- »Ich kann jeder Situation etwas Positives abgewinnen.«
- »Ich bin fähig und effektiv bei meiner Arbeit.«
- »Ich ermutige andere.«
- »Ich mag mich so, wie ich bin.«
- »Ich sehe Möglichkeiten und Alternativen.«
- »Ich habe einen Sinn für Humor.«
- »Ich bin eine effektive, wertschätzende und kompetente Erzieherin.«

---

9 Dinkmeyer, D. [35]

10 Dinkmeyer, D. [8]

Üben Sie Selbstbestätigung, indem Sie sich entspannen: Setzen Sie sich so hin, dass beide Füße flach auf dem Boden stehen, die Hände locker im Schoß liegen, die Handflächen nach oben zeigen:

- Schließen Sie die Augen.
- Atmen Sie tief durch die Nase ein und wieder aus.
- Entspannen Sie sich weiter.
- Atmen Sie mehrmals tief ein und aus.

Sobald Sie sich entspannt haben, sind Sie bereit für positive Selbstbestätigung:

- Sagen Sie sich selbst: »Ich ... (beenden Sie den Satz mit Ihrer Bestätigung.)«
- Betrachten Sie sich auf diese Weise. Glauben Sie an sich.
- Sagen Sie jetzt eine zweite Bestätigung: »Ich ...« Glauben Sie daran.
- Sagen Sie eine dritte Bestätigung: »Ich ...« Glauben Sie daran.

Gehen Sie diese Sequenz mit den Bestätigungen dreimal durch. Glauben Sie an das, was Sie sagen.

Anhang

Kindesmissbrauch

Die Rechte der Kinder sind in der UN-Kinderrechts-Konvention in 54 Artikeln festgelegt. In vielen bundesdeutschen, österreichischen und schweizer Gesetzen[1] werden die Rechte von Kindern und Jugendlichen ebenso aufgeführt wie die Rechte und Pflichten von Erwachsenen, insbesondere Eltern, gegenüber Kindern. Dennoch ist Kindesmissbrauch ein weit verbreitetes Problem[2], das für alle Erzieherinnen und Eltern von Belang ist. »An Kindern, die misshandelt wurden, kann man Langzeitfolgen im Verhalten, in den Gefühlen, im Verstand und in den sozialen Interaktionen beobachten. Sie zeigen Beeinträchtigungen in ihrer Hirnphysiologie (Hüther 1998), dem neuroendokrinen System und im Immunsystem.«[3]

Kinder, die unter Missbrauch und Vernachlässigung leiden, haben häufig Lernschwierigkeiten sowie Probleme damit, Freundschaften aufrechtzuerhalten und glückliche und gesunde Erwachsene zu werden. Da die meisten Kinder außerhalb ihrer Familien mehr Zeit mit Erzieherinnen als mit anderen Erwachsenen verbringen, ist es wesentlich für Erzieherinnen von kleinen Kindern, den gesetzlichen Rahmen zu kennen, zu verstehen, was Kindesmissbrauch ist, und welche Rolle sie beim Entdecken und dem Umgang mit Missbrauch spielen.

In Deutschland trat am 1. Oktober 2005 das »Gesetz zur Weiterentwicklung der Kinder- und Jugendhilfe«, kurz »KICK« genannt, in Kraft.

Die gesetzliche Lage

Was will der Gesetzgeber mit den §§ 8a und 72a SGB VIII (›KICK‹) erreichen?

Diese beiden neuen Paragraphen haben das Ziel, »... den Schutz von Kindern und Jugendlichen bei Gefahren und Risiken zu verbessern und bestehende Hil-

---

1 Grundgesetz (GG) Artikel 2 und 6; Strafgesetzbuch (StGB) § 171–184 und § 223; Bürgerliches Gesetzbuch (BGB) § 1626, 1627, 1631, insbesondere § 1666 (Gefährdung des Kindeswohls); und Kinder- und Jugendhilfegesetz (KJHG) § 1, 2, 6, 7, 8 – insbesondere § 8a (Schutz bei Kindeswohlgefährdung), 9, 16 (Auszüge aus der UN-Konvention, die o.g. Artikel und Paragraphen werden ausführlich erläutert in Deegener, G. [79]. Die relevanten Paragraphen aus den Schweizer und österreichischen Strafgesetzbüchern sind bei Friedrich, Max H. [82], S. 186–190 nachzulesen.

2 In Deutschland werden mehr als 200.000 Kinder jährlich missbraucht. Quelle: Kronos e.V.

3 Zitat: Gebauer/Hüther [25], Beitrag von Streeck-Fischer, Annette: Gezeichnet fürs Leben – Auswirkungen von Misshandlung und Missbrauch in der Entwicklung, S. 80.

feleistungen so zu optimieren, dass Gefahrensituationen früher erkannt und erfasst werden«. Ein effektiverer Schutz soll insbesondere durch

- die Konkretisierung des Schutzauftrags des Jugendamtes und der Träger von
  Einrichtungen und Diensten (neu eingefügter § 8a SGB VIII) sowie
- die verschärfte Prüfung von angestelltem Personal bzgl. bestimmter Vorstra-
  fen (neu eingefügter § 72a SGB VIII) erreicht werden. [4]

Was bedeutet diese neue Regelung für Kindertageseinrichtungen?

Dr. Klaus Neumann, Diplom-Psychologe, Klinischer Psychologe und Supervisor,
Paar- und Familientherapeut, seit 1986 am Kinderschutz-Zentrum München tätig, erläutert in KiTa aktuell NRW, Nr. 11/2006, S.227/8:

»Erstmals wird mit dem Begriff ›Schutzauftrag‹, statt ›Kindeswohlgefährdung‹, der Anspruch erhoben, im gezielten und kompetenten Miteinander ver-
schiedenster Einrichtungen und Tätigkeitsfelder offensiver als bisher formuliert
dem Wohl von Kindern und Jugendlichen zu dienen ... Wie alle anderen Einrichtungen der Jugendhilfe und der Gesundheitshilfe sind Kindertageseinrichtungen fachlich angehalten, vernetzt im Sinne des Kindeswohls zu arbeiten, Informationen im Rahmen der Schweigepflicht abzugleichen und sachkompetent
zu handeln. ... *Bietet Eltern Hilfe statt Strafe, orientiert euch am Kindeswohl
unter Berücksichtigung der Elternrechte und -pflichten, gebt dem Kinderschutz
im Zweifel Vorrang vor dem Datenschutz!*« (Betonung der Herausgeberinnen).

In der 2007 veröffentlichten »Untersuchung zu den Vereinbarungen zwischen
den Jugendämtern und den Trägern von Einrichtungen und Diensten nach
§ 8a SGB VIII« von Professor Johannes Münder, die vom Bundesministerium
für Familie, Senioren, Frauen und Soziales gefördert wurde, sind Empfehlungen
von 116 der 614 bundesdeutschen Jugendämter für mögliche Vereinbarungen
mit freien Trägern/Einrichtungen zusammengefasst. U.a. werden unter 3.2.1. (S.
9/10) folgende *Kernbereiche als Vereinbarungsinhalte* empfohlen:

- das Wahrnehmen von »gewichtigen Anhaltspunkten« für eine (mögliche)
  Kindeswohlgefährdung,
- die eigenverantwortliche Abschätzung des Gefährdungsrisikos im Zusam-
  menwirken mehrerer Fachkräfte,
- die Hinzuziehung einer »insoweit erfahrenen Fachkraft«,
- das Hinwirken der Fachkräfte bei den Personensorgeberechtigten auf die In-
  anspruchnahme von Hilfe (im Rahmen eines aufgestellten Schutzplans),

---

4 Vgl. Handreichung zur Umsetzung der §§ 8a und 72a SGB VIII für Träger, Vorstände, Leitungs- und Fachkräfte in der katholischen Kinder- und Jugendarbeit NRW, Grundlagen und Handlungsempfehlungen,
   13.7.2007, S. 4/5.

- die Information des Jugendamtes in den Fällen, in denen Eltern nicht bereit oder in der Lage sind, Hilfe in Anspruch zu nehmen, oder die angenommene Hilfe nicht ausreicht.

Das bedeutet für die Umsetzung im Alltag: »Bei einem Fall des Verdachts auf Kindesmisshandlung, der nicht sofortiges Handeln in Form der Inobhutnahme erfordert, wird als Empfehlung z.B. vorgeschlagen, die Eltern zu benachrichtigen mit der Bitte, sofort zum Arzt zu gehen, und die Eltern evtl. zu begleiten oder aber selbst mit dem Kind zum Arzt zu gehen, aber die Eltern darüber in Kenntnis zu setzen. In beiden Fällen wäre das Vorgehen zu dokumentieren« (Gespräch mit Herrn Georg Schäfer, Leiter des Fachdienstes Kinder-, Jugend- und Familienhilfe der Stadt Celle, am 2.6.2008).

Wenn eigene Hilfsmöglichkeiten unter Hinzuziehung von internen oder externen Fachkräften nicht ausreichen und die Erziehungsberechtigten nicht einsichtig sind, könnte laut Professor Johannes Münder die Fachkraft die erforderlichen Informationen ggf. auch gegen oder ohne den Willen der Personensorgeberechtigten (an das Jugendamt) weitergeben (Untersuchung, 2007, S. 15).

»Eine sofortige Hinzuziehung des Jugendamtes muss erfolgen, wenn die Gefährdungssituation so gravierend ist, dass *akuter Handlungsbedarf* besteht (z.B. Kindesmisshandlung mit körperlichen Schädigungen, Mangelversorgung, sexueller Missbrauch)« (Empfehlung DV – Deutscher Verein für öffentliche und private Fürsorge e.V., Berlin – 2006, 498, S. 17). »Ebenso ist die direkte Anrufung des Familiengerichts durch den Träger möglich« (Empfehlung ISA – Institut für soziale Arbeit e.V., Münster – 2006, 29, S. 17).

In der Zusammenfassung der o.g. Untersuchung wird auf S. 19/20 betont, dass deutlich werden sollte, »dass der Beteiligungsgrundsatz ... bereits für die Abschätzung des Gefährdungsrisikos gilt und nicht erst dann einsetzt, wenn auf der Grundlage eines ausgearbeiteten Schutzplanes bei den Personensorgeberechtigten auf die Annahme von Hilfen hingewirkt werden soll. Das Einbeziehen der Klient/innen in die fachlichen Beurteilungen und in die Problemkonstruktion ist Merkmal der Qualität sozialpädagogischer Verfahrensweisen auch im Hinblick auf Hilfeprozesse bei Gefährdungssituationen, soweit hierdurch der wirksame Schutz des Kindes oder des Jugendlichen nicht in Frage gestellt wird.«

Zusammenfassend bleibt festzustellen, dass es noch einige Probleme zu bewältigen gibt auf dem Weg zu präziser formulierten Ablaufvorgaben und Zuständigkeiten in den individuellen Vereinbarungen zwischen Jugendämtern, Trägern, Familiengerichten und Einrichtungen: Was sind z.B. ›insoweit erfahrene Fachkräfte‹, was sind ›gewichtige Anhaltspunkte‹ für Kindeswohlgefährdung, wie soll die Qualitätssicherung aussehen: Dokumentation, Evaluation, Fort- und

Weiterbildung der Fachkräfte, Unterrichtung der Fachkräfte, wer finanziert die Hinzuziehung externer Fachkräfte bzw. die Fortbildung interner Fachkräfte?

»Die inhaltlichen Auseinandersetzungen können als Zeichen des Bemühens um einen reflektierten Umgang mit dem gesetzlichen Schutzauftrag bewertet werden.« ... »Die bislang aufgestellten Vereinbarungen (zwischen Jugendämtern und freien Trägern, Einrichtungen) werden in der Regel dazu genutzt, die zum Kinderschutz festgelegten Pflichten der Vereinbarungsparteien zu konkretisieren, um so Handlungssicherheit herzustellen« (Professor Johannes Münder, Untersuchung, 2007, S. 51).

Als hilfreich für die Erstellung der Vereinbarungen könnte sich das folgende brandneue **Gesetz zum besseren Schutz von Kindern** erweisen:

Der Deutsche Bundestag hat am 24. April 2008 das »Gesetz zur Erleichterung familiengerichtlicher Maßnahmen bei Gefährdung des Kindeswohls« beschlossen. Damit sollen Familiengerichte künftig zum Schutz vernachlässigter oder misshandelter Kinder frühzeitiger eingreifen können. Die Gesetzesänderungen beruhen auf den Vorschlägen einer Expertengruppe, der insbesondere Praktiker aus den Familiengerichten und der Kinder- und Jugendhilfe angehörten. Aus dem Abschlussbericht dieser Experten ergibt sich, dass Familiengerichte bei Kindeswohlgefährdungen häufig viel zu spät angerufen werden – so spät, dass die Gerichte den Eltern nicht selten nur noch die Sorge entziehen können. Wird das Familiengericht dagegen frühzeitig angerufen, kann den Familien durch andere Maßnahmen (z.B. Elternberatung, Elternkurse – Ergänzung durch die Hrsg.) geholfen werden, damit Kinder nicht von ihren Eltern getrennt werden müssen.

Das Gesetz erlaubt es den Familiengerichten, frühzeitiger und stärker auf die Eltern einzuwirken, damit diese öffentliche Hilfen in Anspruch nehmen, die zur Stärkung ihrer Elternkompetenz erforderlich sind. Umfangreichere Ausführungen zum neuen Gesetz unter www.bmj.de / Service / Pressemitteilungen. (Quelle: Bundesministerium der Justiz, Berlin, 25.4.2008)

Definition und Umgang

Was ist Kindeswohlgefährdung?

Vier Formen der Kindeswohlgefährdung lassen sich unterscheiden und definieren[5]:

---

5 Deegener, G. [78], S. 19 und 24. Professor Günther Deegener ist Diplom-Psychologe an der Kinder- und Jugendpsychiatrie in Homburg/Saar und arbeitet seit Jahren zum Thema ›Gewalt und Familie‹. Er ist Vorsitzender des Landesverbandes Saarland des Deutschen Kinderschutzbundes. Jaudes, P. / Mitschel, L. [85].

- **Körperliche Misshandlung.** Nicht durch Unfälle herbeigeführte Verletzungen, wie zum Beispiel Schlagen mit Händen, Stöcken, Peitschen, Stoßen von der Treppe, Schleudern gegen die Wand, Verbrennen mit heißem Wasser, Einklemmen in Türen oder Fensterscheiben, Piksen mit Nadeln, Gewaltsames Schütteln, ins kalte Badewasser setzen/untertauchen, eigenen Kot essen bzw. Urin trinken lassen, Beißen, Strangulieren, Würgen, Vergiften.
- **Vernachlässigung/Verwahrlosung.** Die Grundbedürfnisse eines Kindes, wie Pflege, Essen, Kleidung, Bildung und Erziehung, Schutz und medizinische Versorgung werden nicht erfüllt. Außerdem gehören dazu das Aussetzen eines Kindes und ungenügende Zuwendung und Beaufsichtigung.
- **Sexueller Missbrauch.** Die sexuelle Ausbeutung eines Kindes durch eine ältere Person durch Vergewaltigung, Inzest, Berührung und Manipulation der Genitalien, Exhibitionismus oder Pornographie. Dazu gehören Handlungen, die zur sexuellen Befriedigung der älteren Person, zur Befriedigung ihrer Machtgelüste oder aus wirtschaftlichen Gründen/Motiven ausgeführt werden.
- **Emotionale, seelische/psychische Misshandlung.** Ein Verhaltensmuster, das die emotionale Entwicklung eines Kindes und sein Selbstwertgefühl angreift, wie zum Beispiel ständiges Kritisieren, Demütigen, Beleidigen, Manipulieren, Verängstigen, Terrorisieren und Isolieren des Kindes. Außerdem die Vorenthaltung von Liebe, Unterstützung und Förderung. Aber auch die leistungsbezogene Überforderung kann seelische Misshandlung bedeuten.

Was sind die Warnsignale?

Für Erzieherinnen kleiner Kinder ist es eine besondere Herausforderung, aufzudecken, wenn Kinder unter Missbrauch oder Vernachlässigung leiden. Säuglingen und Kleinkindern, die noch nicht sprechen können, fehlen die verbalen Fähigkeiten, die notwendig sind, einer Erzieherin von einem Missbrauch zu erzählen. Selbst wenn sie diese Fähigkeiten bereits erworben haben, kommt es bei Kindern unter fünf Jahren seltener vor als bei älteren Kindern, dass sie einer Erzieherin direkt über einen Missbrauch berichten. Das lässt die Fähigkeit der Erzieherin, Zeichen eines Missbrauchs oder einer Vernachlässigung zu erkennen, noch wichtiger erscheinen.

Es folgen Indikatoren für eine mögliche Vernachlässigung oder einen möglichen Missbrauch[6]. Keines der folgenden Symptome allein beweist, dass ein Kind missbraucht wurde. Wenn aber Erkennungsmerkmale mehrfach und in Kombination mit anderen auffallen, sollte uns das als Erzieherin alarmieren und dazu

---

6 Aus Broadhurst, D. [77] und Enders, U. [81]. Ursula Enders ist Dipl. Pädagogin, Psychotraumatologin, Mitbegründerin und Leiterin von ›Zartbitter Köln‹.

veranlassen, die Situation sorgfältig zu prüfen und die Möglichkeit eines Kindesmissbrauchs in Betracht zu ziehen.[7]

Indikatoren für körperliche Misshandlung. Wir ziehen die Möglichkeit des körperlichen Missbrauchs in Betracht, wenn ein Kind

- unerklärliche Verbrennungen, Bisswunden, blaue Flecken, gebrochene Knochen oder ›blaue Augen‹ hat;
- verblassende blaue Flecken oder andere erkennbare Male hat, wenn es nach längerer Abwesenheit wieder in die Einrichtung kommt;
- Angst vor den Eltern bzw. fürsorgeberechtigten Erwachsenen zu haben scheint und protestiert oder weint, wenn es an der Zeit ist, nach Hause zu gehen, oder
- beim Herannahen von Erwachsenen zusammenzuckt.

Indikatoren für Vernachlässigung/Verwahrlosung. Wir ziehen die Möglichkeit der Vernachlässigung in Betracht, wenn ein Kind

- häufig von der Einrichtung abwesend ist;
- bei anderen Kindern um Nahrungsmittel bettelt oder Essen sogar stiehlt;
- nicht medizinisch oder zahnärztlich versorgt wird; wenn Schutzimpfungen nicht durchgeführt werden oder die notwendige Brille fehlt;
- ständig schmutzig ist und stark riecht,
- keine für das Wetter taugliche Kleidung besitzt bzw. trägt;
- in seiner kognitiven Entwicklung zurückgeblieben ist: Sprachprobleme, retardierte Sprachentwicklung, geistige Fehlentwicklung etc. (vgl. »Arbeitshilfe zu Trägervereinbarungen nach §§ 8a und 72a SGB VIII«, Stadt Unna, August 2006).

Indikatoren für sexuellen Missbrauch. Wir ziehen die Möglichkeit des sexuellen Missbrauchs in Betracht, wenn ein Kind

- Schwierigkeiten beim Sitzen oder Gehen hat;
- an Ein- und Durchschlafstörungen (Alpträume) oder Ess- und Gedeihstörungen leidet;
- wieder in eine Babysprache verfällt, wieder anfängt einzunässen, vermehrt am Daumen lutscht;
- unerklärliche, auch plötzliche, emotionale Reaktionen zeigt: Angst, Verwirrung, Verstörtheit, motorische Unruhe, Phobien, Depression, Schuld- und Schamgefühle, Feindseligkeit, Schüchternheit, Distanzlosigkeit, Vertrauenslosigkeit, Sprachlosigkeit, sozialer Rückzug, niedriges Selbstwertgefühl;
- sich plötzlich weigert an körperlichen Aktivitäten teilzunehmen, oder
- ein bizarres, für sein Alter fortgeschrittenes sexuelles Wissen, ungewöhnliche sexuelle Neugier oder sexualisiertes Verhalten zeigt, u.a. öffentliche und andauernde Selbstbefriedigung.

---

7 vgl. insbes. Sexueller Missbrauch bei Deegener, [79] S. 109-120 und Enders, U. [81] S. 216.

Indikatoren für emotionalen, psychischen Missbrauch. Wir ziehen die Möglichkeit eines emotionalen Missbrauchs in Betracht, wenn ein Kind

- extremes Verhalten zeigt, wie zum Beispiel übermäßig gefügiges oder forderndes Verhalten, extreme Passivität oder Aggression;
- sich entweder unangebracht erwachsen verhält (z.B. andere Kinder bemuttert) oder unangebracht kindlich (z.B. mit dem Oberkörper ständig vor- und zurückschaukelt) oder Zeichen von Hospitalismus zeigt (z.B. mit dem Kopf gegen die Wand schlägt) oder
- in seiner physischen oder emotionalen Entwicklung zurückgeblieben ist;
- massive Kontaktstörungen mit sehr widersprüchlichen Reaktionen zwischen Distanzlosigkeit und Angst und Misstrauen in sozialen Beziehungen, Selbst- und Fremdaggression, depressive Gefühlslagen zeigt – frühe Beziehungs- und Bindungsstörungen (frühkindliche Deprivation) (vgl. »Arbeitshilfe zu Trägervereinbarungen nach §§ 8a und 72a SGB VIII«, Stadt Lünen, August 2006).

Wie gehen wir mit dem Aufdecken von Missbrauch um?

Womöglich haben wir als Erzieherinnen Angst, dass Kinder uns gegenüber aufdecken könnten, dass sie missbraucht wurden. Der Grund für diese Angst ist sicherlich die Sorge, dass wir etwas Falsches sagen könnten oder dem Kind möglicherweise nicht ausreichend helfen können, weil wir nicht sofort dafür sorgen können, dass dem Missbrauch Einhalt geboten wird und das Kind vor weiterem Missbrauch sicher ist.

Wenn ein Kind in der Tageseinrichtung anfängt, uns zu einem unpassenden Zeitpunkt über einen Missbrauch zu berichten, antworten wir zum Beispiel: »Caroline, ich möchte wirklich hören, was du mir zu sagen hast. Es klingt wichtig, aber wir können im Augenblick nicht darüber reden. Wir beide können in 10 Minuten miteinander sprechen, wenn die Praktikantin hier ist und mit der Gruppe zu malen beginnt.« Zu der vereinbarten Zeit bitten wir das Kind, uns zu erzählen, was passiert ist. Wir warten nicht, bis das Kind zu uns kommt. Wenn das Kind die Geschichte nicht noch einmal erzählen will, setzen wir es nicht unter Druck. Wir bieten dem Kind an, zu einem späteren Zeitpunkt zu uns zu kommen und an einem vereinbarten Ort in Ruhe darüber zu sprechen, wenn das Kind das gerne möchte.

Bei einem solchen vertraulichen Gespräch ist es wichtig, dass wir dem Kind klar und eindeutig vermitteln:

- Das Kind handelt richtig, indem es uns davon erzählt.
- Wir glauben dem Kind.
- Das Kind trägt keine Schuld.
- Was passiert ist, tut uns leid.

- Wir werden unser Bestes tun, um das Kind zu schützen und dafür zu sorgen, dass der Missbrauch nicht noch einmal passiert.
- Das Kind kann wiederkommen und über jedes Problem mit uns sprechen.

Wir achten bei diesem Gespräch darauf, unsere eigenen Gefühle (z.B. Aufregung, Wut, Ekel) nicht auf das Kind zu übertragen.[8]

Bei welchen Stellen gibt es weitere Hilfe und Beratung?

In 20 größeren Städten Deutschlands gibt es Niederlassungen des Kinderschutz-Zentrums.
Bundesgeschäftsstelle der Bundesarbeitsgemeinschaft der Kinderschutz-Zentren
Bonner Str. 145, 50968 Köln
Tel.: 0221-56 97 53,
www.kinderschutz-zentren.org

In 18 bundesdeutschen Städten sind Niederlassungen des Weißen Rings zu finden.
Bundesgeschäftsstelle Weißer Ring e.V.
Weberstr. 16, 55130 Mainz,
Tel.: 06131-83 03-0
www.weisser-ring.de

Weißer Ring in Österreich
Nussdorferstr. 67/7, A-1090 Wien
Tel.: +43-1-17 12 14 05
www.weisser-ring.at

Weisser Ring in der Schweiz
Weisser Ring/Anneau Blanc/Anello Bianco, Dufourstr. 95, CH-8008 Zürich
Tel.: +41-1-4 22 64 62
www.weisser-ring.ch

Viele weitere hilfreiche Fachberatungsstellen finden Sie bei Günther Deegener[9], S. 239–267.

---

8 Deegener, G. [79], S. 128. In diesem Buch (S. 127–132) finden Sie detaillierte Hinweise für die gelungene Gesprächsführung mit Kindern, bei denen der Verdacht auf sexuellen Missbrauch besteht.

9 Deegener, G. [79]

Literaturhinweise

Individualpsychologie

[1] **Dreikurs, Rudolf (2005):** Grundbegriffe der Individualpsychologie. Konzepte der Humanwissenschaften. 11. Aufl., Stuttgart: Klett-Cotta Verlag.
[2] **Kornbichler, Thomas (2007):** Die Individualpsychologie nach Alfred Adler. Eine praktische Orientierungshilfe. Stuttgart: Kreuz Verlag.
[3] **Schiferer, H. Ruediger (1995):** Alfred Adler. Eine Bildbiographie. München: Verlag E. Reinhardt.

STEP Konzept

[4] **Dinkmeyer, Don Sr. / McKay, Gary / Dinkmeyer, Don Jr. (2007):** STEP – Das Elternbuch. Kinder ab 6 Jahre. Weinheim: Beltz Verlag.
[5] **Dinkmeyer, Don Sr. / McKay, Gary / Dinkmeyer, James / Dinkmeyer, Don Jr. / McKay, Joyce (2007):** STEP – Das Elternbuch. Die ersten 6 Jahre. Weinheim: Beltz Verlag.
[6] **Dinkmeyer, Don / McKay, Gary / McKay, Joyce / Dinkmeyer, Don Jr. (2005):** STEP – Das Elternbuch. Leben mit Teenagern. Weinheim: Beltz Verlag.
[7] **Dinkmeyer, Don / McKay, Gary / Dinkmeyer, Don Jr. / Dinkmeyer, James / McKay, Joyce (1987):** The Effective Parent. Circle Pines, MN: American Guidance Service.
[8] **Dinkmeyer, Don (1991):** The Basics of Understanding Your Lifestyle, Coral Springs, FL: CMTI Press.
[9] **Dreikurs, Rudolf / Soltz, Vicki (2006):** Kinder fordern uns heraus. Wie erziehen wir zeitgemäß? 14. Aufl., Stuttgart: Klett-Cotta Verlag.
[10] **Marzinzik Kordula, Dr. / Kluwe, Sabine / Trompetter, Eva (2008):** Die Umsetzung von STEP Elternkursen in Kooperation mit Schulen, Kindertagesstätten und Familienhilfe, Erster BEEP-Forschungsbericht: Teilstudie STEP Evaluation, Universität Bielefeld.
[11] **Tschöpe-Scheffler, Sigrid (2003):** Elternkurse auf dem Prüfstand. Wie Erziehung wieder Freude macht. Wiesbaden: VS Verlag
[12] **Tschöpe-Scheffler, Sigrid (2006):** Konzepte der Elternbildung – eine kritische Übersicht. 2. Aufl., Leverkusen: Budrich Verlag.

Familie

[13] **Imber-Black, Evan (2006):** Familie und größere Systeme. Im Gestrüpp der Institutionen. 5. Aufl., Heidelberg: Carl Auer Verlag.
[14] **Nerin, William F. (1992):** Familienrekonstruktion in Aktion. Virginia Satirs Methode in der Praxis. 2. Aufl., Paderborn: Jungfermannsche Verlagsbuchhandlung.
[15] **Peseschkian, Nossrat (2005):** Die Familientherapie. Eine praktische Orientierungshilfe. Stuttgart: Kreuz Verlag.
[16] **Satir, Virginia (2007):** Selbstwert und Kommunikation. Familientherapie für Berater und zur Selbsthilfe (Leben Lernen 18). 18. Aufl., Stuttgart: Klett-Cotta Verlag.

Entwicklung

[17] **Antoch, Robert F. (1994):** Beziehung und seelische Gesundheit. Frankfurt/M.: Fischer Verlag.
[18] **Bensel, Joachim / Haug-Schnabel, Gabriele (2006):** Vom Säugling zum Schulkind – Entwicklungspsychologische Grundlagen. Kindergarten heute spezial. Freiburg: Herder Verlag.

[19] **Brazelton, T. Berry / Greenspan, Stanley I. (2002):** Die sieben Grundbedürfnisse von Kindern. Was jedes Kind braucht, um gesund aufzuwachsen, gut zu lernen und glücklich zu sein. Weinheim: Beltz Verlag.

[20] **Brazelton, T. Berry (1984):** To Listen to a Child: Understanding the Normal Problems of Growing Up. Reading: Addison-Wesley.

[21] **Bredekamp, Sue, ed. (1987):** Developmentally Appropriate Practice in Early Childhood Programs Serving Children form Birth to Age 8. Washington: National Association for the Education of Young Children.

[22] **Dodson, Fitzhugh (1973):** How to Parent. New York: New American Library.

[23] **Dornes, Martin (2002):** Der kompetente Säugling. Frankfurt/M.: Fischer Verlag.

[24] **Friedrich, Max H. (2003):** Kinder ins Leben begleiten, Vorbeugen statt Therapie. Wien: öbv & hpt.

[25] **Gebauer, Karl / Hüther, Gerald (2005):** Kinder brauchen Wurzeln, Neue Perspektiven für eine gelingende Entwicklung. Düsseldorf: Patmos Verlag.

[26] **Greenspan, Stanley I. (1990):** Floor Time (Video). New York: Scholastic.

[27] **Greenspan, Stanley / Thorndike Greenspan, Nancy (1985):** First Feelings, New York: Viking Penguin.

[28] **Hüther, Gerald (2005):** Bedienungsanleitung für ein menschliches Gehirn. Göttingen: Vandenhoeck & Ruprecht.

[29] **Kasten, Hartmut (2007):** 0–3 Jahre. Entwicklungspsychologische Grundlagen. Berlin: Cornelsen Scriptor Verlag.

[30] **Kasten; Hartmut (2007):** 4–6 Jahre. Entwicklungspsychologische Grundlagen. Berlin: Cornelsen Scriptor Verlag.

[31] **Pikler, Emmi (2001):** Lasst mir Zeit, Die selbstständige Bewegungsentwicklung des Kindes bis zum freien Gehen. München: Pflaum.

[32] **Senckel, Barbara (2004):** Wie Kinder sich die Welt erschließen. Persönlichkeitsentwicklung und Bildung im Kindergartenalter. München: C.H. Beck Verlag.

[33] **Winnicott, D.W. (2002):** Reifungsprozesse und fördernde Umwelt. Gießen: Psychosozial-Verlag.

[34] **Wustmann, Corina (2004):** Resilienz. Widerstandsfähigkeit von Kindern in Tageseinrichtungen fördern. Berlin: Cornelsen Verlag Scriptor.

Ermutigung

[35] **Dinkmeyer, Don / Dreikurs, Rudolf (2004):** Ermutigung als Lernhilfe. Stuttgart: Klett-Cotta Verlag.

[36] **Dinkmeyer, Don / Losconcy, Lewis (1980):** The Encouragement Book: Becoming a Positive Person. Englewood Cliffs, NJ: Prentice Hall.

[37] **Frick, Jürg (2006):** Die Kraft der Ermutigung. Grundlagen und Beispiele zur Hilfe und Selbsthilfe. Bern: Huber Verlag.

[38] **Schoenaker, Theo (2002):** Mut tut gut. Das Encouraging-Training, 15. Aufl. Bocholt: rdi-Verlag.

Kommunikation

[39] **Delfos, Martine F. (2006):** »Sag mir mal ...« Gesprächsführung mit Kindern (4–12 Jahre). Weinheim: Beltz-Verlag.

[40] **Kolthoff, Martina (2006):** Gesprächskultur mit Kindern. Klein & groß Praxis Express, Berlin: Cornelsen Scriptor Verlag.

[41] **Leupold, Eva-Maria (2006)**: Handbuch der Gesprächsführung. Problem- und Konfliktlösung im Kindergarten. 9. Aufl., Freiburg: Herder Verlag.

Kooperation

[42] **Cherry, Clare (1983)**: Please Don't Sit on the Kids: Alternatives to Punitive Discipline.
Belmont, CA: David S. Lake.

[43] **Crosser, Sandra (1992)**: Managing the Early Childhood Classroom. Young Children.

[44] **Faller, Kurt / Faller, Sabine (2002)**: Kinder können Konflikte klären. Mediation und
soziale Frühförderung im Kindergarten – ein Trainingshandbuch. Münster: Ökotopia
Verlag.

[45] **Gordon, Thomas (1993)**: Familienkonferenz. Die Lösung von Konflikten zwischen Eltern und Kind. München: Heyne Verlag.

[46] **Mennenöh, Evelyn (2007)**: »Wir lernen, was wir erleben« – Beitrag in: **Braun, Ul-
rich / Mienert, Malte / Müller, Stephanie / Vorholz, Heide (Hrsg.)**: Frühkindliche Bildung im Team gestalten und umsetzen. Konzepte, Praxisbeispiele, Materialien, Stuttgart: Dr. Josef Raabe Verlag.

[47] **Murphy-Witt, Monika (2005)**: Ich allein … und wir gemeinsam. Wie Kinder lernen,
fair mit anderen umzugehen. Freiburg: Christophorus im Herder Verlag.

[48] **Reynolds, Eleanor (1990)**: Guiding Young Children: A Child Centered Approach.
Mountain View, CA: Mayfield.

Disziplin

[49] **Dreikurs, Rudolf / Grey, Loren (2007)**: Kinder lernen aus den Folgen. Wie man sich
schimpfen und strafen sparen kann. Freiburg: Herder Verlag.

[50] **Hildebrand, Verna (1990)**: Guiding Young Children. New York: Macmillan.

[51] **Nelson, Jane / Glenn, Stephen H. (1991)**: Time Out: Abuses and Effective Uses. Provo:
Sunrise Press.

[52] **Nitsch, Cornelia / von Schelling, Cornelia (2004)**: Kindern Grenzen setzen – wann
und wie? Mit Liebe konsequent sein. München: Goldmann Verlag.

Bildung, Aus- und Weiterbildung

[53] **Baden-württembergisches Ministerium für Kultus, Jugend und Sport (Hrsg.) (2006)**:
Orientierungsplan für Bildung und Erziehung für die baden-württembergischen Kindertagesstätten. Berlin: Cornelsen Scriptor Verlag.

[54] **Fthenakis, Wassilios E. (Hrsg.) / Bayerisches Staatsministerium für Arbeits- und Sozialordnung, Familie und Frauen (2007)**: Der Bayerische Bildungs- und Erziehungs-
plan für Kinder in Tageseinrichtungen bis zur Einschulung. Berlin: Cornelsen Scriptor
Verlag.

[55] **Fthenakis, W. / Oberhuemer, P. (Hrsg.) (2002)**: Ausbildungsqualität, Strategiekon-
zepte zur Weiterentwicklung der Ausbildung von Erzieherinnen und Erziehern. Berlin:
Luchterhand.

[56] **Laewen, Hans-Joachim / Andres, Beate (Hrsg.) (2002)**: Bildung und Erziehung in der
frühen Kindheit. Bausteine zum Bildungsauftrag von Kindertageseinrichtungen. Berlin: Cornelsen Scriptor Verlag.

[57] **Laewen, Hans-Joachim / Andres, Beate (Hrsg.) (2002)**: Forscher, Künstler, Konstrukteure. Werkstattbuch zum Bildungsauftrag von Kindertageseinrichtungen. Berlin: Cornelsen Scriptor Verlag.

[58] **Preissig, Christa (Hrsg.) / Senatsverwaltung für Bildung, Jugend und Sport (2006):** Das Berliner Bildungsprogramm für die Bildung, Erziehung und Betreuung von Kindern in Tageseinrichtungen bis zu ihrem Schuleintritt. Berlin: verlag das netz.

[59] **Sächsisches Staatsministerium für Soziales (2006):** Sächsischer Bildungsplan. Berlin: verlag das netz.

[60] **Schäfer, Gerd E. (Hrsg.) (2004):** Bildung beginnt mit der Geburt. Ein offener Bildungsplan für Kindertageseinrichtungen in Nordrhein-Westfalen. Berlin: Cornelsen Scriptor Verlag.

Rollen-, Sing- und Bewegungsspiele

[61] **Erkert, Andrea (2003):** Das Stuhlkreisspiele Buch. Bewegte und ruhige Spielideen zu jeder Zeit und zwischendurch. 8. Aufl., Münster: Ökotopia Verlag.

[62] **Erkert, Andrea (2007):** Das Kreisspiele Buch. Temporeiche und ruhige Spielideen für alle Gelegenheiten. 2. Aufl., Münster: Ökotopia Verlag.

[63] **Gauda, Gudrun (2007):** Theorie und Praxis des therapeutischen Puppenspiels. Norderstedt: Books on Demand.

[64] **Grüger, Constanze (2002):** Bewegungsspiele für eine gesunde Entwicklung. Psychomotorische Aktivitäten für Drinnen und Draußen zur Förderung kindlicher Fähigkeiten und Fertigkeiten. 5. Aufl., Münster: Ökotopia Verlag.

[65] **Möller, Olaf (2007):** Große Handpuppen ins Spiel bringen. Technik, Tipps und Tricks für den kreativen Einsatz in Kindergarten, Schule, Familie und Therapie. 2. Aufl., Münster: Ökotopia Verlag.

[66] **Singerhoff, Lorelies / Stiefenhofer, Martin (2004):** Finger- und Bewegungsspiele für Krippenkinder. 4. Aufl., Freiburg: Herder Verlag.

[67] **Thiesen, Peter (2006):** Spiele im Kindergarten. 450 Anregungen für das ganze Jahr. Berlin: Cornelsen Scriptor Verlag.

[68] **Vahle, Fredrik (2008):** Hupp Tsching Pau. Das Bewegungsliederbuch. Weinheim, Beltz Verlag.

Erziehungspartnerschaft

[69] **Huth, Anne (2006):** Gesprächskultur mit Eltern. Praxis Express. Berlin: Cornelsen Scriptor Verlag.

[70] **Herrmann, Mathias / Weber, Kurt (2007):** Kindergarten heute. Basiswissen Kita: Erfolgreiche Methoden für die Team- und Elternarbeit. 4. Aufl., Freiburg: Herder Verlag.

[71] **Morgan, Elizabeth (1989):** Talking with Parents When Concerns Come Up. Young Children.

[72] **Neuß, Norbert (Hrsg.) (2007):** Bildung und Lerngeschichten im Kindergarten: Konzepte – Methoden – Beispiele. Berlin: Cornelsen Scriptor Verlag.

[73] **Powell, Douglas (1989):** Families and Early Childhood Programs. Washington D.C.: NAEYC, Research Monographs of the National Association for the Education of Young Children.

[74] **Textor, Martin R. / Blank, Brigitte (2004):** Bayerisches Staatsministerium für Arbeit und Sozialordnung, Familie und Frauen. Elternmitarbeit. Auf dem Wege zur Bildungs- und Erziehungspartnerschaft. München.

[75] **Vogelsberger, Manfred (2006):** Mit Eltern, Gruppen und Teams erfolgreich arbeiten. Sozialpädagogische Praxis Band 7, Weinheim: Beltz Verlag.

[76] **Welzien, Simone (2006):** Familien stärken – Elternbildung in der Kita. Kindergarten heute, Basiswissen. Freiburg: Herder Verlag.

Kindesmissbrauch

[77] **Broadhurst, Diane (1986):** Educators, Schools and Child Abuse, Chicago: National Committee for Prevention of Child Abuse

[78] **Deegener, Günther (2005):** Kindesmissbrauch – erkennen, helfen, vorbeugen. Weinheim: Beltz Verlag.

[79] **Deegener, Günther (2005):** Kindesmisshandlung und -vernachlässigung. Ein Handbuch. Göttingen: Hogrefe.

[80] **Deutscher Kinderschutzbund, Landesverband NRW (1992):** Vernachlässigung von Kindern – ein vernachlässigtes Thema. Dokumentation der Fachtagung Oberhausen.

[81] **Enders, Ursula (2003):** Zart war ich, bitter war's. Handbuch gegen sexuellen Missbrauch. Köln: Kiepenheuer & Witsch.

[82] **Friedrich, Max H. (2001):** Tatort Kinderseele, Sexueller Missbrauch und die Folgen. Wien: Ueberreuter.

[83] **Hasenmüller, Heidi (1992):** Gute Nacht, Zuckerpüppchen. Reinbek: Rowohlt.

[84] **Hochheimer, Irmi (2007):** Mutmachmärchen. Wie sich Mädchen und Jungen gegen sexuellen Missbrauch wehren können. Weinheim: Beltz Verlag.

[85] **Jaudes, Paula / Mitschel, Leslie (1992):** Physical Child Abuse, Chicago: National Committee for Prevention of Child Abuse.

Register